Berge wurden Burgen

Erzählungen eines Frontkämpfers

von

Josef Pölzleitner

Mein erstes Kriegsbuch „Landsturm im Hochgebirge" fand überall warme Aufnahme. Noch immer laufen Bestellungen ein. Dies führte mich zum Entschluss, ein neues Buch zu schreiben, das nicht so sehr die großen Kriegsgeschehnisse schildert, als vielmehr in Kleinmalereien sein Genügen finden soll. Allen Frontkämpfern ist es in treuer Kameradschaft gewidmet.

Bilder stellten bei: Nationalbibliothek Wien; Fritz Daghofer, Salzburg; Dr. Eduard Förster, Klagenfurt; Rudolf Obermayr, Innsbruck; Rudolf Randa, Gmunden. Den künstlerischen Buchumschlag gestaltete akademischer Maler Karl Reisenbichler, Salzburg. Es sei ihnen hiefür herzlich gedankt.

Salzburg, im August 1934

Josef Pölzleitner

Impressum:

Verlagsanschrift: Schwarzenbergkaserne, Obj. 48, 5071 Wals.

Erfüllungsort und Gerichtsstand ist Salzburg.
Druck: Stadermedia, Warwitzstraße 1, 5023 Salzburg.
ISBN: 978-3-901185-52-6
Cover: Bild Selinger.

Inhalt

Vor der italienischen Kriegserklärung

Salzburg lag im Sonnenschein. Der helle Schimmer breitete sich über Kirchen und Paläste, umstrahlte die vieltürmige Festung und wob unendlichen Zauber in die Bergwelt ringsum.

Doch heute hob sich kein Auge zu dieser Pracht. Mobilisierung 1914. Wild wogten die Massen durch das Straßengewirr. Überall Musik und Jauchzen, überall Gesang und Gläserklingen und grenzenlose Begeisterung! Denn um die Heimat ging`s, ums deutsche Volk!

Aus den Bahnhöfen rollte Zug um Zug. Jubelnd und geschmückt fuhr unsere Jugend in den Kampf. Ach, sie kannte noch nicht die Grausamkeit des neuzeitlichen Krieges! –

Das Schicksal war mir zunächst gnädiger gesinnt, es sandte mich als Landsturmleutnant zur Bahnsicherungsabteilung Badgastein.

Ja, der Landsturm! Eine Gesellschaft älterer Herren, etwas gichtbrüchig, zitterig und ein wenig steif. Zum Frontdienste nicht geeignet, fürs Hinterland gerade noch gut genug. Ein beschaulicher, harmloser Dienst, meist ungefährlich und weit vom Schuss.

So ähnlich stellten sich die Österreicher anno 1914 den Landsturm vor. Auch meine Ansichten bewegten sich in diese Richtung. Umso größer wurde die Überraschung, als ich in Badgastein statt zittriger Greise dreihundert stramme Männer traf, die durchwegs in den Dreißigerjahren standen.

Mein Abschnitt reichte von Badgastein bis Böckstein. Mehrmals des Tages pendelte ich nun dort herum und fühlte mich im Übrigen pudelwohl. Wir lebten fröhlich in den Tag hinein, genossen den herrlichen Sonnenschein, erfreuten uns an der prachtvollen Landschaft und ahnten nicht, dass indes die besten österreichischen Regimenter am serbischen und russischen Kriegsschauplatz verbluteten.

Unangenehm wurden aber die nächtlichen Dienstgänge. Tief unten an den Pfeilern der hohen Brücken standen die Posten. Zu ihnen mussten wir hinunter, im Rauschen des Wassers, im Dunkel der Nacht; überhörten oft am tosenden Wildbach den Haltruf des Postens, sahen den Mann erst im letzten Augenblick.

Eines Tages fuhr ein Zug mit zweitausend italienischen Arbeitern über die Tauernstrecke. Sie kamen aus Deutschland und wurden nach Italien abgeschoben. In Badgastein war längerer Aufenthalt, doch kein Zuruf ertönte, weder von der einen, noch der anderen Seite. Dies machte mir viel zu denken.

Woche um Woche verstrich. Ohne Anstände, ohne Sabotageakte. Und immer deutlicher drängte sich die Überzeugung auf, dass der hohe Gewehrstand und die große Aufmachung aller Bahnsicherungsabteilungen eigentlich überflüssig wären und anderswo notwendiger gebraucht werden könnten.

Ende Oktober begann nun die erwartete Aktion, die Reduzierung aller Bahnsicherungen. Zunächst war ein Offizier abzugeben. Das Los traf mich. Ich ging recht schwer fort, in ganz neue, unbekannte Verhältnisse hinein, doch auch für die übrigen Offiziere und Mannschaften waren die Tage ihres Bleibens bereits gezählt. Mein Weg führte mich über das Ergänzungsbezirkskommando Linz nach Bruneck, ins deutsche Pustertal.

Das liebe, traute Städtchen! Freundlich schaute die große Burg auf die vielen Häuser zu ihren Füßen und auf die prachtvollen Wälder des weiten, sonnigen Kessels. Im Norden leuchteten die Firnfelder der Zillertaler Alpen.

Allerheiligentag. Aus allen Bahnsicherungsabteilungen des Pustertales kamen die abgezogenen Gruppen anmarschiert. Tausend Mann und dreißig Reserveoffiziere. Zum weitaus größten Teile Tiroler und Vorarlberger, dazu noch etliche Salzburger und Oberösterreicher. Stundenlang standen wir am Hauptplatz von Bruneck, bis aus all den vielen kleinen Abteilungen das Landsturmbaon 165 gebildet war.

Meine Kompagnie wurde in St. Lorenzen nächst Bruneck einquartiert. Die Offiziere waren liebe, umgängliche Leute und alle Mannschaften durchwegs stramme Männer, die ihre aktive Militärzeit zumeist bei Kaiserjägern oder Landesschützen abgedient hatten.

Wir Offiziere wohnten im Gasthof „Zur Post" und verbrachten unzählige gemütliche Stunden in seinen Räumen. Der rangälteste Leutnant Dr. Graf, im Zivilberuf Rechtsanwalt, waltete als Kompagniechef. Er verstand es sowohl, sich unsere Hochachtung und Anhänglichkeit restlos zu sichern, als auch den Dienstbetrieb einwandfrei zu führen. Vom Morgen bis zum Mittag wurde am Exerzierplatz gearbeitet, nachmittags in der prächtigen Umgebung geübt. Wir stiegen im Zuge dieser Felddienstübungen auf die Michaelsburg, besuchten die aus dem Greinz-Roman „Äbtistin Verena" bekannte Sonnenburg und schenkten dem übrigen Pustertal unsere ganze Liebe. Schon nach einigen Wochen waren wir vollständig ausgebildet, feldmäßig ausgerüstet, marschbereit.

Das Kommando unseres Baons führte Hauptmann a.D. Baron S., ein gutmütiger, geselliger Herr. Er liebte es, seine Offiziere möglichst oft um sich geschart zu sehen. Jeden Tag wurden wir daher mindestens einmal nach Bruneck befohlen. Meldereiter holten uns vom Exerzierplatz weg, dann fuhren wir schleunigst den halbstündigen Weg zum Kommando. Der Kommandant des „Rayon Pustertal", Oberst Pengov, beteiligte sich zuweilen auch an den Besprechungen. Wir lernten dabei seine sympathische, vertrauenserweckende Persönlichkeit eingehend kennen und schätzen.

Der Diener unseres Kameraden Tecini war vom Beruf Volkssänger. Er wurde daher des Öfteren zu uns ins Nebenzimmer befohlen. Dort sang er seine Heimatlieder und griff mit großem Können in die Zither. Bald klang es wie harter Männerschritt, bald leise und lind wie Blättersäuseln. An anderen Tagen spielten wir Tarock oder trieben verschiedene Ulkereien. Stets war unser Beisammensein von Frohsinn durchdrungen. Hatte ich nächsten Morgen Dienst und musste Schlag sieben Uhr unserm Chef die Kopfwendung kommandieren, so kostete es mich oft große Überwindung, nicht laut herauszulachen, denn gerade in dieser Sekunde traten all die vielen lustigen Szenen des Vorabends in Erinnerung.

Bei den Marschübungen im geschlossenen Baon drangen wir in große Weiten vor, rasteten tief drin im Taufertal am Fuße des Schlosses Taufers, kamen sogar über Welsberg hinaus und manchmal auch ins südlich reichende Gadertal. Zumeist lachte die milde Herbstsonne auf uns hernieder. Da und dort zeigten sich die wunderbaren Felsgebilde der Dolomiten. Noch nicht in ihrer ganzen Größe und Pracht, doch einzelne Spitzlein und Zacken erschienen schon lockend über den Waldbergen des Pustertales. Für mich als begeisterten Bergwanderer täglich ein anderes Erlebnis, eine neue Offenbarung. –

Wild wirbelten die Flocken durcheinander. Sollten wir schon eingewintert werden? Nein! Großer Bluff! Nächsten Tag war die dünne Schneedecke wieder verschwunden, doch sie hatte genügt, um die Skilauf-Ausbildung unserer Mannschaft in den Vordergrund zu schieben. In Altprags bei Niederdorf sollte ein Baons-Skikurs veranstaltet werden. Zwei Baonskameraden und ich wurden als Lehrer bestimmt. Der alpine Referent des Pustertal-Rayons übernahm die skitechnische Leitung. Ein großes Gasthaus mit vielen Zimmern – Altprags ist ein Schwefelbad – stand uns als Unterkunft zur Verfügung. Rundum lagen Übungswiesen, von Wäldern und Steilabstürzen begrenzt, sie gestatteten daher den Anfängern nur beschränkte Tourenmöglichkeit. Die wundersame Landschaft entschädigte uns jedoch reichlich für diesen Ausfall. In aller Wildheit standen die zerklüfteten Felsen des Dürrensteins vor unserer Behausung, desgleichen der mächtige Seekofel und die rotglühende Croda Rossa. Wir verlebten selige Stunden in dieser Abgeschiedenheit, in dieser wilden, herben Umgebung.

Nach zwei Wochen rückten wir wieder in Bruneck und Lorenzen ein. Da überraschte uns der Befehl, eine Abteilung von zweihundert Mann und zwei Offizieren an den galizischen Kriegsschauplatz abzugeben. Die Leutnants Ing. Pichl und Haitzl meldeten sich voll leuchtenden Opfermutes freiwillig als Führer. Tags darauf wurde aber ich als jüngster Offizier des Baons an Stelle Pichls bestimmt. Hauptmann S. ritt selbst nach St. Lorenzen und überbrachte mir den Befehl.

Nachmittags kaufte ich verschiedene Ausrüstungsgegenstände, die mir fürs Feld noch fehlten, Spirituskocher, Medikamente, Kälteschutzmittel und anderes. Am Abend des nächsten Tages sollte die Einwaggonierung vor sich gehen. Am Morgen aber strahlte mir wieder die Sonne des Pustertales. Es war der dringenden Bitte Ing. Pichls, des ausgezeichneten Wiener Alpinisten, vom Rayonskommando stattgegeben worden und ich blieb beim Baon.

Schneeflocken fallen und wirbelten durch die Luft. Überall liegt herrlicher Pulverschnee und lockt uns hinaus. Wie wunderbar ist es doch, im verschneiten Hochwald seine einsame Spur zu ziehen, auf stäubender Fahrt die Skier durch steile Hänge zu zwingen und über unermessliche Firnfelder dahin zu schießen! Im Sonnenmeer, trunken voll Licht und Freiheit! Im wilden, harten Sturm, auf eigene Kraft gestellt!

Die ersten Weihnachten rückten heran. Friedensfest! Höhepunkt im aufglühenden Leben des Kindes, im verglimmenden Dasein der Eltern. Ein echtes deutsches Fest. Wir standen um den brennenden Christbaum. „Stille Nacht, heilige

Nacht ..." Bilder aus der Jugendzeit stiegen herauf. Die Heimat rief. Im Gastzimmer nebenan saß die Mannschaft. Auch ihr leuchtete ein Weihnachtsbaum. Gemeinsam verbrachten wir den weiteren Abend. Und draußen fielen lautlos große Flocken.

Christtag, Ruhetag. Dann wieder exerzieren und endlich als Krönung die Inspizierung durch General Können-Horak, dem Kommandanten Tirols. Das ganze Baon rückte aus, übte, defilierte und holte sich eine große Belohnung. Sie war wohlverdient.

Zur selben Zeit prallten in Italien die Parteien aneinander, für und gegen den Krieg. Im Geheimen aber wurde schon fieberhaft an der Auffüllung aller Waffen- und Munitionsdepots gearbeitet und die Mobilisierung vorbereitet. Und wir gutmütigen Österreicher glaubten noch immer an die wohlwollende Neutralität der Italiener.

21. Jänner. Das Baon nahm Abschied von den liebgewordenen Stätten. Nach Süden ging`s. An die Grenze. Der ungeheure Raum vom Pordoi-Joch bis zur Kärntner Grenze musste besetzt werden; er reichte über hundert Kilometer. Unsere Sicherung konnte sich deshalb nur auf die wichtigsten Übergänge erstrecken. Meine Kompagnie rückte an den linken Flügel und übernahm den Abschnitt von der Kärntner Grenze bis einschließlich Plätzwiese. Ich aber lag mit einer heftigen Grippe im Bett und hörte von meiner Liegestätte aus die letzten Kommandos und Hornsignale der abmarschierenden Truppe. Mein Bursche, ein verlässlicher, tüchtiger Oberösterreicher, pflegte mich wie die beste Krankenschwester. Schon nach einigen Tagen konnte ich daher mein Lager verlassen. Ich fuhr zuerst mit der Bahn nach Niederdorf, eilte dann im Fußmarsche über das tief verschneite Altprags aufwärts.

Zwischen Seekofel und Dürrenstein führt der Weg dahin. Links und rechts hängen die schneebeschwerten Äste zu Boden. Still schreiten wir durch die Winterpracht. Unser Ziel liegt in der Flanke des Dürrensteins, es ist die Hochfläche Plätzwiese. Nur mühsam geht es aufwärts, die überstandenen Fiebertage stecken mir noch in den Gliedern. Endlich sind wir oben angelangt, stehen in einer Höhe von zweitausend Meter.

Alles gleißte und glitzerte in den Strahlen der späten Nachmittagssonne. In diesem Meer von Licht lag das große Hotel Dürrenstein. Seine Fensterbalken leuchteten rotweiß zu uns herüber. Mein Blick aber zog in die Weite, über kühne Spitzen und gewaltige Felsmauern, von weißen flimmernden Schneebändern durchschnitten. So unvergleichlich schön sah ich noch nie die Bergwelt. Der Monte Cristallo zum Greifen. Dort drüben die Drei Zinnen. Und bald wird die Rote Geißel aufflammen. Kannst du mein Entzücken verstehen?

Leutnant Tecini ist mit seinem Zuge hier einquartiert, ebenso der neue Kompagniekommandant Oberhueber. Die übrigen Kameraden sind transferiert, detachiert. Der zugeteilte Arzt aus Welsberg leistet uns dreien Gesellschaft, dann noch ein Artillerieoberleutnant. Es ist der Kommandant der Sperre Plätzwiese, die eine halbe Gehstunde vom Hotel entfernt protzig und frei im Wiesengrund steht. Ich besichtige sie gleich am nächsten Tag. Aus der Ferne gleicht dieses alte Festungswerk einem Aussichtshotel. Auf dem flachen Verdeck schreitet stolz der Posten hin und her. Und drinnen finde ich schmale, finstere Gänge und düstere Geschützstände. Um das Ganze ziehen sich viele Stacheldrahtreihen. Die Artilleristen arbeiten in den Felsen oberhalb der Sperre, sie bohren und sprengen, zimmern und schaufeln, errichten neue Geschützstände, Kavernen und Unterstände; denn das unmoderne Werk soll geräumt werden.

Ich musste der Besatzung von Plätzwiese Skiunterricht erteilen. Auf den prächtigen Hängen fuhr sich`s angenehm und leicht, doch am reizvollsten in den Flanken des Dürrensteins.

Und jeden Tag Sonnenschein. Mein Fieber aber wollte nicht weichen. Da kam eines Tages unser Baonskommandant auf Besuch. Als er am nächsten Morgen Abschied nahm, versetzte ich ihm noch die Bitte, mich aus Gesundheitsrücksichten nach Cortina zu transferieren.

Nach einigen Tagen schon hatte ich den Marschbefehl in meinen Händen. Ich spurte daraufhin dem Seelandtal zu, das mich nach Schluderbach hinabführen sollte.

Bei der Sperre begegnete ich einem Artillerieleutnant. „Servus! Wie fahre ich am besten nach Schluderbach?" „Halte dich nur immer ganz rechts!" Ich befolgte seinen Ratschlag, kam aber erst viele Stunden später darauf, dass wir „rechts" verschieden aufgefasst hatten, jeder nach seiner Marschrichtung. Unbewusst geriet ich nun in ein wahres Märchenland. Alles Wild der weiten Umgebung schien in diesem Winkel zusammengedrängt. Kein Militär, keine Skiläufer störten seinen Aufenthalt, denn der richtige Weg führte an der anderen Talseite.

Einige hundert Stück Gämsen lebten in dieser Abgeschiedenheit. Sie hatten unter den Schirmfichten den Schnee festgestampft. Die schweren, schneebedeckten Äste hingen als Dach darüber. Langsam spurte ich vorbei, mit erstaunten Augen, hatte noch niemals Ähnliches gesehen, guckte dort und da hinein. Erschreckt drängten sich dann die Gämsen zusammen, fünf und sechs unter jedem Baum. Manche suchten ihr Heil in wilder Flucht. Vergebliches Beginnen! Bis zur Brust versanken sie in den Schneemassen und ich fuhr im langsamsten Tempo nebenbei her, blieb ihr Herr und Meister. Dann packte ich einen Bock am Gehörn, ließ jedoch schnellstens wieder los, war nur ganz knapp einer Verletzung entgangen.

Wildwechsel durchzogen die Blößen, sie sahen aus wie schmale Steige. Auf ihnen kamen die Tiere besser vorwärts, doch auch hier war ich der schnellere. Diese Wechsel hielten mich zum Narren. Ich dachte immer wieder, es wäre mein Weg, auf den ich endlich kommen müsste.

Allmählich ging die Märchenseligkeit zu Ende. Ich kam aus der Gämsensiedlung heraus. Dann wurde auch der Hang steiler und statt Pulverschnee gab`s Bruchharsch. Der Rucksack drückte verteufelt schwer, oft kam ich nun zu Fall.

Ab und zu scheuchte ich auch Rehe auf, manches zeigte blutige Läufe, die der Harsch wund gerissen. Und immer steiler wurde der Wald. Schroffen versperrten überdies die Fahrt und drückten mich ganz an die rechte Talseite zurück. Dort stürzte ein kleiner Bach zu Tal, mit Eis und Schnee bedeckt. Mehrmals brach ich bis zur Brust durch und die Beine steckten im eiskalten Wasser.

Nun entschloss ich mich zum Abschnallen der Skier und rutschte über die Schroffen dem Tale zu. Endlich winkte die herbeigesehnte Straße, nur eine zwanzig Meter hohe, abgestufte Wand trennte mich noch von ihr. Da warf ich mit teuflischer Lust den schweren Rucksack über die Felsen, meine Skier und Stöcke kollerten nach. Zum Schlusse kam ich selbst daran und überwand fallend und kletternd dies letzte Hindernis. Als ich beim Hotel Ploner blutig, zerrissen und ganz durchnässt eintraf, hatte mein Diener schon lange auf mich gewartet. Nach gehöriger Rast fuhren wir im bequemen Schlitten die Dolomitenstraße taleinwärts, beiderseits von hohen Schneemauern flankiert. In Decken fest eingewickelt, trocknete meine Kleidung von innen heraus. Wohlige Wärme durchströmte mich und vertrieb endgültig die Fieberreste. Nach zehn Kilometer Fahrt war die kleine Ortschaft Ospitale erreicht, damit auch das Kommando meiner neuen Kompagnie.

In den späten Nachmittagsstunden fuhr ich mit einigen Kameraden nach Cortina. Die Wände der Tofanen lagen schon im bläulichen Abendschatten, doch die Felsen des Cristallo und Sorapis schimmerten noch im blutigroten Schein. Eine Stunde lang wanderte ich um den großen Ort herum und konnte mich an seiner klassischen Schönheit nicht satt sehen.

Eine Kompagnie unseres Baons lag in Cortina, ihre Offiziere leisteten uns im Hotel „Post" Gesellschaft. Um Mitternacht klingelten wir wieder durch die klare, kalte Nacht gegen Ospitale. Wir übernachteten dort zu viert in einem Zimmer. Feldkurat Gorbach schlief in einer Ecke. Schaurig und drohend klang sein Schnarchen durch den großen Raum. Oberleutnant Stötter wollte nicht zurückbleiben, setzte in Synkopen ein, mit aller Macht und Hingabe, und ging dann allmählich ins zarteste Pianissimo über. Indessen plauderten Höpperger und ich noch ein Weilchen, bis auch uns die Augen zufielen. Im Traume jedoch erschienen mir die lieben Gämslein und die ganze Nacht hindurch musste ich sie gegen wilde Bestien verteidigen.

Trrrrr... klingelte das Telefon. Ich glaubte soeben eingeschlafen zu sein. Doch zeigte die Uhr schon acht Uhr früh. Schlaftrunken rieben wir unsere Augen, da kam der Wirt ins Zimmer gestürmt und rief mich zum Apparat. Das Baonskommando in Corvara befahl, ich müsse sofort dorthin abgehen und eine Rekrutenabteilung zur Ausbildung übernehmen. Eine Stunde darauf saß ich schon wieder im Schlitten. Gemütlich bimmelten wir dahin. Nach Schluderbach hinaus. Meine Blicke aber hoben sich zur gigantischen Cristalloscharte. Zur Croda Rossa. Zum Monte Piano. Leb wohl! Ich komme wieder, wenn die Kriegsfurie mein Leben verschont. – Und ich bin wiedergekommen.

Von Toblach führte mich die Pustertalbahn über Bruneck nach St. Lorenzen. Im lieb gewonnenen Postgasthof blieb ich zur Nacht und fuhr am nächsten Morgen bei schneidender Kälte südwärts ins enge Gadertal hinein. Unzählige Kurven waren zu passieren. Nach einigen Stunden wurde das Tal breiter. Wilde, gewaltige Kalkfelsen umgaben uns nun. Romantik, wohin man nur schaute. In der

Bild 1: Corvara
1558 Meter, im obersten Gadertale, südlich von Bruneck. Blick von der Campolungostraße nach Norden. Im Hintergrund Saß Songher, 2667 Meter. An seinem Fuße Ortschaft Peskosta. Links nach Collfuschg, rechts nach Stern-Bruneck.

Dämmerung erreichten wir endlich Corvara (Bild 1), hatten bei vierzig Kilometer im Schlitten zurückgelegt. Mit steifen Gliedern entstieg ich der Postkutsche, meldete mich beim Kommando und begrüßte meine Kameraden.

Corvara ist ein reizendes Dorf, ungefähr tausendsechshundert Meter hoch gelegen. Kleine Häuser umgeben die kleine Kirche, wunderbare Felsgestalten das breite und sonnige Tal. Doch nur kurz währte mein Aufenthalt, noch am gleichen Abend marschierte ich mit meinem Burschen ins benachbarte Dörfchen Collfuschg. Dort sollte ich für die nächsten Wochen Aufenthalt nehmen. Die Unterkünfte lagen malerisch an den Berg angebaut, geschützt und bedroht zugleich. In ihrer Mitte stand ein idyllisches Kirchlein, von einem kleinen verträumten Friedhof eingeschlossen. Das weite Becken war von lichten Lärchenwäldern umgeben. Darüber türmte sich in majestätischer Pracht die mächtige Sella (Bild 2). Gegenüber das einsame Puezmassiv, nebenan der Saß Songher und oberhalb Corvaras die Doppelpyramide Monte Sief-Col di Lana.

Bild 2: Collfuschg
1645 Meter, eine halbe Gehstunde von Corvara entfernt. Gegen Westen gesehen. Links Sellagruppe, in der Mitte Grödnerjoch, 2113 Meter, rechts Saß di Chiampatsch.

Ich nahm in der Villa „Edelweiß" Quartier. Ein großes Zimmer, mit Zirbenholz getäfelt, wurde mir zugewiesen. Hier war gut sein.

Meine hundertfünfzig Rekruten, junge starke Burschen aus Oberösterreich, Tirol und Salzburg, galten zugleich als Abschnittsreserve. Beim Friedhof fanden wir ein ebenes Flecklein, dort wurde ein Exerzierplatz zurechtgestampft. Als später der Schnee kompakter und harschiger geworden war, konnten wir auch abseits der Wege unsere Übungen durchführen. Einige Male zogen wir dann zum Grödnerjoch und unsere Exerzierpatronen krachten in den Wänden wie schweres Geschütz. Wir übten auch in den Hängen der Puezgruppe und um Peskosta, am Fuße des Saß Songher. Aus den Wänden dieser prächtigen Berggestalt ergoss sich ein gewaltiger Schuttstrom und durchdrang in vielen Äderchen die Ortschaft Peskosta. Haushohe Felsblöcke lagen zwischen den kleinen Häusern, moosbedeckt und mit Lärchenbäumchen bewachsen. Wenn wieder einmal die morsche Kalkwand niederbrechen und den Ort vernichten sollte, so würden die

Überlebenden an gleicher Stelle ihr Heimatdorf aufbauen.

Denn die Ladiner sind ein zähes, heimatliebendes Völklein, auf kleinem Raum zusammengedrängt. Sie leben im Gadertal und in Buchenstein, auch Cortina ist von ihnen bewohnt, desgleichen das Grödner- und Fassatal. Mit heißer Liebe hängen sie an ihren Bergen.

Im Friedhöfchen zu Collfuschg liegt Professor Alton, ihr einstiger geistiger Führer; er hatte ihnen die erste ladinische Grammatik gegeben. Oft stand ich träumend vor seinem Grabstein, inmitten der herrlichen Hochgebirgswelt.

Die Ladiner sind als kühne, erfolgreiche Kletterer weitum bekannt und gelten als die besten Dolomitenführer. Nicht minder weit reicht ihr Ruf als Holzschnitzer.

In Collfuschg standen zwei einfache Gasthäuser. Für Bergsteiger berechnet. Ab und zu besuchte ich diese freundlichen Stätten. Zumeist aber saß ich mit meinen zwei Kadetten im Parterrezimmer unseres Hauses. Der Besitzer, ein Ladiner, weilte bei uns. Er hatte in jüngeren Jahren als Bergführer sein Brot verdienen müssen und mit den Ersparnissen sein Haus erbaut. Ich lernte durch ihn Lebensweise und Charakter der Ladiner kennen. –

Offiziersübung, Rekognoszierungsmarsch, vom Rayonskommando Bruneck anbefohlen. St. Ulrich im Grödnertal war unser Ziel. Wir stellten eine „Gebirgsbrigade" dar und sollten den winterlichen Übergang übers Grödnerjoch demonstrieren.

Die Hauptschwierigkeit bestand darin, den bergungewohnten Baonskommandanten hinüberzubringen, denn es führt kein Weg über das tiefverschneite Joch. Zuerst spurten nun die skilaufenden Kameraden und eine Skipatrouille meiner Abteilung. Dann kam in gleicher Spur ein Schwarm Landstürmer auf Schneereifen, endlich der „Brigadekommandant" mit dem Rest der Offiziere. Höllisch fluchte er über den nur mangelhaft gangbaren Steig.

Am Grödnerjoch, angesichts der himmelstürmenden Wände des Langkofels, sammelten wir uns. Dann trank die „Brigade" im Jochhofspiz einige Viertel Wein und feierte den gelungenen Übergang. Ich aber stieg mit Leutnant Schönegger aufwärts gegen die scharfgezackten Tschierspitzen. Wir sausten dann in herrlicher, offener Abfahrt ins Grödnertal hinunter. Hei, wie`s da staubte! Mittags saßen wir wieder alle vereint im Hotel zu St. Ulrich und guckten der feschen Wirtin in ihre wunderschönen Augen.

Die Sterne standen bereits am Himmel, als wir wieder beim Jochhospiz ankamen. Es war bitterlich kalt. Nach kurzem Aufenthalt wurde der Abstieg angetreten. Diesmal schritt der „Brigadegeneral" an der Tete, eine große Laterne in der Hand schwingend. Im Lichtkegel der Laterne fuhr sich`s ganz bequem. Aber das Lichtfeld war zu klein. Wir verließen also die beleuchtete Fläche, stießen ins Dunkel vor und kamen wieder in den hellen Raum zurück. Mehrmals wiederholte sich dies Spiel.

Plötzlich flog ich in die Luft hinaus! – Endlos schien mir der Sturz. Patsch! Ich stak kopfüber im Schnee; hatte jedoch kaum den Kopf aus dem Pulver gehoben, als mir der Nachfolgende auf den Rücken sprang, dass es nur so krachte. Und schon kam der dritte Skimann daher, scharf hinter ihm der vierte. In einigen Sekunden lagen wir alle sieben brüderlich vereint im breiten Windkamin und starrten in die mehrere Meter hohen Wände. Am Längsende aber stand der Chef und beleuchtete die Situation. Einen ähnlichen Anblick dürfte Moses gehabt haben, als die Fluten des Roten Meeres über die Ägypter zusammengeschlagen. Mühlselig arbeiteten wir uns in die Höhe, belichtet vom Scheine der Laterne, begleitet vom Gelächter der Kameraden. –

Der Feber ging zur Neige. Die Lage wurde kritischer, das Eingreifen der Italiener immer wahrscheinlicher. Da erhielt unser seelensguter Baonskommandant seine Abberufung. Major Busch vom dritten Landesschützenregiment übernahm nun das Baonskommando. Mit großem Verständnis, kraftvoll, und doch vom echten kameradschaftlichen Geiste erfüllt, griff er in die Zügel.

Unsere Felddienstübungen waren inzwischen wesentlich einfacher geworden, dafür aber interessanter, denn tragfähiger Harsch öffnete das weite Gelände. Doch nur mehr kurze Zeit währte unser Beisammensein. Meine vortreffliche Abteilung musste als Ersatzkompagnie zum ersten Tiroler Kaiserjägerregiment einrücken.

Durchs Mittagstal der Sella rollten schwere Wolken. Düstere Nebelfetzen umhüllten den Saß Songher und große Regentropfen begannen zu fallen, als ich mein liebes, trautes Collfuschg verließ, um mich in Corvara zum Kompagniedienste zu melden.

In vielen Serpentinen steigt die Straße zum Campolungasattel hinan und führt jenseits ins Cordevoletal hinunter, nach Arabba. Bergsteiger halten zu guter Stunde in Corvara Rast, bevor sie der Boespitze zustreben, dem höchsten Punkte der Sellagruppe. Im Winter tummeln sich hier die Skiläufer, ziehen hinauf in die weiten, sanften Hänge der Prälongia, oder statten dem aussichtsreichen Doppelgipfel Col di Lana-Monte Sief einen Besuch ab. Von alledem ist jetzt nichts zu spüren.

Ich fand im kleinen Postgebäude ein passendes Zimmer. Die Offiziersmesse war im benachbarten Zirmgasthause untergebracht. Dort herrschte jeden Abend ungebundenes Treiben. Mit großer Begeisterung sangen wir unsere Heimatlieder und bekämpften die Sehnsucht nach Frau und Kindern oder nach einem lieben Mädel mit rotem Tirolerwein.

Gefechtsübungen füllten den Tag aus. Recht spaßig sah sich das Exerzieren auf Schneereifen an, das breitspurige, bedächtige Ausschreiten. Doch gewöhnten sich die Leute bald an dieses Verkehrsmittel, das weniger Geschicklichkeit erforderte als die Skier.

Jeden Tag liefen chiffrierte Telegramme ein. Beim abendlichen Beisammensein erhitzen sich dann die Gemüter, denn noch immer glaubten einige unverbesserliche Optimisten an die Neutralität Italiens. Unsere Aufregung wuchs, als eines schönen Tages die Kompagnie aus Plätzwiese durchs Gadertal anmarschiert kam und außerhalb Corvaras Quartier bezog.

Frühlingssonne! Maientage! Auf den Wegen rinnen kleine Bächlein und murmeln ihr Liedchen. Überall stehen Pfützen. Die Südwände unserer Berge sind aper geworden, graugelb leuchtet ihr Korallenkalk. Wir kommen jeden Tag mit nassen Füßen nach Hause, denn diesem Quatsch hält kein Schuh stand.

Was ist`s mit den Italienern? Die müssen doch endlich ihre Entschlüsse fassen! Warten sie nur auf die fortschreitende Schneeschmelze? Gerüchte wissen zu erzählen, dass italienische Freischärler die Grenze überschreiten wollen, um ihre unentschlossene Regierung zur Kriegserklärung zu zwingen.

Da hieß es nun den noch tief mit Schnee bedeckten Falzaregopass freizulegen, um mit Cortina Verbindung zu bekommen. Meine Kompagnie wurde hiezu bestimmt. Über Arabba, Piave und Andraz erreichten wir den Pass. Wieder Neuland für mich. Einige Tage schaufelte die Kompagnie inmitten der großartigen Felsszenerie und konnte es nicht fassen, dass in kurzer Zeit die friedliche Stille verschwunden sein würde. Als der Pass freigelegt, stiegen wir zum Siefsattel, um auf seinem flachen Scheitel Schneedeckungen auszuheben. Doch schon am nächsten Tag kam der Befehl zum Einrücken. Die Lage war noch drohender geworden.

Aus meinem Zimmer in Corvara schien indes die Ruhe geschwunden. Tag und Nacht wurde im Hause gehämmert, wurden Löcher gebohrt, neue Telefonleitungen gelegt und alte Mauern durchbrochen. Das bei etwaigem Kriegsausbruch zu vergrößernde Kommando sollte hier untergebracht werden. Immer ungemütlicher wurde daher der Aufenthalt, immer größer die Spannung und Ungewissheit. Da riss uns der Abmarschbefehl aus allen Zweifeln heraus. Am 18. Mai besetzte das Baon die vorgesehene Verteidigungslinie.

Ich blieb der ersten Kompagnie als Zugskommandant zugeteilt. Wir marschierten zum Campolungosattel ab. Am Passe stand ein einfaches Touristengasthaus. Es bildete unsern linken Kompagnieflügel. Von hier an mussten wir die Almwiesen und Steilhänge bis in die Felsen der Sella hinauf besetzen. Nach links schloss sich die inzwischen aus Ospitale gekommene Kompagnie an. Dann folgte die dritte. Und die vierte aus Cortina war kurz vorher an ein neu aufgestelltes Baon abgegeben worden.

Die Grenze verlief über den Höhenkamm jenseits des Cordevolebaches, wurde aber freigegeben. Die zurückgenommene Verteidigungslinie war einfacher zu besetzen und zu versorgen als jener zackige Grat über den Monte Padon, Mezzodi und Castello.

Nun begann ein richtiges Abtenteuerleben. Krampen und Schaufeln herbei! – Kerbt tiefe Gräben in den erdigen Almboden! Schafft, arbeitet! – Graue Theorie, aus gedruckten Anweisungen geschöpft, bildete die einzige Grundlage für unser neues Schaffen. Von richtigen Traversen, von zweckentsprechenden Verhürdungen hatten wir keine Ahnung, gruben nur einfache Gräben mit phantastischen Brustwehren, ohne Widerstandskraft und Dauer. Wir wühlten zunächst mit Widerwillen im fruchtbaren Almboden, mussten uns erst daran gewöhnen, das Land zu verwüsten. Nach einigen Tagen aber waren diese Hemmungen verschwunden.

Die Mannschaften schliefen in den vielen zerstreut liegenden Heustadeln. Wir Offiziere waren im größten untergebracht. Frei und offen stand er in der schneegefleckten Wiese. In mehr als zweitausend Meter Meereshöhe. Unsere Diener zeigten sich überaus anstellig und erfinderisch. Sie tapezierten mit Zeltblättern die Wände, formten Betten aus Heu und brachten auch von irgendwoher Leintücher und Polster. Es schlief sich recht angenehm in dieser ersten kriegerischen Unterkunft.

Ein Zug wetteiferte mit dem anderen im Ausbau der Schützengräben. Zwei Kameraden meiner Kompagnie waren im Zivilberuf Ingenieure, mir im Bauhandwerk daher weit überlegen, doch schaute ich ihnen jeden Tag etwas Neues ab. Überdies zeigten sich meine Leute ausnehmend praktisch, rasch schritt daher die Arbeit weiter. –

Der großartige Rundblick! Unzählige Zacken und Türme vor mir, wunderbar bestrahlt. Und alles überragend die Marmolada. Ein weiß schimmernder Mantel umhüllt ihre königliche Gestalt. Immer wieder streifen unsere Blicke drüber hin.

Damals bin ich auf Lebensdauer dem Dolomitenzauber verfallen. Unstillbare Sehnsucht zieht mich Jahr für Jahr in seinen Bann.

Dolomitenwacht

23. Mai 1915. Ich stand am Campolungopass, inmitten des regen Treibens. Trainabteilungen der verschiedenen Truppengattungen arbeiteten mit Hochdruck, um genügend Munition und Material zuzuschieben, Artilleristen gruben Wege für Geschütztransporte, andere bauten an neuen Unterständen. Da kam ein Meldereiter unseres Baons daher und übergab mir ein Schreiben zur sofortigen Verlautbarung. Sein Inhalt konnte mich nicht mehr überraschen: „Kriegserklärung Italiens. Manifest unseres Kaisers."

Nun war also der eiserne Ring um die Mittelmächte zum Großteil geschlossen, die Schlinge zugezogen. Italiens Streben nach der Brennergrenze hatte vollendet, was französische Revanchegedanken, panslawische Ziele und nüchterne englische Realpolitik vorbereitet. Und nicht nur Kombattanten, sondern auch schuldlose Frauen, Kinder und Greise waren damit dem Verderben preisgegeben.

Alle Soldaten stehen im Kreise um mich, hören den ernsten Worten zu. Ich erwarte Bestürzung als Antwort, doch Hurrageschrei schallt mir entgegen. Einer ruft: „Jetzt fallen uns die Italiener in den Rücken." Ein anderer schreit in tiefster Empörung: „Die werden uns noch kennen lernen!" Überall Siegeszuversicht und das heiße Verlangen, dem ehemaligen Bundesgenossen an die Gurgel zu springen. Überall Erbitterung als viel versprechender Auftakt. Einige wenige nur gehen still von dannen.

Ich eilte hierauf mit der Nachricht zu meiner Kompagnie und fand auch dort die gleiche Aufnahme. Heroische Gefühle wurden wach, Andreas Hofers Geist rumorte in den Tiroler Herzen. Es galt ja, heilige Heimaterde zu verteidigen.

Unsere Grenze ist nur ganz schütter besetzt, man spricht von fünfundsiebzigtausend Mann Standschützen, Gendarmerieassistenzen und Landsturmtruppen, und nun dringt ein übermächtiges, unverbrauchtes Heer auf sie ein. Auf jeden einzelnen kommt es an. Kameraden, steht mannhaft und fest, wie die trutzigen Felsen um euch!

Und das Bataillon 165 versagte nie in den kommenden Tagen, blieb ungebrochen und unbesiegt!

Nun wurde der Wachdienst bedeutend verschärft. Wir nahmen doch an, gleich in nächster Nacht würden die italienischen Truppenmassen über uns herfallen. Wutentbrannt standen wir im Schützengraben und warteten. Warum kamen sie nicht?

Der Aufenthalt in den bequemen, aber ungeschützten Heustadeln war nun unmöglich geworden. Neue Unterkünfte mussten gebaut werden. Weiter rückwärts lagen unzählige Felsblöcke herum, von einzelnen Lärchen umwachsen. Hier bauten wir aus dem Holze der vielen Heustadel unsere primitiven Unterstände. Der kalte Nachtwind pfiff zwar durch die Fugen, doch man hatte ein Dach über sich und war vor dem Regen geschützt.

Die ladinische Bevölkerung begann am Tage der Kriegserklärung aus dem Buchenstein- und Cordevoletal ins Hinterland abzuströmen. Ich sah mir einzelne flüchtende Gruppen an. Ortschaftsweise kamen sie herangeeilt, rasch, voll Furcht, als schwänge hinter ihnen der knöcherne Tod seine scharfe Sense. Sie hatten ihre ganze bewegliche Habe aufgeladen, Lebensmittel, Möbelstücke, Wäsche, Kleider und zogen mit Heuwagen und Handkarren vorbei. Dazwischen trotteten blökende Schafe und Rinder.

Schwer war es, aus der Heimat zu gehen! Manchem Flüchtling standen noch die Tränen in den Augen. Einer trug ein großes, prachtvoll geschnitztes Kruzifix und ließ es nicht aus den Armen. Kinder eilten lärmend dahin. Alte, kranke Leute saßen auf den Fuhrwerken. Die nun Heimatlosen siedelten sich im Gadertal bei andern Ladinern an oder nahmen draußen im Pustertal Aufenthalt. –

Plötzlich ein scharfer, kurzer Krach! Wie ein mächtiger Sprengschuss klingt`s – Die feindliche Artillerie hatte zu feuern begonnen. Ich stand im Schützengraben, aufrecht; denn in diesen ersten Kriegstagen galt es noch als Feigheit, sich zu ducken. Mehrere hundert Schritte vor mir war die Granate krepiert. Da wühlte sich schon die zweite heran und explodierte in der Nähe. Und so ging`s einige Stunden dahin. Langsam wuchs in mir das Bangen und der seelische Widerstand: „Bin ich eine wilde Bestie, die man ohneweiters niederschießen kann? Bin ich ein Verbrecher, der vertilgt gehört? Sind alle Menschenrechte nur eingebildete, eingelernte Normen, die sofort verschwinden, wenn Einzelne es befehlen?" Zorn stieg in mir auf und Hass, diktiert von der Liebe zum Leben. Hemmungslos richtete sich alle Wut gegen den Feind.

Ich starrte mit dem Feldstecher in die Ferne. Am Pass Padon, uns gegenüber, stehen die italienischen Gebirgsgeschütze. Wir sehen deutlich ihren Abschuss. Noch ist aber kein einziger Volltreffer in unserer Deckung gelandet, obwohl die neuen Schützengräben gute Ziele bieten und ihre frisch geworfene Erde weithin leuchtet. Die Entfernung von sechs Kilometer ist anscheinend für die Portee der kleinen Geschütze zu weit, die Treffsicherheit zu gering. Und so achten wir auch der kleinen Granattrichter nicht, die wie eitrige Geschwüre im Wiesengrund stehen. Da schießen die Gegner einige Lagen Schrapnells, sie erscheinen uns zunächst weit lästiger, der große Streukegel gefährlicher. –

Mein einfacher Unterstand war inzwischen fertig geworden. Mit Stolz stand ich vor ihm, obwohl er recht armselig aussah, nicht mal eine ganze Vorderwand besaß. Es hatten mir die nötigen Bretter und Fensterscheiben gefehlt. Doch ließ sich auch des Nachts der Aufenthalt darin ertragen, denn die Kälte war nicht mehr so arg. Neben meiner Pritsche hing das Feldtelefon. Noch jetzt klingen mir die leisen, zirpenden Ruftöne ins Ohr, die jeden, trotz ihrer Feinheit aus dem festesten Schlafe rissen.

Offiziersküchen waren damals unbekannt. Wir aßen das große Stück Rindfleisch wie die Mannschaft, erhielten die gleiche kräftige Suppe und den gleichen schwarzen Kaffee. Und waren zufrieden dabei. Als Zubuße dienten die vielen Liebespakete aus der Heimat! Welche Freude, welche Überraschung beim jedesmaligen Öffnen! Ich hatte dazu noch meinen Spirituskocher und briet mir darauf manch Stück Fleisch, buk manche Mehlspeise. Du kannst mir`s glauben, jawohl, oft denke ich an die knusperigen Schweinsschnitzel, an den gebratenen Speck und die leckeren Eierspeisen!

Bei Nacht hielten wir strengste Bereitschaft. In steilen Rinnen waren mächtige Steinlawinen aufgetürmt. Große Holzstöße standen bereit, beim Angriff aufzuflammen, und Horchposten lauerten vor den Drahtverhauen. Doch die Italiener kamen noch immer nicht. –

Ich stieg einige Male des Tages zum rechten Kompagnieflügel empor, in die Latschen und Schrofen hinein. Dort saß unser Infanterie-Beobachter Voppichler. Bergführer im Zivil, Kaiserjäger-Unteroffizier während der aktiven Dienstzeit. Er hatte sich zwischen zwei Felsblöcken ein Zeltblatt gespannt, den Boden angeebnet und mit Latschenzweigen bedeckt. Da hauste er und sein „Spektiv" lag stets an seiner Seite. Jeden Tag kam Voppichler mit neuen Beobachtungen, es entging ihm kein einziges feindliches Geschütz, keine Feldwache, die sich in den uns gegenüberliegenden Kamm eingebaut hatte. Seine eigenartigen instruktiven Bleistiftzeichnungen – er gruppierte das Gelände im Bogen um sich – machten jedes Mal die Runde durch alle Kommanden.

Unser Leben war sehr interessant und doch gefahrlos, denn die kleinen Gebirgsgeschütze richteten keinen Schaden an. Wurden sie dennoch zu üppig, so warfen ihnen die Haubitzen der benachbarten Sperre La Corte einige Granaten in den Schlund. –

Die Tiroler Standschützen, aus Freiwilligen formiert, schufen sich in diesen ersten Kriegstagen bleibende Verdienste. Für ihre Heimat zogen sie zu der Grenze. Darunter weißhaarige Männer und halbe Kinder, kaum der Schule entwachsen. Auch in unseren Abschnitt kam eine Standschützenkompagnie, aus hundert Mannschaftspersonen und sechs Offizieren bestehend. Sie stammte aus Silz und wurde mir zugewiesen. Ich staunte über ihre Disziplin und Ausbildung und ihr militärisches Aussehen. Der Hauptmann entpuppte sich als Silzer Gasthausbesitzer und war ein tüchtiger, sympathischer Mann. Seine Offiziere desgleichen, Dieser Zuwachs kam uns sehr zustatten, wir fühlten uns nicht mehr so verlassen.

Zwei Tage nachher weckte mich um Mitternacht ein großer Krach. Ich sprang auf, schlüpfte in Schuhe und Mantel und eilte in die Finsternis hinaus. Wo ist die Granate explodiert? Wer ist verletzt? – Einige Schritte entfernt bemerkte ich zwei weiße Gestalten. Leute kamen gelaufen, Taschenlampen sind aufgeblitzt und dazwischen der sanfte Schein der Kerzenstümperl. Die zwei Gespenster waren Offiziere der Standschützenkompagnie. Betrübt schauten sie auf ihren eingestürzten kleinen Unterstand, auf das Grab ihrer Habe. Er war zu rasch und flüchtig aufgebaut und von den nachdrängenden Erdmassen eingedrückt worden. Unbekümmert fielen die schweren Regentropfen auf die ganze Gruppe und verschonten auch die zwei Hemdgestalten nicht.

Zu Mittag ratterten viele Autos durchs Gadertal herein. Bis zu uns herauf drang der Motorenlärm. Die Vorhut des Deutschen Alpenkorps war da, Gott sei Dank! Zuerst erschien ein bayrisches Jägerbataillon. Die bayrischen Kameraden kamen noch am gleichen Tag in unsere Schützengräben, um sich zu orientieren. Wir fühlten uns durch diese Verstärkung außerordentlich gehoben. Die Bayern brachten auch Geschütze mit, die uns bisher so sehr gefehlt. –

Tag um Tag verrann ohne Angriff. Nur einzelne feindliche Patrouillen spürten wir des Nachts am Drahtverhau. Da überraschte uns der Befehl, unsere Stellung an die Bayern zu übergeben und auf den Valparolasattel abzugehen. Die Italiener schienen dort ernste Durchbruchsabsichten zu verfolgen und große Truppenmassen einzusetzen. Schon mehrmals war von schweren Gefechten erzählt worden. Standschützen verteidigten bisher diesen wichtigen Punkt und waren stets siegreich geblieben. Nun sollte unser ganzes Baon dort angesetzt werden.

Cadorna hatte viel kostbare, uneinbringliche Tage verstreichen lassen, in denen wir uns einbauen und auch zahlenmäßig verstärken konnten. Nun aber rüstete er zum übermächtigen Durchbruch. In St. Cassian hielten wir noch Mittagsrast, schritten hierauf unserem heutigen Ziele zu. Nach mehreren Marschstunden war es erreicht und der zweitausendzweihundert Meter hoch gelegene Valparolasattel bestiegen.

Die Wände des Kleinen Lagazuoi türmen sich gewaltig in den blauen Himmel hinein und auf der gegenüberliegenden Passseite steigen grüne Matten zum Settsaß empor. Ein schmaler Weg führt zwischendurch. Verfolgt man einige Minuten seine Spur, so leitet er zur Sperre Tre Sassi, einem alten Werk gleich Plätzwiese.

Ich wanderte noch abends diesen Weg. Langsam senkte er sich dem Falzaregopass zu. Zur Dolomitenstraße. Dort lauerten bereits die Italiener. Also Vorsicht! Ein großer Felsblock an der Straße schützte mich vor ihren Augen. In aller Ruhe konnte ich die Pracht der Cortineser Berge und in den Talkessel blicken, der Cortina beherbergt. Die Italiener gingen nun dort ein und aus, es war aus strategischen Gründen freigegeben worden. Die ausgewählte Verteidigungslinie verlief über Monte Cristallo - Tofana - Lagazuoi - Sasso di Stria - Monte Sief und Col di Lana. Sie war leichter zu verteidigen und unter Umständen auch von bescheidenen Kräften zu halten. –

Am Valparolasattel stand eine große Offiziersbaracke. Nebenan lagen einige Mannschaftsbaracken, doch konnten sie nicht annähernd der nunmehrigen stärkeren Besatzung Unterkunft bieten. Unsere Leute schufen sich daher hinter den vielen Felsblöcken des flachen Sattels neue Unterschlüpfe. Hurtig griffen sie zu, ohne Befehl, und bauten aus Felsbrocken und Rasenstücken seitliche Wände. Dicke Latschenzweige dienten ihnen als Dachsparren und das Zeltblatt, mit Steinen und Zweigen beschwert, als Dach.

Der Offiziersunterstand war überaus wohnlich. Inmitten des großen Raumes stand ein Tisch, flankiert von je zwei übereinander liegenden Pritschenreihen. Matratzen, Decken, Leintücher und Polster gab`s genug. Sie stammten aus dem Hotel Falzarego. Als Prunkstück aber glänzte das Pianino aus dem gleichen Hotel.

Die erste und zweite Kompagnie unseres Baons waren nun hier konzentriert, die dritte kämpfte bereits im Travenanzestal. Nach Eintritt der Dunkelheit rückte je eine Halbkompagnie in die Gefechtslinie vor, der ganze Weg lag in Sicht des Gegners. Vierundzwanzig Stunden darauf sollte die Ablösung erfolgen.

Bis zur Sperre zogen wir gemeinsam, dann stieg die Halbkompagnie der Ersten nach rechts in die Wände des Sasso di Stria. Die Hälfte der Zweiten aber, zu der ich nun gehörte, wandte sich nach links. Ein langer steiniger Hang bildete unsern Verteidigungsraum. Sein linker Flügel endete in den Steilwänden des Kleinen Lagazuoi, sein rechter an der Passstraße.

Langsam schlichen wir auf dem schmalen, kaum sichtbaren Steiglein durch die Dunkelheit. Vorne der Führer. Allein hätten wir den Weg verloren. Im Gänsemarsch ging`s zwischen den Felsblöcken dahin. Eng aufgeschlossen, denn es war strengster Befehl, ja nicht vom Wege abzuweichen, da links und rechts eigene Flatterminen drohten. Mir war verdammt unheimlich zumute, wortkarg ging ich an der Spitze meines Zuges. Endlich waren wir an unserem Bestimmungsort angelangt, standen in einem breiten, mehrere hundert Schritte langen Schützengraben. Unterkünfte gab`s hier nicht. Nur ein Unterständchen fürs Kompagniekommando. Vor der Brustwehr, inmitten des Grabens, lag ein großer Felsblock; in seinem Schutze stand dies Häuschen. Tief gebückt trat man ein. Keine Tür, kein Fenster! Wozu auch? Rundum eine niedrige Bank, in der Mitte ein niedriges Tischchen. Der ganze Raum war eineinhalb Meter lang, ebenso breit. In einer Ecke lag der Telefonhörer. Wenn es draußen in Strömen goss, fanden wir hier Deckung. Und waren froh darum. –

Mächtige Felstrümmer, vom Moose umwuchert, bedeckten das Gelände hinter dem Graben. Dort suchte die Kompagnie Schutz und baute sich aus Erde und Steinen niedere Mauern. Ein Zeltblatt darüber, und fertig gestellt war der Unterstand. Die ganze Nacht wurde gearbeitet. Hinter dem größten Block hatte sich die Sanität angesiedelt. Oberleutnant Tecini und ich bezogen den Block nebenbei. Er zeigte eine ungefähre Höhe von zwei Meter, nicht viel weniger Breite, und lag beiläufig zehn Meter hinter dem Graben.

Als der Tag angebrochen, wurden die Arbeiten zielbewusster und raumgreifender. Vom Gegner ungestört setzten wir sie fort.

Der Blick in die Ampezzanerberge war unbeschreiblich schön. Immer wieder nahm ich den Feldstecher zur Hand und sah mit trunkenen Augen in sie hinein. Doch auch Bitteres musste ich sehen. Sorglos fuhren Trainkolonnen von Cortina herauf, unbekümmert marschierten italienische Truppenmassen auf uns zu. Unsere Gewehre reichten nicht so weit und die kleinen Kanonen der Sperre Tre Sassi und des Valparolasattels konnten als Flachbahngeschütze diese Mulden und toten Räume nicht bestreichen.

Der Abend kam geschritten. Kampfbereit horchten wir in die stille Nacht. Da kam die ablösende Halbkompagnie heran. Es war zehn Uhr vorbei. Um Mitternacht standen wir in Valparola. Oh, wie unendlich wohl fühlten wir uns nun im großen, sicheren Unterstand. Und dieser köstliche Schlaf! Er währte so lange, bis mir Speisengerüche verführerisch um die Nase strichen. Draußen war es sonnig und warm. Wir bummelten im Geröllfeld herum, pflückten einige Alpenrosen, guckten in die Wohnlöcher unserer Mannschaften und genossen in vollen Zügen die freien Stunden.

Doch schnell war es wieder Abend geworden und die Zeit zur Ablöse gekommen. Endlos schien mir wieder die Nacht im Schützengraben, endlos dies Horchen, Dahindösen, Auf- und Abgehen. Ich setzte mich auf die feuchte, kalte Erde, den Rücken an die Grabenwand gelehnt, und versuchte zu schlafen. Beinahe wäre es mir gelungen, da prasselte Regen hernieder und trieb mich in den Kommandounterstand.

Um fünf Uhr früh brachten die Köche den Kaffee, in den Küchen am Valparolasattel mit viel Sorgfalt erzeugt. Das heiße Getränk schmeckte prächtig. Und ermun-

Bild 3: Oberstes Travenanzestal.
Links Tofana I mit Punta der Bois oder Castelletto (Schauplatz schwerer Kämpfe und großer italienischer Sprengungen), dann Forcella dei Bois. Rechts aufwärts Hang zur Cima di Falzarego. Von der Forcella di Travenanzes nach Osten aufgenommen. Im Hintergrund Berge um Cortina.

terte. Plötzlich dröhnte es heran. Zum ersten Mal hörte ich das furchtbare Winseln und Heulen und Gurgeln schwerer Granaten. Sie zogen mit teuflischem Gejohle an uns vorbei, krepierten mit gewaltigem Krachen im benachbarten Travenanzes. Doch wir blieben verschont, konnten weiterarbeiten und nachts wieder in Valparola einrücken.

Am nächsten Morgen herrlicher Sonnenschein. Tecini und ich beschlossen, einen längeren Abstecher ins Travenanzestal zu unternehmen. Wir stiegen in die Schrofen und Schründe der Lagazuoiwand, hatten uns schon vorher die beste Trasse ausgesucht und kamen in leichter Kletterei rasch aufwärts. Erst knapp vor dem Ausstieg zwang uns ein steiler Kamin zu Vorsicht und hemmte unser Tempo. Nach zwei Stunden standen wir am Gipfel des Kleinen Lagazuoi. In einsamer, grandioser Höhe.

Unsagbar schön war der Rundblick. Zum Greifen nahe schienen die gewaltigen Felsabstürze des Großen Lagazuoi und der feingezackte, zernagte Faniskamm. Grelle Mittagssonne lag darüber gebreitet. Sie machte die Felsen lebendig und plastisch, formte allerlei phantastische Gebilde daraus.

Der obere Teil des wilden Travenanzestales liegt wie eine Karte vor uns gebreitet. Himmelhohe, schneebestäubte Wände schließen es ein (Bild 3). In dieser

Felsenwüste liefert unsere dritte Kompagnie ihre Heldenkämpfe. Auf Dolomitenwacht! Hoch oben in den ungeheuren Plattenschüssen der Tofanen, in eisigen Scharten, auf schmalen Felsbändern. Gewehrschüsse hallen zu uns herüber, Abschuss und Einschlag sind ein Klang.

Doch die karg bemessene Zeit erlaubt kein längeres Verweilen. Mit hurtigen Schritten geht`s abwärts über kahle, scharfe Felsen, über sanft geneigte Platten. Zur Scharte zwischen Großem und Kleinen Lagazuoi. Dann noch eine Viertelstunde zur Forcella di Travenanzes. Nach Norden zieht sich das lange, wilde Travenanzestal, nach Süden ein steiler, kurzer Hang. Er führt zum Falzaregopass, zum gesprengten Passhotel. Ein Zug unserer Dritten hält hier Wacht. Kamerad Rasin ruft uns schon von weitem zu. Seine Leute liegen hinter den Felstrümmern in der Sonne und genießen den heutigen ruhigen Tag. Gestern um diese Zeit barsten hier zahllose schwere Granaten. Wir hörten ihr Wüten. Riesige Trichter in der lehmigen, roten Erde und abgesprengte Felsstücke zeigen noch die entsetzliche Wirkung. Unter uns liegen die Trümmer des Falzaregohotels, von da herauf wird der feindliche Angriff erwartet. Vielleicht kommen die Italiener schon heute Nacht?

Wie schnell wären wir da unten und in Valparola! Doch der Gegner versperrte uns den Weg. So mussten wir das ganze Lagazouimassiv umgehen und trafen erst am Abend in Valparola ein. Nur mehr kurze Zeit blieb zum Essen. Müde stapften wir in die Stellung.

Italienische Patrouillen schleichen vor unserem Drahtverhau herum, man hört das leise Schreiten, das Rollen von kleinen Steinchen. Eine Leuchtpatrone wird abgeschossen. Grelles Licht legt sich für Augenblicke aufs Vorfeld. Kein Gegner ist zu sehen, sie liegen hinter irgendeinem Felsblock des Vorfeldes. Dann senkt sich abermals das unerbittliche Dunkel hernieder. Hundert Augenpaare starren in die Nacht, hundert Ohrenpaare nehmen jedes Geräusch auf, hundert Gewehre warten auf ihre Opfer.

Meine Phantasie arbeitet: Wenn jetzt plötzlich ein Gegner über der Brustwehr auftaucht? Würde ich da meinen Säbel in seinen Hals bohren? Oder vor Schreck erstarren? Wie würden Geist und Körper in diesem entscheidenden Augenblick erstmalig reagieren? In aller Lebhaftigkeit steht diese Situation vor meinen Augen und gibt mir Gewissheit: Ich würde nicht versagen.

Die Felswand zu unserer Linken wird lichter. Roter Schimmer schiebt sich drüber hin. Der Tag bricht an. Ich lege mich hinter meinen Felsen und schlummere sofort ein. Tecini liegt neben mir.

Einige Tage nachher. Ich schlief im Valparola-Unterstand den tiefen Schlaf der Retablierungsstunden. Ein Donnerschlag! Schnell in die Kleider! Nochmals ein Schlag! Jemand rief: „Die Sperre wird beschossen. Einundzwanzig-Zentimeter-Granaten sind`s". Ich sah auf meine Armbanduhr: Vier Uhr dreißig früh. Bald darauf noch eine größere Detonation, noch näher bei uns. Das Dynamitlager der Sperre, in einer Kaverne aufgestapelt, war explodiert.

Ich eile in die Hänge des Lagazuoi hinan und lege mich hinter einen Felsblock. Die Sperre liegt vierhundert Schritte vor mir. In gleichmäßigen Intervallen keuchen die Granaten heran und rücken ihr mit jedem Schuss näher. Schon liegen einige Treffer in der Drahtverhauzone. Fünf oder sechs Meter breit klaffen die Trichter. Erde, Steine und Eisenstücke fliegen um mich. Bei jedem Einschlag presse ich meinen Körper an den steinigen Boden, bin furchtbar erschüttert. Und um zehn Uhr fasst der erste Volltreffer das alte Werk.

Nun beginnen die Italiener auch die vorne liegende Kompagniestellung zu beschießen. Ein Höllenlärm. Splitter pfauchen durch die Luft. Ich fühle mich unsäglich verlassen und armselig. Und das ist nur der Anfang, für mich hinter dem Steinblock ein gefahrloses Vorspiel. Wie wird das noch werden?

Die feindlichen Geschosse kommen aus der Richtung Cinque Torri, Nuvolau und Monte Pore`. Unsere Geschütze aber müssen schweigen. –

Das Mittagessen blieb heute zum größten Teile ungegessen. Schwefelgeruch lag in der Luft, vor uns dröhnen die schweren Granateinschläge. Wir sprachen vom Ernst der kommenden Tage, von der Übermacht des Gegners und dem Fehlen wirkungsvoller Geschütze. Und waren bereit und gewillt, bis zum letzten Mann Widerstand zu leisten.

Um zwei Uhr kam die Besatzung der Sperre gelaufen, Landesschützen und Artilleristen. Gesicht und Hände vom Pulverrauch geschwärzt, von blutigem schwarzen Schleim überronnen. Die Uniformen zerfetzt. Die Armen wankten betäubt auf uns zu. Grässliche Stunden lagen hinter ihnen. Der letzte der vielen Volltreffer hatte Panzerung und Deck durchschlagen und war im schmalen Batteriegange explodiert, mitten unter den Offizieren und Mannschaften. Erst dann hatte der tapfere Kommandant Oberleutnant Bruckner, die Räumung und den Abtransport der Opfer befohlen. Die ersten Kriegsleichen lagen nun vor uns, unter der Schwärze des Gesichtes schimmerte die Totenblässe. Einige Schwerverletzte wurden zum Hilfsplatz geschleppt. Unser Arzt, Dr. Zehentgruber, begann sein erstes ernstes Werk.

Den ganzen Nachmittag stehen wir unter diesem entsetzlichen Eindruck, packen dann unsere Rucksäcke. Es wird Zeit. Schon senkt sich die Dämmerung hernieder und beendet das Wüten der feindlichen Batterien. Die zwei Halbkompagnien treten an. Der neue Baonskommandant, Hauptmann J. nimmt Abschied von uns. Vom Ausharren bis zum letzten Mann spricht er. Hernach sagt Feldkurat Riffeser einfache, herzliche Worte. Sie finden Widerhall. Dann gibt er uns die Generalabsolution. Der Ernst der Lage nimmt uns gefangen. Ein kurzes, stilles Händeschütteln, dann marschieren wir ins Dunkel hinein.

Das Terrain ist mit Steinen und Blöcken übersät. Die Sperre zerrissen, durchlöchert (Bild 4). Drinnen brennt Licht. Vorräte und Munition werden geborgen, natürlich auch die Geschütze. Das gibt Beschäftigung für viele Nächte. Wir tappen vorsichtig durch die Dunkelheit dahin, trotzdem fällt mancher in die drei Meter tiefen Trichter.

Um zehn Uhr waren wir an der Verteidigungslinie angelangt. Die dortige Halbkompagnie hatte schon telephonische Verständigung erhalten, dass es von

Bild 4: Festungswerk Tre Sassi
am Valporolasattel, 2199 Meter. Blick nach Süden. Links Hang zum Sassi di Stria. Hinter dem Werk: Col di Lana - Grat - Monte Sief - Siefsattel. Ganz im Hintergrunde Marmolada, 3360 Meter.

heute an keine Ablösung mehr gäbe und die ganze Kompagnie den Graben besetzt zu halten hätte. Die Granaten hatten auch hier wild gehaust. An manchen Stellen war die Brustwehr zerstört, die Hinterwand eingestürzt. Tiefe Löcher klafften in der Grabensohle.

Oberleutnant Höpperger führte unsere Kompagnie. Stramm und energisch. Er schonte sich selbst nicht, war jederzeit bereit, sein Leben dem Heimatland zu opfern. Tecini übernahm den linken Flügel, ich den rechten, Leutnant Matzka und Doktor Burtscher standen in der Mitte. Unsere zwei Maschinengewehre aber postierten wir an der Lagazuoiwand, sie konnten von dort aus die ganze Linie flankieren.

Wir hatten einige Kistchen Handgranaten in die Stellung mitgenommen. Es waren kostbare, seltene Dinge, mit denen wir recht sparsam umgehen mussten. Die meisten Leute kannten auch noch nicht die gefährlichen Kampfmittel. Vorsichtig schoben wir sie in die Aushöhlungen der Brustwehr. Nun waren wir beruhigter, hatten doch damit starke Abwehrwaffen erhalten.

Sternenlos und dunkel ist die Nacht. Bald zieht ein Hochgewitter heran. Um Mitternacht steht es über uns. Jeder Blitzschlag blendet auf Sekunden, stört uns in der Arbeit. Geheimnisvoll leuchten die Felswände. Mit unheimlichem Getöse bricht sich der Donner an den Wänden des engen Passes, wird zwischen Lagazuoi und Sasso di Stria hin und her geworfen. Dann rauscht es nieder! Wir schwingen die Zeltblätter um Schulter und Kopf. Doch gegen solche Wassermassen können sie nicht schützen. Durch den Graben fließt ein Bach. – Eine Stunde später scheinen schon wieder die Sterne. –

Fahles Licht steigt endlich im Osten herauf. Wieder ist der Gegner nicht erschienen. Wieder haben wir eine Nacht umsonst gewacht. Mich fröstelt. Da kommen die Menageträger mit dem schwarzen Kaffee. Gierig stürzt alles darauf los. Es ist unser letztes Frühstück. Von nun an gibt es nur mehr eine Mahlzeit, die in der Nacht zugetragen wird, denn der Steig steht unter feindlichem Feuer.

Der viel zu breite Schützengraben sowie die ganz ungenügende Brustwehr und der Mangel an richtigen Traversen mussten der nun doppelt so starken Besatzung große Verluste bringen. Wir stiegen daher bei Tagesanbruch aus der Deckung und schlüpften hinter die Felsblöcke des gewaltigen Trümmerfeldes. Nur die Beobachtungsposten blieben im Graben. Sie konnten das offene sandige Vorfeld vollkommen übersehen. Eine Überraschung war ausgeschlossen.

Um fünf Uhr früh vernahmen wir bei den Cinque Torri den ersten Geschützabschuss. Dann kam die Granate herangebraust, immer rascher, immer lauter. Sekunden wurden zu Stunden. Eine ungeheure Felswand schien nieder zu brechen, überschüttete uns mit allen Schauern des Grauens. Wie wenn die Erde geborsten wäre. Splitter schwirrten über uns hinweg. Ich saß zusammengekauert hinter dem Felsblock. Da rückte die zweite Einundzwanzig-Zentimeter-Granate an. Die Erde erzitterte wieder. Ein Getöse ohnegleichen, vom Echo noch verstärkt. Haushoch schlugen die Rauchwolken zum Himmel. – Und so ging`s nun Schlag auf Schlag. Mit bleichen Wangen warteten wir und warteten. So hatte ich mir in angstvollen Stunden den Krieg vorgestellt. Felsblöcke verschwanden, wurden von der furchtbaren Kraft zermalmt, kamen von vorne und hinten, von links und rechts, gellten mit schaurigem Gepfeife durch die Luft. Und über alle Gräuel wölbte sich wunderbar friedlich der blaue Himmel.

Nach kurzer Zeit brachten die Sanitäter den ersten Verletzten. Sie sprangen in kurzen Feuerpausen mit der Bahre von Block zu Block. Wachsgelb war das Gesicht des Verwundeten. Von seiner linken Seite hingen nur mehr Ärmelfetzen, Blut sickerte aus dem gequälten Körper. Als der Schwerverletzte nieder gestellt wurde, schlug er noch einmal die Augen auf, dann war es zu Ende. Und weiter mordeten die Geschütze. Nirgends Sicherheit vor den Splittern. Die Steinmauern, von denen wir uns so viel versprochen hatten, brachen zusammen wie Kartenhäuser. Am Abend zählten wir drei Tote, ebenso viele Schwerverletzte und viele, viele Leichtverwundete.

Das Abendrot schiebt sich wie ein Vorhang über die Dolomitenwände. Bläuliche Schatten lösen es ab. Die feindlichen Batterien verstummen. Wir steigen durch den verwüsteten Graben, auf und nieder, durch Löcher, über Verschüttungen, finden unter eingestürztem Schutt den vierten Toten. Wir nehmen ihn an den freigelegten Schultern, ziehen, – der Oberkörper allein bleibt uns in den

Händen. Auch die unverzagtesten Spaßmacher sind still geworden. –

Doch zum Ausbrüten düsterer Gedanken ist keine Zeit gegeben. Alle Mann zur Arbeit, zum Ausbessern des Grabens. Mit großer Ausdauer schwingen sie den Spaten. Neben ihnen liegt das Gewehr. Sie sind bereit!

Um Mitternacht kommen die Menageträger heran, bringen zugleich Kaffee, Rindfleisch und Suppe. Alles kalt. Unsere Leute lassen sich die Suppe in die Menageschale schütten, trinken sie rasch aus, dann wird die gleiche Schale mit Kaffee gefüllt und bis zum Morgengrauen aufgespart. Fleisch und Zuspeise haben im Schalendeckel Platz, werden gleich verzehrt.

Kaum war abgegessen, stürzten wieder unter Blitz und Donner große Regenmassen auf uns herab. In unmittelbarer Nähe schlugen die Blitze ein. Doch wir fürchteten sie nicht, sie könnten uns zwar töten, aber nicht so hässliche Wunden schlagen. Langsam zogen die Stunden dahin. Nur mit aller Anstrengung gelang es mir, die Augen offen zu halten. Schon seit achtundvierzig Stunden war ich wach. Und wartete, voll Wut und Erbitterung! Warum greifen die Italiener noch immer nicht an? Es würde uns Entspannung bringen.

Wieder steigt die Sonne herauf und der rasende Reigen beginnt von neuem. Wieder suchen sich die Granaten mit höllischer Lust warme Menschenleiber und wühlen und bohren und morden. Mehrere hundert schlagen in den Graben oder zerschellen im Trümmerfeld. Hilflos liegen wir inmitten der Vernichtung. Unsere Artillerie rührt sich nicht, wir haben keine Haubitzen.

Längere Feuerpause. Ein verirrter Bergfink flatterte heran und setzte sich auf den nächsten Felsblock. Lockte sein Weibchen und schlug mit den Flügeln. „Du liebes Vögelein! Wie kommst du in diese Jammerwelt? Fliehe doch, eile!" Er blieb und zwitscherte weiter. Sein Gesang dünkte mich wie ein Gruß aus dem Jenseits, so als wollte er sagen: „Haltet aus. Auch die bittersten Stunden verrinnen!" Lange noch tönte mir das Gezwitscher in den Ohren, als schon längst wieder der knöcherne Tod umsprang.

In der Abenddämmerung sind wir Zeugen eines Vorfalls, der uns die ganze trostlose Armseligkeit vor Augen führt. Eine italienische Feldkanonenbatterie von sechs Geschützen fährt auf der Straße zum Falzaregohotel herauf und nimmt dort wie am Exerzierplatz hinter einer Bodenwelle Stellung. Sie ist kaum tausendzweihundert Schritte von uns entfernt. Und wir können nicht hineinschießen! Mit Bangen denken wir an den morgigen Tag. –

Um fünf Uhr früh beginnt die Qual. Mit dumpfem Dröhnen rasen die schweren Granaten heran, wir kennen bereits ihre tiefen Stimmen, ihre entsetzlichen Wirkungen. Doch heute mischt sich noch das kurze, helle Bellen der Feldkanonenbatterie darein. Nach einigen Fehlschüssen ist sie eingeschossen, schießt direkt. Abschuss und Aufschlag fallen in dieser kurzen Distanz zu einem Knall zusammen. In vollen Lagen setzt sie herein. Und keine Hilfe von unserer Artillerie! Die Splitterwirkung ist unbeschreiblich, das Tosen schrecklich. Ein Lärm, wie man sich ihn nie denken könnte. Seele und Körper sind davon erfüllt. Ohne Unterlass geht es den ganzen Tag dahin. Nur wenige Leute kommen ohne Verletzungen durch, kleine Splitterverwundungen hat jeder.

Die Beobachtungsposten waren am allermeisten gefährdet. Doch unerschüttert hielten sie durch. Wir sprangen in den kurzen Feuerpausen zu ihnen hin, ließen sie ablösen, die Schwerverletzten verbinden. Die Toten brauchten keine Hilfe mehr. In meinem Grabenstück lag ein Mann ohne Kopf, ein blutiger Fleischfetzen hing ihm noch über den Mantelkragen.

Der Felsblock, hinter dem Tecini und ich nun hockten, wurde mehrmals von Granaten getroffen. Die Telefonleitung, vom Kommandounterstand ausgehend, führte weit sichtbar drüber hinweg und lockte das Feuer auf uns. Große Teile des Blocks waren schon abgesprengt, Sprünge durchzogen ihn bereits. Wie viel wird er noch vertragen? Sollen wir uns einen andern suchen?

Ich litt unsäglich unter diesen ersten Beschießungen, fürchtete aber nicht so sehr den Tod. Doch das hilflose, qualvolle Ausharren, dies zermürbende Gefühl grenzenloser Verlassenheit griff ins Herz, brachte mich fast zur Verzweiflung. Eng an die Felsen angeschmiegt, zählten wir die Minuten, warteten aufs Ende, knirschten mit den Zähnen. Und weiter wüteten die furchtbaren Einschläge und das Heulen vorüberbrausender Eisen- und Steinsplitter und das Prasseln des Steinregens.

Ich bewunderte meine Leute, ihren leuchtenden Opfersinn, ihren beispiellosen Mut. Und ihre unverbrauchten Nerven! Im schwersten Feuer sprangen Unteroffiziere zu den Beobachtungsposten und sprachen ihnen Mut zu. Oberjäger Janicky eilte mit unerhörter Schneid von Mann zu Mann. Blut tropfte ihm schon von Kopf und Hals. Er achtete es nicht. Da riss ihm eine Granate den Brustkasten auf. Zugsführer Fuchs, der Trostspender für alle Verzagten, schritt lächelnd mit seinem mächtigen Andreas-Hofer-Bart durch den Abschnitt. Und Zugsführer Stricker, Kommandant unserer Sanitätspatrouille schleppte tollkühn mit seinen Gehilfen die Verwundeten durch den Feuerregen. Auch die übrigen Mannschaften hielten sich überaus bewundernswert, ihre stillen Heldentaten seien nie vergessen!

Alarm! Italienische Infanterie! Aus den Mulden um den Falzaregopass kommt sie heran. Welle um Welle. Wirft sich nieder, springt wieder auf. Verschiebt sich nach links, gegen die Laguzuoiwände. Felsblöcke und Steine geben Deckung.

Vorwärts! In den zerrissenen Graben hinein! Wer hört jetzt noch die Granaten bersten? Die Splitter wimmern? Alle Bedrängnis ist weg. Kampf gibt es, Entspannung, Erlösung! „Kommt nur herzu! Glaubt ihr uns schon vernichtet?" – Sollen wir schon schießen? Nein, lasst sie heran! –

„Avanti!" Rufe dringen zu uns. Vierhundert Schritte sind die Italiener noch entfernt. Da nimmt sie eine Bodenwelle auf, ein Sandriss, doch Köpfe und Schultern bleiben sichtbar. „Feuer!" Unsere ersten Kriegskugeln werfen den Tod in ihre Reihen, hageln sie nieder. Alle Wut, alle Qual senden wir mit, und die Tiroler sind gute Schützen! –

Wie Vogelgezwitscher klingt die Antwort, dringen die kleinkalibrigen Italienerkugeln auf uns ein, wir spüren den leisen Luftzug an den Wangen, doch achten es nicht. Da dröhnen Salven an unser Ohr, österreichische Salven! Welch sympathischer Klang! Sie liegt höher als wir, sieht von seitwärts in den Sandriss hinein, ihre Kugeln müssen daher noch wirksamer sein. Eine wohlgezielte Salve nach der anderen schlägt in die italienischen Massen.

Da jagen neue Schwarmlinien heran, mehrere Kompagnien. Auf und nieder wogen wieder die Wellen. Sie verstärken die Besatzung im Sandriss. Unentwegt rollt unser Schnellfeuer. – Das italienische Gewehrfeuer wird schwächer. Der Gegner muss schwerste Verluste erlitten haben, scheint seine Angriffsabsichten aufzugeben. Alle italienischen Batterien, die während des Vorgehens ihrer Infanterie das Feuer eingestellt hatten, beginnen abermals ihr Vergeltungsfeuer. Schnell ist unsere Kompagnie hinter ihren Felsblöcken und das Höllenkonzert geht weiter. –

Es hielt bis zur Dämmerung an. Als ich am Abend meinen Stock zur Hand nahm – ich hatte ihn an meinen Felsblock gelehnt – war er an fünf Stellen durch kleine Splitter durchschlagen und geknickt. Ich selbst kam mit einer kleinen Schramme am Halse durch, doch unvergesslich bleiben mir diese Tage voll Feuer und Blut. Eine Stunde nachher, als die zerfetzte Telefonleitung geflickt war, benachrichtigte uns das Baonskommando, dass wir von einer bayrischen Jägerkompagnie abgelöst werden würden. – Ach wie schön war nun wieder das Leben! –

Bis zur Ablösung hielten wir noch strengste Gefechtsbereitschaft. Ein Angriff war nun zu erwarten, als Fortsetzung des nachmittägigen Heranarbeitens. Die ganze Kompagnie stand im Graben versammelt. Hinter den Felsblöcken lagen nur mehr die sechs Toten und fünf Schwerverwundeten des heutigen Tages.

Endlich kamen die bayrischen Jäger heran. Siegesbewusst, draufgängerisch traten sie in unsere Reihen. Wir gaben ihnen die nötigen Aufschlüsse und führten sie durch die Deckung. Dann meinte der bayrische Hauptmann: „Ich werde es anders machen. Wenn die feindliche Artillerie zu schießen beginnt, stecke ich meine Leute nicht hinter die Felsblöcke, sondern schiebe sie an den Drahtverhau hinaus. Dort soll sich jeder in den Sand eingraben. Da vorne gibt es keine Splitterwirkung." Wir rieten ihm von seinem Vorhaben ab, verwiesen auf die umso größere direkte Wirkung, doch er blieb bei seiner Meinung.

Das war am 9. Juli 1915. Ich stand seither einige Male da oben und sah die Stätten wieder, an denen ich viel hundertmal gestorben. Edelweiß wächst nun auf dem blutdurchtränkten Boden und Alpenrosen wuchern zwischen den wilden Felsblöcken. –

Nach beinahe einstündigem Marsch kamen wir in Valparola an. Das Baonskommando war inzwischen an die Sarebachwiese innerhalb St. Cassians übersiedelt. Feldkurat Riffeser aber erwartet uns. Wir erzählten. Unsere eingefallenen Wangen und der stechende Blick, den jeder bekommt, der ins Jenseits geschaut, illustrierten zur Genüge die Schilderungen. Auf einmal weckte mich starkes Rütteln, ich war sitzend eingeschlafen. Nun suchten wir unsere Pritschen auf.

Frühmorgens weckte mich Arbeitsgeräusch. Gräber wurden gegraben. Wir traten an, standen um die Grube. Höpperger sprach einige Worte, dann segnete

Riffeser die toten Kameraden ein. Wir waren aufs tiefste erschüttert, sahen mit nassen Augen zu.

Dann ging`s abwärts, den Weg, den wir vor drei Wochen gekommen. Der Sarebachwiese zu. Eine einfache Holzbaracke stand dort am Waldesrand. Das Baonskommando hauste darin. Auch für uns Kompagnieoffiziere war noch genügend Platz. Die Mannschaften jedoch mussten in Zelten schlafen, ihre Unterkünfte waren erst im Bau.

Eine herrliche gefahrlose Zeit stand nun vor uns, mindestens acht Tage Ruhe waren uns versprochen worden. Oh, dieses Glücksgefühl! Plaudernd schritten wir über den saftigen Wiesengrund, in den hochstämmigen Wald hinein. Jedes Blümlein verhielt unsern Schritt, erzählte von Wachstum und Leben. Bei jedem Schritt freuten wir uns, noch die Sonne zu schauen.

Ein Bach mit frischem Quellwasser durchzog die Wiese und bot uns prächtige Waschgelegenheit, lang entbehrten Genuss! Pustend und schnaubend knieten wir an seinem Ufer. Plumps! Lag unser neuer Kadett im Wasser! Seit langem konnten wir nun wieder herzlich lachen. Und diese Fröhlichkeit währte in den Abend hinein, flackerte immer wieder auf, wenn der Kadett in Unterhosen über die Wiesen stelzte und mit Ungeduld auf das Trockenwerden seiner einzigen Uniform wartete.

Wunderbar schien uns dieser freie Tag. Friedlich klangen die Glocken von St. Cassian herein. Da tutete das Telefon und übermittelte aus dem Travenanzestal ernste Nachrichten.

Dieser Frontteil war auch dem Abschnitte unseres Baonskommandanten unterstellt. Die dritte Kompagnie stand dort im schwersten Hochgebirgskampf, mit ihr eine Halbkompagnie Hessen. Sie kämpften gegen vielfache Übermacht, wie es überall an der italienischen Front gang und gäbe war. Halbschlummernd hörte ich den beunruhigenden Telefongesprächen zu.

Als ich erwacht war, trafen Meldungen aus Valparola ein: Die erste Kompagnie am Sasso di Stria hatte diesen Tag Schweres erduldet, stundenlangem Artilleriefeuer standgehalten und hierauf einen mächtigen Angriff im Handgemenge abgewiesen. Auch in der Lagazuoistellung war das Geschützfeuer nie verstummt und hatte der bayrischen Jägerkompagnie, die vor dem Graben gelegen, ein Dutzend Tote und ebenso viele Schwerverwundete gekostet. Was wird sich der bayrische Hauptmann nun gedacht haben?

Im Laufe der Abendstunden langten neuerlich bedrohliche Nachrichten aus Travenanzes ein. Doch kamen wir rasch über diese Stimmung hinweg. Eine Woche Ruhezeit stand ja vor uns. Siebenmal vierundzwanzig Stunden! Weißt du, was dies dem Frontkämpfer bedeutete?

Ein herrlicher Morgen brach wieder an. Wie erfreuten uns jetzt Sonnenschein und blauem Himmel und wie hatten wir am Valparolasattel das schöne Wetter verflucht und Nebel herbeigesehnt! Wundersam standen die Felsen um St. Cassian, jede Rinne, jedes Band zeigte sich in voller Plastik. Wir machten uns, von all der Schönheit dazu verlockt, auf die Beine. In kurzer Zeit war Cassian erreicht.

Das Gasthaus nahm uns auf. Wie mitten im tiefsten Frieden tranken wir den vorzüglichen Rotwein.

Dumpfe Schläge dröhnten indes von Valparola herab. Die Italiener gaben ihren Plan nicht auf, wollten mit aller Macht ins Pustertal vorstoßen, oder übers Grödnerjoch an den Eissack kommen. Die wichtigsten Bahnverbindungen wären damit abgeschnürt, die ganze Tirolerfront ins Wanken gebracht. Mit stärksten Kräften setzten sie sich dafür ein, haben am Valparolasattel eine ganze Brigade zum Angriff bereitgestellt, ebenso auch eine fürs Travenanzestal. Und auf unserer Seite?

In Sarebach lagerten noch zwei bayrische Jägerkompagnien. Teile des Deutschen Alpenkorps, dem nun auch wir taktisch unterstanden. Doch in gleicher Nacht marschierte die eine ins Travenanzes ab. Immer brenzlicher schien dort oben die Situation zu werden.

Am nächsten Morgen lag ich wieder in der warmen Sonne und träumte von der Heimat. Da rumorte es bedenklich in mir. Oft und oft verschwand ich diesen Tag im stillen Wald. Auch in der darauf folgenden Nacht wurde es nicht besser. Ans Schlafen war nicht zu denken. Fielen mir aus Übermüdung die Augen zu, so tutete gleich wieder das lästige Telefon. Denn in Travenanzes steigerte sich von Stunde zu Stunde die Gefahr des feindlichen Durchbruches. Unser Baonskommandant ließ daher vor Mitternacht die letzte Jägerkompagnie alarmieren und dorthin abmarschieren. Nun blieben wir allein. Schlaflos wälzte ich mich auf dem Stroh und hörte die Dispositionen, vernahm auch beim Morgengrauen die schwerwiegende Meldung: „Soeben haben Alpini die Spitze der Cima di Falzarego kampflos besetzt. Sie kamen unvermutet über die senkrechten Wände vom Falzaregopass herauf."

Damit hatte die Gefahr ihren Höhepunkt erreicht. Das Vordringen der Italiener über die unbesetzte Lagazuoischarte war in den Bereich der Möglichkeit gerückt. Die Scharte musste unter allen Umständen abgeriegelt werden. Um fünf Uhr früh wurde unsere Kompagnie als letzte Reserve alarmiert. Eine Viertelstunde später marschierten wir ins Travenanzes ab. Die Retablierung war vorzeitig beendet. Vom Durchfall arg belästigt, unausgeschlafen, schritt ich dahin.

Wir streben am Ufer des Fanesbaches der Höhe zu. Mächtige Ströme weißen Kalksandes umgeben seine Ränder und dringen tief in den Hochwald hinein. Über das Geschiebe rinnen dünne Wässerlein, versickern oft ganz. Wie mögen aber die Wasser brausen und donnern, wenn Wolkenbrüche das Quellgebiet überschütten! Der Weg führt mählich empor. Ich freue mich über die geringe Steigung. Da kommt uns eine Sanitätsabteilung entgegen. Aus Travenanzes. Von unserer Dritten, den Trägern tropft der Schweiß von der Stirne, sie sind schon seit zehn Stunden auf dem Weg. Nun stellen sie die Bahre nieder, rasten.

Auf der ersten liegt ein Patrouilleführer. Er ist in guter Stimmung und freut sich trotz arger Schmerzen des Sonnenscheins und der bevorstehenden Ruhezeit. Er hat an beiden Beinen schwere Erfrierungen. Der zweite Verwundete beachtet uns kaum, nur kurz streift uns sein Blick. Was kümmern ihn doch fremde Leute, wenn er vor dem großen Tor steht! Blutleer ist sein Gesicht und schmerzverzerrt. – „Bauchschuss, nichts mehr zu machen", flüstert mir der Sanitätsunteroffizier zu. Der dritte, durch Blutverlust arg geschwächt, trägt um Schulter und Arme einen großen Verband. Er fühlt sich sichtlich erleichtert, seinen Leidensweg schildern zu können: „Gestern Nachmittag wurden wir verwundet, gehörten zur Besatzung der Fontana Negra, einer Scharte zwischen Tofana I und II. Schreckliches mussten wir in dieser Steinwüste aushalten, von den Italienern eingekreist, die in gewaltiger Übermacht die Felsen über uns besetzt hielten. Erst bei eintretender Dunkelheit konnten wir abtransportiert werden, über Schutt und Geröll und über eine siebzig Meter hohe senkrechte Wand, durch die ein Steig mit zweihundertvierundsiebzig Eisenstiften den einzigen Zugang bildete. An Seilen wurden wir hinuntergelassen, von den Italienern mit eingespannten Gewehren fortwährend beschossen. Dabei traf mich noch eine Kugel in den Oberarm." – Und erst jetzt kommen sie zum Arzte, und ich jammere da wegen meines Durchfalles! –

Der Weg wurde steiler, verließ den Fanesbach und wand sich zur Lagazuoialpe empor. Dort winkte eine lange Rast, sie war uns hochwillkommen. Wir kamen dort in das Gebiet der Legföhren, marschierten an einem prächtigen Wasserfall vorbei und standen endlich in einem breiten Kar, von den riesigen Wänden des Großen und Kleinen Lagazuoi eingeengt. Ein Weglein zweigte nach links ab, in steilen Serpentinen führte es durch die Schutträume zur zweitausendsechshundert Meter hohen Fanisscharte empor (Bild 5). Jenseits des Kammes schlängelte es sich über Sandgeröll abwärts und erreichte bei der Wolf-Glanwell-Hütte die Sohle des Travenanzestales. Dann begann erst der hochalpine Aufstieg in die wilde Tofana. Es war der einzige Nachschubweg ins Travenanzestal, auch der Verwundetentransport hatte diesen Weg genommen.

Langsam kamen wir aus den Latschenfeldern in die unendliche Kahlheit der Felswelt. Ein gewaltiges, schneebedecktes Trümmerfeld lag vor uns und führte allmählich zur Lagazuoischarte hinan. In den Nachmittagsstunden trafen wir dort ein und wateten bis zu den Knien im Schnee in einer Meereshöhe von zweitausendfünfhundert Meter. Die hohen Felswände ließen wenig Sonne herein.

Diensteinteilung: Eine Halbkompagnie bleibt als Reserve im Kar, sie soll uns morgen nachts ablösen. Zug Tecini zieht rechts hinauf in die Hänge des Kleinen Lagazuoi. Meinen Zug trifft die Besetzung der Scharte und des Großen Lagazuoi.

Die Forella ist ungefähr zweihundert Schritte breit. Vor ihr türmen sich die Steilwände der Cima di Falzarego. Ich schätze bis zu ihr hin sind es tausend Schritte Entfernung. Wir sehen deutlich, wie die Alpini an der neuen Stellung arbeiten und aufgeregt herumlaufen. Seit heute früh sind sie erst im Besitze des Gipfels.

Zwischen uns und der Cima di Falzarego lag die Forella di Travenanzes. Wir winkten ihrer Besatzung zu. Vor kurzem noch war ich bei ihnen gestanden, jetzt würde jeder Schritt dorthin den sicheren Tod bedeuten. Im Eifer des Schauens hatten wir uns zu hoch vom Boden erhoben. Da pfiffen schon die italienischen Kugeln herüber.

Die Mannschaft lagerte einige Meter unterhalb der Scharte. Ich wollte mir ein Zelt aufstellen, musste jedoch lange Zeit im Geröllfeld suchen. Überall Felsen und

Bild 5: Fanisscharte

im Faniskamm, 2600 Meter hoch gelegen. Übergang vom Lagazuoikar (rechts) ins Travenanzestal (links). Einziger Nachschubweg. Beachte in der Mitte Kaverne und Treppenzustieg.

Trümmer und Gefälle. Endlich hatten wir ein passendes ebenes Plätzchen ausfindig gemacht, es war das einzige der weiten Umgebung. Mein Bursche scharrte den Schnee weg und ebnete den gefrorenen Schutt. Hernach ging er den weiten Weg in die Latschenregion zurück und holte einen Rucksack voll Legföhrenzweige, zum Belegen des harten nassen Bodens.

Die Sonne verschwand. Es wurde empfindlich kalt. Da nahm ich meinen Spirituskocher und kochte mir Tee. Eine Tafel Schokolade dazu, und das Nachtmahl war fertig. Auch am nächsten Tag gab es keine Menage, denn der weite Nachschub vom Gadertal herauf funktionierte noch nicht.

Dunkle Schatten krochen bereits über die Felswände. Wir konnten es nun wagen, die Scharte zu besetzen. Der Boden bestand aus roter lehmiger Erde, gleich wie auf der Forcella di Travenanzes. Jeder Mann sollte sich mit dem Spaten sein Loch graben. In den folgenden Nächten wollten wir die Aushebungen zu einem Grabensystem verbinden. Doch der gefrorene Boden setzte unserem Vorhaben härtesten Widerstand entgegen. Wir mussten den Zuschub von Krampen abwarten. Ab und zu pfiffen Alpinikugeln um unsere Köpfe. Sie kamen von der Cima di Falzarego. Dort hatte man anscheinend unser Arbeiten gehört.

Die Kälte wurde immer unangenehmer. Ich schlüpfte in mein Zelt und lud meinen Diener Frömmel zur Übernachtung ein. Wir rollten uns um die Zeltstütze und versuchten zu schlafen. Zeitweise gelang es, dann aber hat uns die krampfige Stellung und die große Kälte geweckt. Ich trug meine sämtlichen Kleidungsstücke samt Reservesorten angezogen am Körper, doch klapperten mir trotzdem die Zähne. Zu meinem Durchfall war noch Fieber gekommen.

Auch diese Nacht verging und die Sonne kam herauf. Wir verließen die Scharte, lagerten uns wieder hinter die Blöcke und versuchten zu schlafen, der Hunger aber verwehrte es.

Da begann die italienische schwere Artillerie zu feuern, zum ersten Mal auf diese Ziele. Sie streute die Scharte ab und das dahinter liegende Trümmerfeld. Tag für Tag ging`s nun so dahin, zwar nicht in dem Ausmaß wie um Tre Sassi, immerhin aber recht unangenehm und verlustreich.

Im Laufe des Nachmittags bestieg ich die Wände des Großen Lagazuoi. Durch leichte Rinnen und Risse kam ich rasch aufwärts, vorbei an Felsstufen, in denen sich Leute meines Zuges eingenistet hatten, hinauf in eine Scharte des Hauptkammes. In aller Gemächlichkeit suchte ich mit meinem Feldstecher die Tofanen ab und das tief unter mir liegende Travenanzestal (Bild 6).

In dieser Felsenwirrnis lag also unsere Dritte, nun durch bayrische Jäger verstärkt. Unfassbar lang war ihre Verteidigungslinie. Auf und nieder führte sie, über hohe Spitzen und tiefe Scharten und verweilte auf Felsbändern und über ungeheuren Schründen. Um manche wichtigen Punkte tobten Kämpfe von unbeschreiblicher Wildheit, von beispielloser Todesverachtung und Zähigkeit. Unsere Leute standen doch den besten italienischen Truppen gegenüber, Alpini, die in zehnfacher Übermacht den Durchbruch erzwingen wollten und mit ihrem reichen Vorrat an Menschen und Material kühne Wege über steile Felsen bauten.

Bild 6: Tofana

Links Tofana III, 3232 Meter, Mitte Tofana II, 3241 Meter, rechts Tofana I, 3220 Meter. Im Vordergrund oberes Travenanzestal. Blick vom Großen Lagazuoi nach Osten (links) (X) Standplatz der Wolf-Glanwellhütte, von dort Aufstieg zur heiß umkämpften Fontana negra, der Scharte zwischen Tofana I und II.

Sie schlugen in unersteigliche Wände Eisenstifte, durchkletterten schwierige Kamine in meisterhafter Weise und drangen bald hier, bald dort überraschend auf unsere schüttere Besatzung ein. Der Mut, die Ausdauer des einzelnen wurde oft über große Räume von entscheidender Bedeutung. Das Verhalten unserer Leute war von unerhörter Tapferkeit gekennzeichnet; Kälte, und Schneestürme, Lawinen und Steinschläge drohten, doch ungebeugt standen sie auf ihrem Posten und gaben ihr Leben für die Heimat.

Am entsetzlichsten aber wütete der Tod in der Fontana negra, der Scharte zwischen Tofana I und II. Ein Zug unserer dritten Kompagnie lag in diesem ungeheuren Trümmerfelde. In den Schrofen beiderseits der Scharte hatten sich die Italiener eingenistet. Auf der Tofana I stand seit kurzem auch ein italienisches Gebirgsgeschütz und wirkte bei der Bekämpfung unserer Heldenschar mit. Bei Tag Schuss auf Schuss, bei Nacht ein wilder Angriff nach dem andern. Immer wieder drangen die Alpini auf das kleine Häuflein ein und jede Nacht kam es mehrmals zum schrecklichsten Handgemenge. Unsere Leute jedoch wankten nicht, trotz schwerster Verluste, die ihnen der Gegner und Schnee und Kälte beigebracht.

Uneingeschränkte Hochachtung verdienten auch die italienischen Truppen.

Mit todesmutiger Bravour sprangen sie in das gut gezielte Gewehrfeuer unserer Mannschaften, in die auflodernden Handgranaten und in die entgegenstoßenden Bajonette. Es schien ihnen unfassbar, dass die kleine Schar unbesiegbar sei.

Damals stand auch der italienische Reserveleutnant Piero Pieri in den Tofanen und befehligte einen Alpinizug. Er schrieb später das Kriegsbuch: „La nostra guerra tra le Tofane." Durch mein erstes Buch kamen wir in Berührung und stehen seither in Korrespondenz. Wir gaben uns auch vor mehreren Jahren am Falzaregopass ein Stelldichein.

Dabei erzählte er viel Interessantes, darunter auch Folgendes: Sein Divisionär, General Cantore, war ein furchtloser und tapferer Offizier, in den Tripoliskämpfen hervorragend ausgezeichnet, von der Mannschaft vergöttert. Er besuchte oft die vorderste Linie, so auch in der Fontana negra. Hinter einem Steinblock kauernd, sah er mit dem Feldstecher auf unsere Landstürmer nieder. Da meinte sein Adjutant: „Ach, die Österreicher treffen nicht, die muss man erst schießen lehren." Nochmals bat ihn der Adjutant, sich doch in Sicherheit zu bringen. Und wieder sprach Cantore: „Sorgen Sie sich nicht, für mich ist keine Kugel gegossen." Da entsank der Feldstecher seiner Hand. Mitten durch den Mützenschild war die todbringende Kugel ins Gehirn gedrungen, die Kugel eines Mannes unserer dritten Kompagnie (Bild 7).

Bild 7: Kappe
des tapferen italienischen Alpinigenerals Cantore, mit Einschuss am Mützenschild. Cantore fiel in der Fontana negra.

Unmittelbar neben der Todesstätte steht nun ein italienisches Schutzhaus, das ihm zu Ehren „Rifugio Cantore" benannt ist und in Cortina erhebt sich ein prächtiges Denkmal. Sein Ruhm aber lebt weiter und auf und ab in italienischen Landen erzählt man von seinen kühnen Taten. –

Ich blieb stundenlang auf meiner Felsenwarte liegen, versunken in die herbe Schönheit dieser Bergwelt. Tief unter mir lag die kleine Wolf-Glanwell-Hütte, Aufenthalt des Kommandos, Sammelstelle der Reserven, die dort hinter den Felstrümmern hockten. In Travenanzes gab es keine Schützengräben, nur mühsam dem steinigen Boden abgerungene Löcher, von Felsstücken umgeben.

Die Ablösezeit kam heran und zwang mich zum Abstieg. Unsere Reserven lagen vierhundert Schritte hinter der Scharte, im Schutze der Kalkblöcke. Dorthin nun richtete mein Zug seine Schritte. Wir stellten Zelte auf. Bald nachher traf ganz unerwartet eine bayrische Jägerkompagnie ein. Unsere Kompagnie sollte sich mit ihr die Besetzung der Scharte teilen.

Schwarzer Kaffee und Brot waren mit ihnen gekommen. Nach zwei Hungertagen wahre Leckerbissen! Der Train hatte auch Bretter und Balken heraufbefördert. Rasch wuchsen die Baracken aus dem Boden. Öde und Einsamkeit waren verschwunden. Wüster Gefechtslärm füllte nun das stille Kar.

Am nächsten Abend übernahm die bayrische Kompagnie den Dienst. Mir blieb also noch eine zweite dienstfreie Nacht. Ich konnte sie schon in dem neuen, primitiven Unterstand verbringen. Doch fehlten einstweilen noch Bank und Tisch, Pritsche und Bodenbelag. Aber das Dach war fest und mit Dachpappe abgedichtet. Wir wussten dies sehr zu schätzen, als es draußen in großen Tropfen zu regnen begann und später Regen in Schnee überging. Am Morgen war die ganze Gegend neuerdings in eine Winterlandschaft verwandelt.

Der Abend jedoch brachte wieder schönes Wetter. Wir tappten im Pulverschnee zur Scharte. Die ganze Kompagnie war einzeln abgefallen. Ich zog zum linken Flügel, zum Großen Lagazuoi, der nunmehr meine einzige Stellung bildete. Im Sternenlichte stieg ich durch die verschneiten Rinnen empor und siedelte mich auf einer Felsstufe hoch über der Scharte an. Dann verteilte sich die Hälfte meines Zuges auf die wichtigsten Scharten und Felsbänder. Nach zwei Stunden sollte sie abgelöst werden.

Die Kälte wurde immer lästiger. Ich ging unablässig auf dem schmalen schneebedeckten Raum umher, zehn Schritte vor, zehn zurück. Weiter reichte das ebene Fleckchen nicht. Die himmelhohen Wände tauchten ins Dunkel der Nacht, schwere Wolken schoben sich vor die Sterne. Endlich wurde ich schlafreif, wickelte mich in mein Zeltblatt und legte mich nieder. Hände und Füße waren gefühllos geworden. Verdammt! Sind sie gefroren? Ich schlug mit den Armen, rannte auf und ab – und der Blutkreislauf kam wieder in Ordnung. Da kletterte ich in die Felsen, inspizierte meine Posten und warf mich abermals in den Schnee. Große Flocken begannen zu fallen, zerrannen auf meiner Wange, – ich war wieder eingeschlafen. Plötzlich fuhr ich vor Kälte auf. Eine dichte Schneeschicht deckte mich zu. Ich war ganz starr. Noch einige trostlose Stunden, dann wurde es licht. –

Unsere Stellung war hochalpin, bei Tag auch sehr sympathisch. Wir hatten überdies in den Rissen der steilen Kalkwand vom Gegner wenig zu befürchten, die italienische Artillerie beschoss nur Scharte und Kar. Sorgen jedoch verursachte uns die eigene Artillerie. Eine ungarische Batterie, aus vier ausgeleierten Gebirgsgeschützen bestehend, hatte an den Abstürzen des Kleinen Lagazuoi Stellung bezogen. Ihre Granaten zogen knapp über der Lagazuoischarte an der Großen Lagazuoiwand vorüber, blieben aber mindestens zehnmal des Tages an den Felsen hängen und gefährdeten uns.

Am Abend wurden wir durch die Bayern abgelöst. Sie erwiesen sich als ambitionierte und schneidige Burschen, die sich bald in unserer Hochgebirgswelt zurechtgefunden hatten. Wir vertrugen uns vorzüglich. Nie wurde während der dreiwöchigen Schicksalsgemeinschaft das gute Einvernehmen gestört.

Das Leben ging nun seinen regelmäßigen Gang. Von der Scharte zum Reservelager bildete sich schon nach kurzer Zeit ein ausgetretener aperer Steig. Bald ward es auch nebenan aper. Die schneefreien Flecke des Kars wurden immer größer. Der Sommer drang endlich auch in unsere Höhen.

Die Leute waren mit ihrem Dasein zufrieden, wie man eben, von Menschen verfolgt, von der Natur gepeinigt, zufrieden sein kann. Und unsere Verluste hielten sich in bescheidenen Grenzen. Vorsicht war aber immer am Platze. Weit auseinander gezogen kroch zur Zeit der Ablösung die Menschenschlange durch das Trümmerfeld. Hoch über uns pfiffen italienische Kugeln, die der Scharte gegolten. Manche aber fanden ihr Opfer. Zugsführer Fuchs beispielsweise hatte einen Schuss durch den Oberschenkel erhalten, er wollte trotzdem bei seinen Leuten bleiben und ließ sich erst auf Grund eines strengen Befehls zum Hilfsplatz nach Sarebach abtransportieren.

Die Verteidigungslinie blieb lange Zeit ohne Unterstand, ohne Dach, ohne Schutz vor Wetter und Sturm. Aller Nachschub musste der Verpflegung und dem Aufbau des Reservelagers dienen. Die Landstürmer halfen sich, so gut es ging, über diesen Mangel hinweg und stellten Zelte auf. Mein Zug in den Wänden des Großen Lagazuoi aber musste auf diese Bequemlichkeit verzichten und Nacht für Nacht im Freien kampieren. Viele Leute erkrankten daher an Durchfall, Rheumatismus und Erfrierungserscheinungen und mussten ins Tal abgeschoben werden.

Nach einer Woche verließ ich den Großen Lagazuoi und erhielt den Kleinen Lagazuoi zugewiesen. Eine Felsrippe, beiläufig zwei Meter hoch, zog sich von der Scharte in mäßiger Steigung dem Gipfel zu. In ihrem Schutze lag mein Zug. Hinter dieser Rippe fanden sich auch günstige Plätze für unsere Zelte.

Der Aufenthalt war nun bequemer und sonniger geworden. Die Leute wurden hier sogar übermütig, fühlten sich zu sicher, ließen sich selbst durch die Italiener auf der Cima di Falzarego nicht aus ihrer Stimmung bringen. Diese liebten es, Salvenfeuer auf uns abzugeben. Ihre Kugeln zerschellten aber zumeist an der schützenden Felsenbarriere oder gingen darüber. Dann winkten unsere Leute „Fehler", wie am Schießstand, und benützten zum Anzeigen des Treffergebnisses, als „Ziellöffel" sozusagen, Gewehr und Mütze. Darauf antworteten die

Italiener mit verstärktem Feuer und schrien auch zwischendurch Schimpfworte herüber.

Nach einigen Tagen rückte ganz unvermutet eine Haubitzbatterie des Deutschen Alpenkorps an und nahm im Kar Aufstellung. Jeden Morgen kamen nun die deutschen Artillerieoffiziere zu meinem Standplatz. Sie leiteten von hier aus telefonisch das Feuer. Ein mächtiges Scherenfernrohr stand vor meinem Zelte. Oft und oft guckte ich durch.

Der feindliche Artilleriebeobachter auf der Sachsendankhütte des Nuvolau machte uns schon seit langem viel Sorgen und Ärger. Viele Tote unseres Baons hatte er auf dem Gewissen. Von seiner überragenden Aussichtswarte konnte er Travenanzes überblicken, ebenso in unser Kar hereinsehen und auch die Valparolastellungen beobachten. Ungeniert gingen dort oben die Italiener aus und ein, sonnten sich an der Hauswand, trockneten ihre Wäsche im Freien und aßen im Sommersonnenschein ihre Mahlzeiten. Ich begrüßte es von ganzem Herzen, dass der reichsdeutsche Artilleriehauptmann diesem Beobachter das Handwerk legen wollte. Einige hundert Schritte hinter uns krachte der Abschuss, schon fuhr die erste Granate hoch über uns durch die Luft. Fehlschuss! Noch einige Fehlschüsse! Da ließ der Hauptmann seine Geschütze umstellen und begann nach einer Pause wieder das Feuer. Gleich die erste Granate war ein Volltreffer. Weit herum flogen die Trümmer des Hauses. Jetzt hättest du sehen sollen, wie die Italiener vom Gipfel sprangen! Die Beschießung ging aber weiter und das Haus wurde von Grund auf zerstört. Nun war Ruhe am Nuvolaugipfel eingekehrt. Doch die feindlichen Batterien rächten sich, sie hatten allem Anschein nach unseren Beobachtungsstand entdeckt und belegten jetzt täglich meine Warte und den Batteriestand mit schweren Granaten. –

Am darauffolgenden Tag stieg ich auf die Spitze des Kleinen Lagazuoi. Tiefe Wasserrinnen und Risse führten durch seine plattige Flanke. Das gab Deckung zu einem gesicherten Aufstieg. Oben angekommen, fand ich einige Scharten, Kamine und Rinnen, durch die der Gegner vom Falzaregopass heraufklettern und uns in den Rücken fallen konnte. Ich erstattete sofort Meldung und erhielt Verstärkung. Einige Mann waren an jeder gefährdeten Stelle postiert und mit Handgranaten ausgerüstet, sperrten nun diese Zustiegsmöglichkeiten ab.

Vor unserer Felsrippe lag ein Stück ebenes Gelände, das jäh zum Falzarego abbrach. Ein dürftiges Drahthindernis verlief über dieses kleine Plateau. Eines Nachts meldete mir mein Stellvertreter, dass leise Geräusche hörbar seien. Wie wenn harte Gegenstände, Steine aneinander stießen. Geflüster. Angestrengt horchten wir hinaus. Die Geräusche verstummten, kamen wieder. Ohne Zweifel, Italiener schlichen auf allen Vieren heran. Wir alarmierten die Mannschaft. Lautlos wurde die Felsrippe besetzt. Wir horchten weiter. Näher schoben sich die Geräusche, das Geflüster, das Anstoßen. Die Italiener konnten kaum dreißig Schritte entfernt sein. Ich war aufs äußerste gespannt, nicht minder meine Leute. Auf einmal vollständige Ruhe.

Es stand uns keine Leuchtpistole zur Verfügung; die einzige der Kompagnie war unten an der Scharte in Benützung. Und sternenlos die Nacht. Wollten die Italiener uns beunruhigen oder schwache Stellen unserer Front auskundschaften? Oder sammelten sie sich bereits zum Angriff? – Sei es wie es sei! Ich gab mit meiner Pistole den vereinbarten Alarmschuss ab. Augenblicks krachten alle Gewehre meines Zuges. Wehgeschrei! Rasche Schritte! Dann wieder Stille! – Bei Tagesgrauen schickte ich einen Mann hinaus. Er brachte ein italienisches Gewehr zurück. Am Kolben zeigten sich noch deutlich starke Blutspuren. –

Als sich die Dämmerung hernieder gesenkt hatte, schlichen Hauptmann Weiß der bayrischen Kompagnie, Höpperger und ich zu dieser gefährdeten Stelle. Wir drangen bis zur Kante vor, um italienische Anstiegsmöglichkeiten zu erkunden und einen passenden Platz für eine Feldwache zu suchen. Doch die Nacht war undurchdringlich finster, wir mussten die genaue Erkundung auf nächsten Tag verschieben. Aber eine zusammenhängende Reihe Spanischer Reiter für alle Fälle wurde noch in gleicher Nacht aufgestellt.

Am nächsten Abend traten wir etwas frühzeitiger unsern Erkundungsgang an. Meine Posten entlang der Rippe waren davon unterrichtet. Wir hielten uns lange Zeit draußen auf, um die Feldwache endgültig zu postieren. Beim Rückweg fanden wir aber in der großen Dunkelheit nicht gleich die offen gelassene Stelle des Drahtverhaues, flüsterten, beratschlagten, rückten am Hindernis, suchten das Loch.

Da schlägt eine Gewehrkugel zwischen unsere Beine; einer unserer Posten, dreißig Schritte von uns entfernt, hat sie abgeschossen. Schon blitzt der zweite Schuss auf und alle Nachbarposten schießen mit. Ich brülle in das Geknatter: „Feuer einstellen, eigener Offizier!" Da verstummt das Feuer, dafür schießen jetzt die Alpini von der Cima di Falzarego auf uns. Der Lärm hatte sie beunruhigt. Italienische Leuchtpatronen erhellen die Nacht. Im schärfsten Kugelregen überspringen wir die Felsenrippe, herzlich froh, unverletzt zu sein. Als nun das Strafgericht über den schießenden Posten zusammenbrechen soll, stellt sich heraus, dass sein inzwischen abgelöster Vorgänger Schuld trägt, der ihn nicht instruiert hatte.

Dieses kleine Plateau vor der Felsenrippe wurde in den folgenden Jahren der Schauplatz schwerer Kämpfe. Oftmals durchkletterten die Italiener den einen oder anderen Zugang und stürmten auf die Feldwache los. Einige Male wurden auch dort großzügige Sprengungen durchgeführt. Die Gegner hofften, mit der Besitznahme dieser Vorkuppe den dominierenden Kleinen Lagazuoi in ihre Hände zu bekommen.

Zwei Wochen saßen wir nun schon am Lagazuoi. Hochsommer war endlich eingekehrt. Der Schnee zumeist geschmolzen. Nur an den schattigen Stellen wollte er noch immer nicht weichen. Bei Tag herrschte erträgliche Wärme, die Nächte blieben aber bitterkalt. Mein Zelt war klein, doch ein einziger Menschenkörper reichte nicht aus, es genügend zu wärmen. So wollte ich versuchsweise in einem Mannschaftszelt schlafen. Ein ganzer Schwarm hauste darin, zehn warme Menschenleiber als Heizkörper! Ich beglückwünschte mich anfangs zu diesem vortrefflichen Entschlusse. – Nach einigen Stunden wankte ich jedoch halbbetäubt ins Freie. –

Oftmals des Nachts stand ich am Ausguck und ging die Postenreihe ab. Gewehrschüsse blitzten dort und da auf, Maschinengewehre takten durch die Nacht und Leuchtpatronen zogen ihren feurigen Bogen. Um die Forcella dei Bois herum, am Fuße der Tofana I, stand eine österreichische Maschine, die im Takte und Rhythmus des Radetzkymarsches ihre Serien abgab. Man fühlte sich innig mit diesem Maschinengewehrmann verbunden und war recht beruhigt, wenn sein Hämmern ertönte: „Tak-tak-tak; tak-tak-tak; tak-tak." Bei Tag dagegen hatte die Artillerie das Wort, sie redete oft und aufdringlich. –

Die Freundschaft, die mich mit meinem Kommandanten Höpperger sowie den Kameraden Tecini, Dr. Burtscher und Matzka bisher verbunden hatte, wurde in diesen Hochgebirgstagen immer inniger. Obwohl wir den verschiedensten Berufen angehörten. – Höpperger war Notar, der eine Kaufmann, Professor der andere, einer Richter und ich Lehrer, – vertrugen wir uns ausgezeichnet. Die kriegerischen Interessen vereinten uns und führten uns dem gleichen Ziele zu. Ein Ruhetag im Reservelager verrann daher in unheimlicher Schnelle. Man vergaß alle Sorgen. Vergaß darauf, dass man kurz vorher noch fröstelnd auf und ab gerannt war, oftmals vollständig durchnässt. Wechselte Wäsche, Montur und Stimmung und trank dann und wann ein Glas Wein, wenn der stets fürsorgliche Proviantoffizier Prügl unser gedacht hatte.

Und so verfloss auch die dritte Woche. Da erhielten wir den Abmarschbefehl. Zum letzten Mal stand ich Abschied nehmend hinter unserer Felsenrippe und sah in die erhabene Pracht der Dolomitenwelt, in den roten, verdämmernden Glanz des Sonnenunterganges. Abweisend und herb standen die gigantischen Türme auf Wacht, wie die kühnen Recken des Nibelungenliedes.

Tage der Ruhe

1. August 1915. Wir lagerten wieder auf der Sarebachwiese, waren soeben aus den Höhen gekommen, Fröhlichkeit in den Augen, Sonne im Herzen. Schwere Wochen lagen hinter uns: Die dritte Kompagnie im Tranvenanzes hatte hundertzwanzig Mann verloren, die erste in Valparola um hundert und unsere zweite siebzig.

Die sonnenverbrannten, schmalen Gesichter der Überlebenden zeigten alle Spuren des schweren Kampfes. Sie waren von langen Kopf- und Barthaaren umsäumt. Wer hätte wohl da oben, in Eis und Kälte und Todesnot, an Rasieren, an Waschen gedacht? Eine Handvoll Schnee um die Augen gerieben und Schluss. Mein Gesicht hatte seine besondere Note erhalten. Um das Kinn herum, bis zu den Ohren hinauf, waren mir schwarze Borsten gewachsen. Die Kameraden behaupteten, es sähe aus wie ein nordischer Schifferbart, in dem die Motten gehaust.

Im übelsten Zustande zeigten sich auch die Uniformen, zerrissen, geflickt. Viele Leute trugen noch Verbände um Kopf und Arme. Kurzum, wir stellten einen Truppenkörper dar, den Not und Tod zusammengeschweißt und zu einer Schicksalsgemeinschaft geeint, die strahlend und siegreich dem Wüten der Elemente, dem Vernichtungswillen der Gegner standgehalten hatte.

Das nunmehr wieder vereinigte Baon zog geschlossen durch St. Cassian und flussabwärts gegen St. Leonhard. Welch unfassbarer Kontrast! Sommersonne durchwärmte unsere Körper in wohliger, lang entbehrter Art. Warme Fluten hüllten uns ein. Süßer Frieden in uns und um uns.

In den späten Nachmittagsstunden erreichten wir St. Leonhard. Der große Ort liegt anmutig auf einem Hochplateau des langen Gadertales, von den Steilwänden des Kreuzkofels überschattet. In der Talsohle steht die Poststation Pedratsches. Unser Brigadekommandant, der reichsdeutsche General von Tutschek, hat dort seinen Kommandositz.

Waschen, rasieren und Haarschneiden! Spazierengehen und schauen. Die Blumen betrachten, die grünen Gräser und gelben Ähren, und hineinjubeln in den blauen Himmel: „Wir fühlen uns wie neugeboren, sind erfüllt von unendlicher Glückseligkeit und selbstbewusstem Siegergefühl."

Uns gehörte die Welt. Weithin hallten unsere Heimatlieder: „Hört zu, ihr Ladiner des Gadertales, und ihr Pustertaler da draußen. Das Pustertalbaon ist wieder da. Das Baon 165, euer Schutz, euer Halt!"

Wundersam dünkte uns die friedliche Ruhe. Und herrlich jede Bequemlichkeit des Hinterlandes! Allein schon das Essen auf Tellern löste Hochgefühle aus. Und keine Furcht konnte aufkommen, dass feindliche Geschütze in die Suppe spucken würden.

Etwas benommen torkelten wir nach der Begrüßungsfeier durch den mondhellen Ort. Wohin mit der Freud? Wir mussten sie noch eine Zeitlang spazieren tragen! Endlich lag ich im weichen Bett. Ausgezogen, mit frischer Wäsche.

Prächtig! – Wohlig streckte ich mich, drehte mich nach links, nach rechts, und hielt krampfhaft die Augen offen! Nur nicht gleich einschlafen, nur dies süße Gefühl recht lange auskosten!

Beim Aufwachen war ich selig, wieder der Wirklichkeit gegeben zu sein, die Wonnen begannen von neuem und hielten noch einige Tage an. Langsam kamen wir wieder in normale Bahnen und erhielten friedensmäßiges Aussehen. Uniformen und Waffen wurden ausgebessert, inspiziert, ergänzt und so nebenbei auch einige Gewehrgriffe geklopft. Nach vier Tagen stand das Baon zum Abmarsch bereit. Wir sollten in heißere Gegenden auf Retablierung kommen, der Aufenthalt in St. Leonhard hatte nur dazu gedient, uns wieder ans Tieflandklima zu gewöhnen.

Der reichsdeutsche Brigadier trat vor. Laut hallten seine Worte über den weiten Platz, als er dem Baon für seine heldenmütige Tapferkeit im Namen des Vaterlandes, im Namen des Deutschen Alpenkorps dankte. Dann sprach unser Abschnittskommandant, der Österreichische Oberst von Sparber. Auch er hatte Worte des höchsten Lobes. Damit war der hervorragende Ruf unseres Baons als hochwertige Kampftruppe offiziell festgestellt. Er blieb ihm treu bis zum Kriegsende. –

Der weite Marsch durchs Gadertal konnte unsere vorzügliche Retablierungsstimmung nicht stören. Am Abend war Sankt Lorenzen erreicht. Ich saß wieder im Gasthaus „Zur Post", bei meinen alten gediegenen Wirtsleuten.

In der Früh wurden wir einwaggoniert. Trient war unser Ziel. Langsam rollten wir gen Franzensfeste. Nach kurzem Aufenthalt wieder weiter, dem Süden zu. Vorüber an deutschen Burgen, durch deutsches Land. Ich stand ohne Unterbrechung am Fenster und schaute mit heißen Augen die neue Gegend. Brixen, die alte Bischofsstadt, zog vorbei, von Weingärten umsäumt. Dann die eigenartige Klause. Der Eissack rauschte, hochauf spritzte seine Gischt. Und nebenan führte die Straße, auf der Millionen Germanen vor uns gegangen, im ungestillten Drang zur Sonne, zum ewigblauen Himmel, zu Fröhlichkeit.

Hierauf trat das deutsche Bozen in meinen Gesichtskreis, ein sonniger, weiter Kessel, von Weingärten und Burgen, von prachtvollen Aussichtsbergen umschlossen. Und dahinter König Laurins Felsenreich.

Meinen Kameraden, durchwegs Tirolern, bot die Gegend nicht viel Neues. Sie vertrieben sich daher die Zeit mit guten und schlechten Witzen und stimmten hin und wieder einen Kantus an. Doch es klappte nicht, die Hitze war zu groß. – Station Salurn, die uralte deutsche Sprachgrenze! An den Berglehnen verschwand der rote Porphyrbelag. Die Bodenbebauung wurde italienisch.

Ein großes Becken tut sich auf, inmitten felsiger hoher Hänge: Trient. Hart und ernst ist hier das Landschaftsbild. Gluthitze liegt über der ganzen Gegend. Kein Lüftchen bringt Kühlung. Ein italienisches Sprichwort sagt: „Wen Gott straft, den gibt er im Sommer nach Trient, im Winter nach Feltre." Wir lernten beides kennen.

Um fünf Uhr abends kamen wir in Trient an. Eine Militärmusik stand am

Perron und begann zu spielen. Alle militärischen Kommandanten des großen Etappenortes und viele Offiziere waren zu unserem Empfang erschienen. Darunter Exzellenz von Können-Horak, der Kommandant von Tirol. Man wollte uns besonders ehren.

Vor dem Bahnhofe wurde Aufstellung genommen. Die Musik trat an die Tete und schlug ein. Wie von selbst hoben sich die Beine. Defilierung vor den Generälen. Wir machten sichtlich Aufsehen und Eindruck, nicht so sehr durch militärische Strammheit, als durch unser kriegsmäßiges Aussehen. Die vielen Zuschauer erkannten in uns das kriegserprobte Baon und sahen solches Schaustück zum ersten Mal.

Wir wurden in der Sappeurkaserne untergebracht. Sie lag am anderen Ende der Stadt. Der Marsch führte uns am Dante-Denkmal vorbei. In Strömen rann uns schon dort der Schweiß vom Gesicht. Einige Minuten darauf fiel ein Mann vor mir auf die Erde. Hitzschlag! Fünf Minuten später ein zweiter. Hätte der Marsch länger gedauert, würden sicherlich noch andere Opfer dazugekommen sein. Zu krass waren die klimatischen Unterschiede zwischen Travenanzes und Trient.

Wir fanden in der Kaserne reinliche Mannschaftsquartiere mit Stroh im Überfluss. Bevor sie aber bezogen wurden, musste mit Energie gegen die Läuse vorgegangen werden. Voll Leidenschaft widmeten sich die Leute dieser vergnüglichen Beschäftigung. Ruchlos drückte ihr Daumennagel den Feind zu Brei.

Ich fand mit zwei Kameraden in der Nähe der Kaserne eine bequeme Wohnung. Das Haus stand abseits der Straße in einem großen Garten. Die Feigen hingen zum Fenster herein.

Zum Abendessen sammelten wir uns in der deutschen Birraria Forst. Ein kleiner Nebenraum im ersten Stocke diente als Esszimmer. Die Verpflegung war einwandfrei, schon deshalb, weil ein fesches Mädel aus dem Pustertale servierte. Nach dem Abendessen übersiedelten wir ins Cafe Europa und inszenierten ein Spielchen. „Angehen" liebten wir über alles. Geld hatte doch jeder genug, selbst größere Verluste waren tragbar. Dann schlug die Sperrstunde! Eine lästige Einrichtung! Besonders für Frontkämpfer, die es gewohnt sind, die Nacht zum Tage zu machen. Alle Proteste halfen nichts. Wir mussten weg. Plaudernd und schwitzend schlenderten wir durch die heißen Straßen und konnten vor Hitze lange nicht einschlafen. Trotzdem blieben wir glücklich, eine Reihe von gefahrlosen Tagen vor uns zu wissen.

Am nächsten Morgen wurde die Stadt besichtigt. Wir kamen in das Kastell, wanderten über die großen Plätze, von Palazzi und Häusern in italienischem Stil umgeben, und traten auch in den uralten byzantinischen Dom.

Tags darauf begannen die üblichen Retablierungsarbeiten und Uniformergänzungen. Auch die Inspektionsdienste nahmen viel Zeit in Anspruch, nicht minder das Feldgericht. Wir wurden dort als Verteidiger und Richter verwendet. Die Ausübung dieser Funktionen war interessant, aber mit viel Ärger verbunden. Ich trat fünf- oder sechsmal in Verwendung. Der Gerichtshof bestand aus einem subalternen Offizier, einen Hauptmann und einem Stabsoffizier. Mit dem letzteren, zumeist ein ausgegrabener Etappenherr, setzte es oftmals längere Debatten, da er häufig das Höchstausmaß der Strafe beantragt und kein Verständnis für den schweren Frontdienst hatte. Meine bescheidene Kriegserfahrung kam mir sehr zustatten, gab mir gegenüber den anderen, die noch nie an der Front gestanden, ein gewisses Übergewicht.

In der Nähe des Gerichtsgebäudes lag ein großer Reitplatz. Da war ich manche Stunde zu finden. Mein Gaul und ich passten gut zusammen, wir wiesen ja nur geringen Altersunterschied auf. Es konnte mir also nichts geschehen! Unser Rechnungsleutnant Klement, gedienter Artillerist und vorzüglicher Reiter, fungierte als Lehrmeister. Schon nach einer Woche ritt ich stolz durch die Stadt zum Stall. Da sich auch meine Kameraden als begeisterte Reiter zeigten, unternahmen wir mehrmals weitere Ausflüge. –

Wenngleich die Retablierung an und für sich höchst willkommen war, konnten wir uns doch nicht an die lästige Hitze gewöhnen. Wie wohl hätten wir uns in irgendeinem kleinen deutschen Nest gefühlt! Von dieser Stimmung erhielt auch unser Baonskommandant Kenntnis. Trotzdem waren wir sehr überrascht, als er eines Tages das Wort ergriff: „Liebe Kameraden, ich lese euch das Schreiben vor, das ich heute an unseren Divisionär Goiginger in Bruneck gerichtet habe: „Exzellenz! Wir Offiziere des Baons 165 bitten, uns ehestens wieder in Ihrer Division einzusetzen. Unser Baon hat kein Verständnis für das Leben in der Etappe, wir brennen nach der Front." Erstaunt und sprachlos sahen wir uns an. Wir „brannten" nicht, hätten noch ganz gerne einige Wochen Ruhe gehabt.

Einige Tage darauf wurde Kaisers Geburtstag gefeiert. Auf dem großen Exerzierplatz las Feldkurat Riffeser die Kaisermesse. Flieger kreisten über uns. Im alten Trienter Dom, der vor vierhundert Jahren das ökumenische Konzil in seinen Mauern beherbergt hatte, standen heute alle militärischen Kommandanten und Abordnungen der offiziellen Stellen. Die irredentische Zivilbevölkerung aber war der Feier ferngeblieben, soweit sie nicht zur Teilnahme gezwungen schien. Zu Mittag erhielten unsere Landstürmer verschiedene Zubußen, darunter auch einige Fässer Bier. Wir Baonsoffiziere fanden uns im Hotel „Sonne" zum Kaiserdiener zusammen. Es bestand aus vielen Gängen, von reichlichem Alkohol begleitet. Erst um drei Uhr perlte der Schampus in unsern Kelchgläsern. Baonskommandant J. begann seine Kaiserrede.

Die Gläser klangen zusammen. Das meine schien der Situation nicht gewachsen. Es zersprang. Die Kameraden luden mich zu einem Ernüchterungsritt ein. Doch lehnte ich im Hinblicke auf meine Gleichgewichtsstörungen ab. Der Kater des nächsten Tages bestätigte mir die richtige Einschätzung meines Zustandes.

Zwei Tage nachher rückte die erste Ersatzkompagnie beim Baon ein. Junge fesche Burschen aus Oberösterreich. Jede Kompagnie war froh darum. Sie wurden rasch eingeteilt; unsere alten Kompagniestände von zweihundertfünfzig Mann konnten aber nicht annähernd mehr erreicht werden.

Wieder waren mehrere Tage vergangen, da ereilte uns der Abmarschbefehl.

Am Abend des 26. August standen wir am Bahnhof. Die Maschine war nach Norden gerichtet. Ins Pustertal ging`s zurück. Wieder zur Division Goiginger. Wir Offiziere hatten einen Personenwagen zur Benützung. Mit uns stieg auch ein Fass Bier ins Coupe. Es sollte den Abschied erleichtern, doch wären wir auch ohne diesen Trost leichten, fröhlichen Sinnes aus Trient gezogen. Singend fuhren wir durchs Eissacktal. Dann ging der Tag zu Ende. Auch`s Bier. Die Lieder verstummten. Melodieloses Schnarchen zog durch den Raum.

Station Sillian. In grauer Morgendämmerung lag der Bahnhof vor uns. Es fröstelte mich, nach drei Wochen Trientiner Hitze war`s verständlich. Vor dem Aussteigen gab`s noch einen kleinen Wirbel. Ein Kamerad hatte den schlafenden Nachbarn mit dessen eigener Säbelkoppel an die Bank geschnallt. Als dieser nun rasch aufspringen wollte, ging`s nicht. Schlaftrunken, doch schnell entschlossen, durchschnitt er unbewusst die eigenen Riemen. – Nun sprachen die zwei recht eindringlich miteinander. – Erst nach Stunden ward die Angelegenheit ritterlich ausgetragen. –

Das Baon blieb zwei Tage in Sillian, um sich wieder an das kühle Gebirgsklima zu gewöhnen. Es waren friedensmäßige Tage, unbeschwert von jeder Beschäftigung, denn Faulenzen ist ja doch keine richtige Arbeit.

In den Morgenstunden des dritten Tages verließen wir den lieben Ort und zogen südwärts ins Lesachtal hinein. Langsamen, schweren Schrittes ging`s über die Serpentinen aufwärts. Gewehr, Munition und Rucksack drückten unbarmherzig den müden Rücken.

Auf den Höhen der Karnischen Alpen

Vor uns stand ein mächtiger steiler Höhenzug, der Karnische Kamm. Hoch hinauf waren seine Hänge mit dichten Wäldern besetzt; grüne Matten schlossen sich dran. Welch Kontrast gegen die kühnen, kahlen Zacken der Dolomiten! Zu Mittag trafen wir im freundlichen Dörfchen Kartitsch ein. Das breite Tal bog dort nach Osten um, dem Kärntnerland zu, wir aber mussten über die Steilhänge zur Höhe. –

Vorerst noch Mittagsrast. Stundenlang bleiben wir in Kartitsch. Warum wird nicht weitermarschiert, solange uns noch das Tageslicht leitet? Schon steigen Wolken auf. Warum nützen wir nicht die regenlosen Stunden?

Unser Baonskommandant hielt es für ratsam, uns erst in den Abendstunden abzufertigen, obwohl der ganze lange Aufstieg außerhalb der Sicht des Gegners lag und nur der oberste Teil eingesehen werden konnte.

Die Kompagnien marschierten auf verschiedenen Anstiegswegen in ihre ausgedehnten Abschnitte. In eine Höhe von zweitausendsiebenhundert Meter. Die dritte Kompagnie kommt an den linken Flügel, auf die Pfannspitze. Die erste besetzt den Frugnonisattel und unsere zweite rückt auf den rechten Flügel zum Eisenreich ab. Ein Frontraum von vier Wegstunden Ausdehnung ist dem Baon zugewiesen.

Anfangs ging`s über bequeme Waldwege des Schustertales aufwärts. Bald jedoch legte sich Dunkelheit in den Hochwald. Der Weg wurde steiler und mein Rucksack immer schwerer. Einzeln abgefallen zogen wir dahin. Es ward Nacht. Wir hatten aber keine Laternen. Nur undeutlich hob sich der Weg aus dem Dunkel der Bäume. Dichte Wolken schoben sich langsam über den Himmel.

Ein Mann des abzulösenden Baons war als Führer bestimmt, doch nicht erschienen. Wir blieben daher auf uns selbst gestellt und mussten alle Sorgfalt aufwenden, um den Weg nicht zu verlieren. „Hallo! Hallo!" hallte unser zorniger Ruf durch den finstern Wald. Keine Antwort.

Es beginnt zu regnen, sachte, unhörbar. Wir nehmen noch mehr die Augen in die Hände. Der Regen wird dichter, saugt sich in die Mäntel, erhöht das Gewicht. Kräftige Fluchworte dringen zu uns an die Tete. Schon längst könnte die Kompagnie auf der Höhe sein, wären wir zeitgerecht abmarschiert. Da stoßen wir mit der Nase auf eine Holzhütte und finden nach längerem Suchen und Schreien den schlafenden Führer.

Dann geht`s wieder hinein in den Regen. Wie weit mag wohl der letzte Mann unserer Kompagnie zurück sein? Wir hören nur die nächsten Leute. Höpperger lässt halten, rasten. Die Lücken sollen sich schließen. Da fallen die ersten Schneeflocken. Ein Uhr nachts zeigt meine Uhr.

Der Wald wird schütterer. Schon liegt eine weiße Schicht auf dem Boden und gibt uns spärlichen Schein. Wettertannen umsäumen den Steig, – wir haben uns an die Waldgrenze emporgearbeitet. Ich bin müde, durchnässt, durchfroren, lehne neben Höpperger an dem schneebedeckten Hang. Langsam kommen unsere Leute heran. Wir rasten wieder, dieweil die Flocken wie zu Weihnacht wirbeln. Doch weiter, weiter!

Kaum sind wir aus dem Wald getreten, da packt uns der Sturm. Waagrecht kommen die großen nassen Schneefetzen dahergejagt. Die steifen Finger werden gefühllos. Wir müssen wieder rasten, uns sammeln. Nach einer Viertelstunde sind fünfzehn Leute beisammen und die Kompagnie zählt hundertfünfundsiebzig.

Es dämmert. Vorwärts! Ein Heulen und Brausen und Johlen! Wir hören uns gegenseitig nimmer. Im wahnsinnigen Taumel tanzt der Schnee, schlägt und klatscht und sticht uns in die Wangen. Mit aller Kraft stemmen wir uns dagegen. „Noch eine Wegstunde", brüllt der Führer. Knietief waten wir bereits. Es wird Tag, doch alles ist in düsteres Grau gehüllt.

Da steht plötzlich ein dicht verschneiter, verwehter Unterstand vor uns. Es ist sechs Uhr morgens. Dicker Rauch steigt durch das Rohr des Daches. Wir treten ein.

Zwölf Stunden hatte der Marsch gedauert, für uns an der Tete. Die letzten unserer Kompagnie trafen aber erst am Abend ein.

Der Kompagniekommandant des Baons III/29 begrüßt uns herzlich. Ihm winken ja Retablierungsfreuden. Eine Öllampe steht auf dem Tisch, um den wir nun Platz nehmen. Unser Wirt heizt fest nach und gibt uns heißen Tee zu trinken. Schön langsam tauen wir auf. Eng ist der Raum, nur drei Meter lang. Rechts stehen zwei Pritschen übereinander, nebenan sprüht der kleine eiserne Ofen. In den Bretterwänden stecken Nägel; unsere Mäntel hängen daran. Unter ihnen bilden sich große Lachen.

Das Wasser tropfte auch in gleichen Abständen durchs schadhafte Dach und ausgerechnet mir beim Halse hinein. Ich nahm daher einen Stellungswechsel vor. Bereitwilligst bot mir der Hauptmann seinen Platz an. Doch schon nach einer Viertelstunde übergab auch er seine Stellung. Nun saß Höpperger unter der Dusche. Der Ofen glühte weiter und die Uniformen dunsteten. Als wir nach zwei Stunden vom Tische aufstanden, waren sie beinahe trocken.

Die bisher angekommenen Mannschaften hatten sich unterdessen in den umliegenden Unterständen gesammelt, – sie wurden dann zu Mittag in ihre Stellungen geführt. Abends sollte die Ablösung erfolgen. Das Schneetreiben hatte inzwischen aufgehört, dichte Nebelmassen wallten gespenstisch über die Höhe.

Ich sollte den linken Flügel der Kompagnie übernehmen. Der bisherige Wohnungsinhaber geleitete mich den schmalen, verwehten Steig. Auf und nieder ging`s, in einer Höhe von mehr als zweitausendsechshundert Meter. Einige Schritte oberhalb des Weges lief der Schützengraben. Nach einer Viertelstunde kamen wir zu mehreren Unterständen. Darinnen hauste ein Zug des bayrischen Infanterie-Leibregiments. Unsere Reserve. Noch ein Viertelstündchen, dann standen wir vor meinem Häuschen.

Es ähnelte einer Steinhütte, wie sie der Schafhirt hoch oben im Gebirge aufbaut. Felsplatten waren übereinander gelegt, Moos und Erde dazwischen gestopft und ein primitives Dach darauf gesetzt. Drei Stufen führten in den kalten Raum hinab. Am erdigen Boden lag ein Brett, links und rechts davon plätscherte Wasser. Ein kopfgroßes Fensterchen beleuchtete die kleine, kellerartige Unterkunft. Von der Bergwand rieselte ohne Unterlass das Schmelzwasser, durch die

Mauerfugen schimmerte Tageslicht. Tischchen und Bank, an der Schmalseite eine Pritsche, nebenbei ein kleiner eiserner Ofen, bildeten das Inventar. Der erste Eindruck war überaus ungünstig. Ich nahm mir vor, ehestens einen neuen Unterstand zu bauen.

Zehn Höhenmeter über uns lag der Schützengraben, aus unzusammenhängenden Grabenstücken bestehend. Er führte über den Kamm oder einige Schritte feindwärts und hatte mancherorts nur einen Meter Tiefe. An felsigen Stellen verlief er sich. Der Drahtverhau war gleich mangelhaft. Ich musste etwas enttäuscht vor mich gesehen haben, denn mein Vorgänger, ein Leutnant, tröstete mich und meinte: „Hier is eh nix los!" Das beruhigte mich wieder. Tatsächlich schritten wir ganz ungedeckt durch den Graben, ohne vom Gegner beschossen zu werden.

Unter mir lag ein riesiges Kar, mit Steinen übersät. Etwa fünfzehn Grad steil und darüber. Mit Schnee bedeckt bis zum Wald hinunter, der sich dann mit geringerem Gefälle zum Kreuzbergsattel senkte. Und jenseits dieses Sattels meine geliebten Dolomiten, die Sextner Berge. Nebelwellen ballten sich um die kühnen verschneiten Zacken, rissen auf, zogen sich zusammen, bildeten geheimnisvolle Gestalten.

Links von mir liegt die erste Kompagnie. Vor ihr steht der felsige Col quaterna. Steil ragt er in die Luft. In seinen Hängen sind die Italiener eingenistet. Zehnfache Hindernisse schützen ihre festen Felsendeckungen. Ungefähr tausend Schritte sind sie von uns entfernt. Wir schauen mit dem Feldstecher hinüber, der ganze Oberkörper ist frei und ungeschützt, doch nichts rührt sich. „Hier ist wirklich nichts los", nicke ich zustimmend meinem Begleiter zu.

Nachmittags waren wir wieder beim Kompagniekommando versammelt und aßen die gute Mannschaftsmenage. Schon schien die wärmende Sonne für Augenblicke durchs Gewölk und zeigte uns das Dasein in einem rosigeren Licht. Im Norden fasste die ungeheure Tauernkette unsere Blicke. Und im Süden winkten die Dolomiten.

Als ich abends wieder zurückging, war es schon kälter geworden. Der Schnee knirschte unter meinen Füßen. Im Kerzenlicht kam mir meine Bude weit wohnlicher vor. Der Ofen glühte. Das Bodenwasser war versickert. Neues floss nicht nach. Beruhigt zog ich meine schweren Bergschuhe aus und legte die Gamaschen ab. Dann fiel ich in traumlosen Schlaf, war seit gestern früh auf den Beinen gewesen.

Aber schon nach einigen Stunden weckte mich die Kälte. Der Ofen war ausgebrannt, die Wärme durch die vielen Fugen und Löcher entflohen. Ich zog mich an und trat vor die Tür. Ein wunderbarer Sternenhimmel wölbte sich über mir. Gleich oberhalb meines Unterstandes, am höchsten Punkte des Zugsabschnittes, stand der Grabenposten. Sein Gewehr lehnte an der Grabenwand. In einer Ausnehmung der Brustwehr lag die Leuchtpistole, nebenan ein Kistchen mit Handgranaten, und als Spezialität: Gewehrgranaten. Die Kappe tief herein gezogen, die Hände in den Manteltaschen vergraben trippelte er lautlos mit den Beinen, um sich warm zu halten. „Nichts Neues", meldete er mir. Ich schlich wieder in mein Heim, deckte mich mit Decke, Mantel und Zeltblatt zu und war gleich wieder im Schlaf.

Auf allen Gefilden lag Sonnenschein, als ich am späten Vormittag erwachte. Der hart gefrorene Schnee war zu Tratsch geworden. Ich wanderte durch den Graben, besprach mit den Chargen den Stellungsausbau und ging dann zu Höpperger zum gemeinsamen Essen. Leutnant Hofmeister vom Bayernzug leistete uns Gesellschaft. Auch einige Artillerieoffiziere hatten sich eingefunden, denn gleich neben dem Kommandounterstand stand ein China-Geschütz, eines der kleinkalibrigen, ausgezeichneten Gebirgsgeschütze, die ursprünglich für China bestimmt gewesen, doch bei Kriegsbeginn zurückgehalten worden waren. Auch gegen den rechten Kompagnieflügel zu standen Geschütze. Um den Kommandounterstand lagen mehrere Unterkünfte, alle ohne viel Deckung. Das feindliche Artilleriefeuer schien hier bedeutungslos zu sein, sonst müssten diese ungeschützten Häuschen schon längst in Trümmern liegen.

Nachmittags arbeiteten wir bereits in der Stellung, dachten keinen Augenblick an die Italiener. Das schien sie beleidigt zu haben, denn plötzlich schlugen ihre Kugeln in den Graben. Der Klügere gibt nach. Wir stellten die Arbeiten ein, versuchen es jedoch später nochmals, ebenso auch am nächsten Tag. Immer mit dem gleichen Erfolg. Da schanzten wir nur mehr bei Nacht.

1. September, ein Sonnentag. Just das richtige Wetter, um mit dem Bau meines neuen Unterstandes zu beginnen. Wie sollte ich sonst die Kälte des Winters in dieser Höhenlage überstehen?

Mannschafts- und Offiziersunterstände waren nur für sommerliche Verhältnisse berechnet. Dies machte uns große Sorgen. Tag für Tag erwarteten wir Weisungen des Kommandos und wussten nicht, ob die Stellungen bei Wintereintritt geräumt würden. Alle Erfahrungen fehlten. Die Kommanden schienen daher noch nicht endgültige Beschlüsse gefasst zu haben. Bleibt die Besetzung aufrecht, so müssen doch Vorbereitungen getroffen werden.

Wir huben knapp vor meiner Tür die Erde aus und begannen, den Hang abzugraben. Die steinige Erde ließ sich ohne Sprengung abheben. Schon am zweiten Tag war der Boden planiert. Nun konnte mit dem Bau der seitlichen Trockenmauern angefangen werden.

Am dritten Tag hatten die Mauern schon Manneshöhe erreicht. Bald sollte das Dach aufgesetzt werden, das aus Kartitsch zugeschleppte Holzmaterial lag schon abgebunden und gebrauchsfertig nebenbei. Da erschien der Baonskommandant mit seinem Stab auf Besuch. Ich ließ die Arbeitsmannschaft abtreten. Wir andern setzten uns um die Baustelle, plauderten, schauten in den blauen Himmel und bewunderten die Aussicht. Plötzlich kam es herangebraust. Wie Sturmwind heulte es auf! Ein rasendes Rollen, ein furchtbares Anschwellen. Wir warfen uns zu Boden. – Eine entsetzliche Detonation! Über uns hinweg schwirrten die Sprengstücke. Fünfzig Meter entfernt rauchte der Boden, klaffte der mächtige Sprengtrichter. Kaum hatte sich die Rauchsäule verzogen, wieder dies gurgelnde, gewaltige Rollen und Dröhnen. Am Kamm oben schlug diesmal die Granate ein und umhüllte uns mit Sand und Steinen. Ich konnte es unserem Baonsstab nicht verübeln, sich nun abwärts springend in Sicherheit gebracht zu haben.

Vereinsamt stand ich jetzt vor meinem Unterstand, zwischen Eingang und neuer Mauer, und dachte mit Bangen an die nächste Granate. Schon hörte ich sie kommen, schon hatte sie ihren Scheitelpunkt erreicht, viele tausend Meter über mir. Unheimlich rasch näherte sich das Geschoß. In höllischem Aufbrüllen sank es nieder. Mir wurde schwarz vor den Augen. Herr im Himmel! – Als ich wieder zum Bewusstsein gekommen, lag ich rücklings auf dem Boden meines alten Unterstandes. Pulver- und Schwefelgestank um mich, Rauch und Staub. Die Wände verschoben, von mächtigen Klüften durchzogen. Fenster hin, Dach zerfetzt. Ich selbst unverletzt. Dann wankte ich die Stufen hinan. Zu meinen Füßen klaffte ein riesiges Loch mit mindestens sechs Meter Durchmesser. Mein neuer Unterstand war verschwunden. Die Arbeit dreier Tage in einer Sekunde vernichtet. Doch wie dankbar musste ich meinem Schicksal sein, das mich so fürsorglich veranlasst hatte, den neuen Unterstand aufzustellen, dessen starke Mauern mich vor Schaden bewahrten.

Die Beschießung dauerte in gleicher Heftigkeit bis zum Abend. Manche Bomben schlugen in den Graben oder trafen das Hindernis, viele aber krepierten als Weitschüsse in unmittelbarer Umgebung meines kleinen Lagers. Einige Leute brachten Sprengstücke, darunter auch das vollständige Bodenstück der Granate. Es war Kaliber 28. –

Die Sonne war erloschen, das Feuer verstummt. Vollständig angekleidet lag ich auf der Pritsche. Gefechtsbereitschaft. Ein feindlicher Angriff stand zu erwarten. Ich blätterte beim Kerzenschimmer in den alten Zeitschriften und Tagesblättern, die mir mein Vorgänger zurückgelassen. Zumeist hielt ich mich im Graben auf, wartete auf die Italiener. Vergebens. Doch um sechs Uhr früh schickten sie wieder ihre schweren Granaten. Und nirgends gab`s ein Schutzloch, nirgends eine Kaverne. Den ganzen langen Tag barsten die Geschosse in meiner Nähe. Schauer um Schauer rauschte über mich hinweg.

Abends ist es wieder. Zitternde silbrige Lichter erscheinen am Himmel. Nun sammeln sich im Kar vor uns die mächtigen feindlichen Kolonnen. Und unsere Besatzung ist so schwach, auf zwanzig Schritte Frontraum kommt kaum ein Verteidiger! –

Die Mannschaft ist im Graben versammelt. Ins Zeltblatt eingewickelt, sitzt sie am Boden, das Gewehr in der Hand, Bajonett auf. Die Leute schlafen, umso angestrengter aber lugen die Posten in das Dunkel der Nacht. Auch ich versuche zu schlafen. Die große Verantwortung und Spannung lässt nichts zu.

Dann stieg wieder die Sonne herauf, ein strahlender kalter Morgen brach an. – Das Kar war leer, nichts vom Gegner zu bemerken. Wir rückten in die Unterstände ein, denn bei Tag wagt sich kein Gegner vor, viele hundert Meter müsste er offen und ungedeckt heransteigen Als ich durch den Graben ging, verfolgte mich ein italienischer Schütze. Fortwährend pfiffen seine Kugeln um mich. Doch war ich durch die lange Entbehrung des Schlafes so stumpf geworden, dass ich keinen Schritt schneller setzte. Beim Posten oberhalb meines Unterstandes lag ein Kistchen Gewehrgranaten. Lange Eisenstäbe mit maiskolbenartigen Aufsätzen. Ich steckte den Eisenstab in den Lauf des Postengewehres, legte im steilen Winkel an und drückte ab. Laut schwirrend durchschnitt der Stab, von der abgeschossenen Patrone in Bewegung gesetzt, die Luft. Dann drehte er sich gurgelnd um, den schweren Kolben nun nach abwärts. Endlich eine scharfe, kurze Explosion. Vierhundert Schritte vor mir. Da war mein Interesse geweckt. Ich wechselte mehrmals die Steilheit des Anschlages und damit auch die Weite des Schusses. Diese Granaten mussten, obwohl nur ein beiläufiges unsicheres Zielen möglich war, in größere Angreifergruppen geschleudert, furchtbare Wirkung auslösen.

Kurze Zeit darauf erhoben wieder die italienischen Mörser ihre gewaltige Stimme. Ich sprang abwärts und hatte noch nicht den Unterstand erreicht, als schon die schwere Bombe bei meiner Behausung krepierte. Warum wird gerade nur mein Frontteil beschossen?

Hätte ich doch jemand um mich. Die bloße Anwesenheit eines Menschen würde schon beruhigend wirken. Allein aber riss es an den Nerven, fraß im Herzen. –

An diesem Tag arbeiteten auch kleinkalibrige Geschütze mit, doch deren Wirkung verblasste gegen die ungeheure Gewalt der Mörser. Die feindlichen Geschütze waren hinter dem Col Quaterna aufgestellt, unsern Geschützen mit ihrer kleinen Portee unerreichbar.

Am Abend hetzte ich durch die Feuerzone zum Kommando, war einige hundert Schritte gelaufen und schon außerhalb des Feuerbereichs. Der bayrische Zug lag längst in Sicherheit und auch die übrige Kompagnie hatte vollständige Ruhe.

Meine Post war angekommen und brachte mich auf freudvollere, lichte Gedanken. Mitten im Gespräch mit Höpperger telefonierte unser Hauptmann in Kartitsch ans Kompagniekommando und konnte mich gleich selbst über die Erfolge der italienischen Beschießung befragen. Auch Prinz Heinrich von Bayern rief an. Er befehligte das in unserem Frontteil liegende „Leiberbaon" und als Major den ganzen Abschnitt. Allen Soldaten, die mit ihm zu tun hatten, galt er als leuchtendes Vorbild.

Ich trat in der Dämmerung den Rückweg an. Die Mörserbatterie hatte bereits ihre Tätigkeit eingestellt. Nur die kleinen Granaten tobten durch die Nacht.

Ungeheuer groß war mein Verlangen nach Schlaf, es schien kaum überwindbar, doch wieder ward strengste Bereitschaft anbefohlen. Da klopfte es an meiner Tür. Die Kompagnieordonnanz brachte eine schriftliche Mitteilung, aus Kartitsch telefonisch übermittelt: „Feindliche Truppenmassen im Anmarsche gegen unsere Linien. Schwerer Angriff heute Nacht zu erwarten. Die Stellung muss bis zum letzten Mann gehalten werden."

Die Nachricht erschütterte uns nicht, wirkte eher als Entspannung. Woher war dem Kommando diese Kunde geworden? Ich ersuchte erst am nächsten Tag, dass die links von uns postierten Truppen Einblick in die Täler hinter dem Col Quaterna hätten. Nun, einige Stunden Galgenfrist blieben uns noch geschenkt, am gefährlichsten wurden erst die Morgenstunden. Doch besetzten wir, vom Kampffieber erfasst, für alle Fälle schon jetzt den Graben.

Dort, wo ebene Stellen und Mulden das Herannahen der Italiener erleichterten, schob ich die Verteidiger enger zusammen und gab die besten Chargen hin. Auch den Frontteil oberhalb meines Unterstandes ließ ich stärker besetzen, da sich gerade an dieser Stelle die dreijährige Artillerievorbereitung konzentriert hatte und hier voraussichtlich der Hauptstoß zu erwarten war. So geschah es auch.

Hier wählte ich meinen Standplatz. Neben mir hockte mein Diener Frömmel und die Gefechtsordonnanz des bayrischen Reservezuges, der mir unterstellt war. Unglaublich langsam verstrich die Zeit. Es wurde elf Uhr. Zwölf Uhr. Ein Uhr. Nichts zu vernehmen. – Alle Sinne waren aufs äußerste angespannt. Plötzlich hörte ich bei unserer linken Nachbarkompagnie lebhaftes Gewehrfeuer. Dann war wieder Ruhe.

Über Kärnten steigt lichter Schimmer auf, dann fahles Licht. Es kündet den 6. September an. Meine Augen durchdringen schon leichter die dunklen Schatten, sie sehen bereits die nächsten Meter des Vorfeldes. Doch kein Laut stört die hehre Ruhe des Hochgebirges. Wir stehen aufgeregt im niedern Graben, den Oberkörper über die Brustwehr geneigt. Die nächsten Minuten müssen entscheidend werden über Leben und Tod. Wie fällt das Los?

Der lichte Schein wird deutlicher, die Konturen der Felsblöcke heben sich schon aus dem dunklen Rahmen.

Ich suche mit dem Feldstecher. – Was ist das? Dreißig Meter vor mir! – Ein Italiener! – Er kriecht auf allen vieren lautlos heran. Ihm folgt ein ganzes Rudel! Immer deutlicher sehe ich sie, immer mehr kommen aus dem Dunkel heraus. In dichten Wellen schieben sie sich vor. Hunderte. Da greife ich nach den Handgranaten, schleudere sie in die Massen. Tsching! Tsching! Überall kracht´s! Die Italiener springen auf, andere Wellen dringen nach. „Avanti Savoja!" gellt`s. Mindestens zwei Kompagnien stürmen wütend vor, eng zusammengeballt. Handgranaten zischen in sie hinein, reißen Lücken. Schnell! Schnell! Ich fühle nicht die geringste Angst, nur Kampffieber! Gewehrkugeln peitschen drauf. Wie von Gott geschlagen stürzen die Gegner, purzeln, springen hinter Felsblöcke, in Mulden, und beginnen auf uns loszuschießen. Wir hören das singende Pfeifen, sehen die Kugeln im Graben einschlagen und weitergellen, doch beachten es nicht. Mein Diener zeigt auf den kleinen Finger meiner rechten Hand, eine Kugel hat mich gestreift, Blut tropft herunter, – ich spüre nichts. Aufrecht stehen wir im Graben und senden den Tod in den aufdämmernden Morgen. Wo sich was rührt, wird es beschossen. Schrecklich dies Morden, und umso schrecklicher, als kein Schmerzensschrei ertönt und die Anstürmenden lautlos umsinken. Über uns brausen die schweren feindlichen Granaten, sie nehmen die Nachschubwege unter Feuer und etwa herankommende Reserven. Doch wir haben keine herankommenden Reserven, wir brauchen auch keine. Nicht einmal den bayrischen Zug.

Und weiter geht das Strafgericht. Links von mir überspringen die Landstürmer das Hindernis, dringen mit „Hurra!" Gebrüll auf die Italiener ein, arbeiten mit Kolben und Bajonett und machen Gefangene.

Immer schwächer wird das italienische Gewehrfeuer. Endlich ist es ganz erloschen. Der Feind ist vernichtet. Wundersam leuchtet die Landschaft in der aufsteigenden Sonne, sie strahlt über ein Chaos regungsloser Leichen. Unentrinnbar sind die noch Lebenden ihrem Schicksal preisgegeben.

Einige hundert Schritte unterhalb ballen sich die Reserven zu dichten Haufen und springen heran. Da kommt mir erst zu Bewusstsein, welch furchtbarer Gefahr wir ausgesetzt gewesen. Wir nehmen die Gewehrgranaten zur Hand, in aller Ruhe, als handle es sich um ganz belanglose Dinge, schätzen die Entfernung und den Neigungswinkel des Gewehres und senden Granate um Granate. Reihenweise stürzen die Italiener zu Boden, stutzen, springen zurück, flüchten in den nahen Wald. Viele aber erreicht noch das todbringende Blei. Um sieben Uhr früh ist alles erledigt. Eine Episode voll der furchtbarsten, tiefsten Eindrücke war zu Ende, zu Ende der Totentanz am Karnischen Kamm.

Nun war die erste Frage: Wie ist es unsern Nachbarn ergangen? Also rasch zum Kommando, denn nur dort gab`s ein Telefon. Höpperger war sehr überrascht, als er meinen Bericht hörte, er hatte zwar Gefechtslärm vernommen, aber den Umfang des Gefechtes nicht geahnt. Die Italiener waren auf der ganzen Linie von der Pfannspitze bis zum Kreuzbergsattel vorgestürmt und überall abgewiesen worden.

Beim Kompagniekommando war noch einiges zu tun. Wir wollten ganze Arbeit leisten. Von hier aus übersah man meinen Rayon aus der Flanke. Da konnten noch manche lebende Italiener, die in irgendeinem frontal gedeckten Raum Schutz gesucht, abgeschossen werden. Auch das kleine China-Geschütz musste mitwirken. Es wurde abmontiert und an einer passenden Stelle wieder aufgestellt. Hinter einer Steinwand meines Zugabschnittes lag ein Dutzend Gegner und drückte sich an den Boden. Die erste Granate ging zu weit, die Italiener rührten sich nicht. Die zweite saß zu kurz. Noch immer keine Bewegung. Die dritte endlich krepierte in ihrer Mitte. Einige Menschenleiber flogen durch die Luft, die andern blieben regungslos liegen. Wie wir später feststellen konnten, waren sie schon vorher tot gewesen, die fürchterlichen Eisenstifte der Gewehrgranaten steckten noch zwischen ihren Leichen.

Auch unsere Maschinengewehre mussten flankierend mitwirken. Am rechten Flügel, dem Kreuzbergsattel zu, gab es dankbare Ziele. Dort war erst jetzt der Angriff zusammengebrochen. In dichten Rudeln strömten die Italiener zurück. –

Unser Baon hatte einen gewaltigen Sieg errungen. Vor meinem Zugsabschnitt allein lagen zirka zweihundertfünfzig Tote, darunter viele Offiziere. Ähnlich war es bei den übrigen Kompagnien. Dazu kamen noch viele Verwundete und mehr als hundert Gefangene. Die ganze Brigade Bastilikata aus Rom, ein berühmter Truppenkörper, hatte sich auf uns gestürzt, eine zweite Brigade am Kreuzbergsattel angegriffen. Doch auch diese war mit furchtbaren Verlusten abgewiesen worden. Eine weitere Division schien hinter dem Col Quaterna bereitgestellt. Der Angriff hatte die Italiener insgesamt über dreitausend Tote und ebenso viele Verwundete gekostet. Ihre Absicht aber, ins Pustertal durchzustoßen, war wieder nicht geglückt.

Noch am gleichen Tag kamen von den höchsten militärischen Stellen telefonische Belobungen. Auch Konfidentenmeldungen trafen ein, dass in kommender Nacht der italienische Angriff wiederholt werden würde. Ich glaubte nicht mehr daran, nach solchen Verlusten bringt man die Truppen nur mehr schwer über die Stätten ihrer Niederlage. Ich legte mich daher bis Mitternacht auf meine Pritsche, war drei Tage und Nächte ohne Unterbrechung wach gewesen. Noch jetzt wundert's mich, dies ausgehalten zu haben.

Um Mitternacht wurde ich von meinem Stellvertreter geweckt. Wir sammelten uns wieder im Graben. Da drang das Wehklagen und Jammern der Verwundeten zu uns herauf. „Mamma mia! Santa Maria! Dio mio!" Warmes, menschliches Fühlen fasste uns nun, Mitleid und Erbarmen. Dahin war jede Kampfwut und jeder Vernichtungswille. Was sollten wir tun? Unsere Sanität vorschicken, die vielleicht italienischen Patrouillen in die Hände fallen konnte? Höpperger telefonierte ans Abschnittskommando, von dort ging noch nachts eine Anfrage nach Innichen (Innichen?), zu unserm jetzigen Brigadekommando. Inzwischen standen wir kampfbereit im Graben und warteten auf den Gegner. Doch er kam nicht.

In den Frühstunden traf der Befehl ein: „Den eigenen Sanitätspatrouillen ist das Überschreiten der Hindernisse untersagt. Es sind Beispiele bekannt, dass die Italiener ähnliche Vorkommnisse als Fallen benützt hätten." – Da machten wir's gegen den Befehl. Denn wir sahen mit menschlicheren Augen, fühlten selbst die Nachtkälte des Hochgebirges in den Knochen und hörten die armen Teufel vor unendlichen Schmerzen jammern.

Einzelne Sanitäter, durch die Rotkreuzbinde am Arm kenntlich gemacht, überschritten nun im Morgengrauen unsere Linien. Kein Schuss fiel. Da stiegen auch andere Landstürmer aus dem Graben und schlossen sich dem Rettungswerke an. Einige Minuten darauf wurde schon der erste Schwerverwundete über die Hindernisse gehoben und zu den Unterständen heruntergebracht. Dann ging's im verstärkten Maße weiter. Bald lagen zwanzig Italiener vor uns auf dem Boden. Sie sahen schauerlich aus. Die Kälte der Nacht hatte die Armen noch mehr geschwächt. Viele waren von mehreren Kugeln getroffen. Sie erzählten auch von den fürchterlichen Gewehrgranaten, die ganze Rudel zu Boden geschmettert hätten.

Manche bleiben still und stumm. Todestraurig gehen ihre Augen im Kreise herum. Ein Sergente Maggiore fällt mir besonders auf. Fanatisch brennen die schwarzen Augen im sterbenden gelben Gesicht. Er antwortete auf keine Frage, auch wenn sie italienisch gestellt ist und sich auf sein Befinden bezieht. Einige sterben gleich nach dem Einbringen, bei andern ist der lange Transport nach Kartitsch nicht mehr möglich. Die Transportfähigen aber werden gleich nach dem Verbinden talwärts getragen, neue Verwundete aus dem Vorfeld zugeschleppt. Unsere Sanitäter arbeiten unermüdlich. Bald wird auch Verstärkung hier sein, Arzt und Sanitätsmannschaft mit Material sind schon aus Kartitsch unterwegs.

Vor einigen Stunden noch waren wir des Todes Gehilfen, töteten, um zu leben; und nun dies tiefe Mitleid! – Doch was des einen Lebens, ist des andern Tods und der Selbsterhaltungstrieb steht immer noch unter allen menschlichen Gesetzen an höchster Stelle.

In den Abendstunden kam Prinz Heinrich auf Besuch. Ich führte ihn zu meinem Gefechtsstand und schilderte den Verlauf. Dann beglückwünschte er mich zur bevorstehenden deutschen Auszeichnung und sagte den Mannschaften anerkennende liebe Worte. Viele Mannschaftspersonen erhielten tatsächlich bald darauf ihre deutschen Auszeichnungen, wir Offiziere aber nicht, obwohl auch unsere abgesandt worden waren.

Während der Nacht wurden alle Bergungsarbeiten eingestellt. Die Gefahr, in Hinterhalte gelockt zu werden, war zu groß. Noch immer aber lagen viele Verwundete vor dem Drahtverhau. Als die Nachtkälte sich hernieder gesenkt hatte, begann wieder das schaurige Jammern von neuem. In aller Früh schon wurde das Rettungswerk fortgesetzt. Unsere Patrouillen waren sorgloser geworden, drangen nun weiter vor, wagten sich selbst auf Entfernungen von einigen hundert Schritten. Auch die „Leiber" halfen getreulich mit. Soeben ward wieder ein Italiener herangetragen. Er saß auf dem Gewehre, das ein Österreicher und ein Bayer hielten, und umschlang ihre Hälse mit beiden Armen. „Der Dreibund", meinte ein Spaßvogel. Viel Wahrheit stak in diesem Witze. Oftmals war Italien von seinen zwei Verbündeten gestützt worden, bei manchem Extragange hatten die beiden ihm den Rücken gedeckt! –

Ich stieg auch ins Vorfeld. Sah zurück zu unserer Stellung und musste vorbehaltlos anerkennen, wie unendlich schwer es gewesen sein mochte, den langen Berg lautlos herauf zu kriechen und erschöpft in unsere Linien einzudringen.

Wir nahmen bei diesen Exkursionen auch verschiedene Andenken und Trophäen mit. Ich holte mir zunächst einen italienischen Karabiner und einen Offizierssäbel herauf. Der Primo Tenente hielt noch die Hand am Griffe, der Tod hatte sie ihm geöffnet. Ein andermal steckte ich ein Bajonett zu mir und eine hölzerne, fässchenartige Feldflasche. Sie roch nach Rum. Wir schnitten auch in unserer Siegerstimmung den Toten die „Sterne von Savoyen" vom Blusenaufschlag und befestigten sie an unseren Mützen. Mancher Landstürmer oder „Leiber" trug gleich fünf oder sechs Sterne. Als Trophäen, wie der Jäger seine Spielhahnfeder oder seinen Gamsbart trägt. Nach einigen Wochen aber wurde dieser derbe Unfug, der sich überall an der italienischen Front eingebürgert hatte, wieder abgestellt: An manchen Frontteilen waren nämlich Österreicher in italienische Gefangenschaft geraten und wegen der italienischen Sterne auf den Mützen rücksichtslos niedergemetzelt worden.

Ein ladinischer Zugsführer meiner Kompagnie, nach Cortina zuständig, wollte sich auch einige Andenken holen. Es wurde Abend, er kam nicht zurück. Die Nacht verging und der Morgen erwachte. Der Zugsführer war noch immer nicht da. Nun musste Höpperger die Abgängigkeitsanzeige erstatten. „So kann man sich in einem Menschen täuschen", sagten einige, „er war ein so schneidiger, verlässlicher Unteroffizier und nun desertiert er." Am zweiten Tag kam er überraschend an unsere Hindernisse heran, wurde anfangs nicht erkannt und vom Posten beschossen, bis es ihm endlich gelang, durchzukommen und uns zu berichten: „Ich hatte mir eine Offizierspelerine suchen wollen, kam dabei unbewusst weiter ab und wurde von einer italienischen Patrouille verscheucht. Da brach die Nacht an und ich fand mich im Gerölle nicht mehr zurecht. Während des Tages aber musste ich gedeckt bleiben, um nicht von meinen Kompagniekameraden als Italiener angesehen und beschossen zu werden. Erst als die zweite Nacht angebrochen war, konnte ich wieder zu meiner Kompagnie zurück." Wir fanden alles plausibel, glaubten ihm jedes Wort. Was hätte er auch Neues verraten können? Und wenn schon, wäre er sicherlich nicht mehr zurückgekommen. Der Verdächtige bat eindringlichst, bei der Kompagnie bleiben zu dürfen. Vergeblich. Das Baonskommando verfügte seine Abkommandierung. –

Nach Anbruch der dritten Nacht hörte ich noch einzelne Klagerufe aus dem Dunkel dringen, um Mitternacht waren sie verstummt. Die Kälte hatte unser Werk vollendet. –

Der kommende Tag sah uns damit beschäftigt, alle nächstliegenden Leichen im Vorfelde zusammenzutragen; die entfernter liegenden konnten wir aus Sicherheitsgründen nicht bergen. Dann wurden sie vor den Hindernissen in seichte Gruben gelegt und mit Erde und Steinen zugedeckt. Unser Feldkurat segnete sie ein, angesichts des Feindes. Und die Italiener schossen nicht, störten nicht den letzten Akt dieses „Totentanzes". –

Heulend kam der Sturm gezogen. Er peitschte den Schnee durch die Fugen der sommerlichen Unterkünfte, drang den Posten bis ins Mark, verwehte Schützengräben und Wege und deckte auch die unbegrabenen Toten mit seinem weißen Linnen zu. Winter war es geworden, und wir schrieben erst den 10. September.

Dieser überraschende Wintereinbruch löste endlich bei unseren Kommanden Befehle aus: „Die Stellungen sind auch im Winter besetzt zu halten. Mit dem Baue warmer verteidigungsfähiger Behausungen und Lebensmittelmagazine ist sofort zu beginnen." Möglichste Beschleunigung also! Trotzdem Schnee und gefrorener Boden alle Arbeiten erschwerten und Lawinen über die steilen Nachschubwege dahinbrausten.

Für jeden Schwarm sollte ein Steinhaus gebaut werden, sechzehn also im Kompagnierayon. Einen vollen Tag suchten wir nun die besten, sichersten Plätze ausfindig zu machen, und eine ganze Woche ward mit Sprengungs- und Planierungsarbeiten zugebracht. Inzwischen wurde Baumaterial zugeschleppt. Das war die Arbeit der Kriegsgefangenen Russen. Trotz ungenügender Verpflegung gingen sie täglich schwer belastet den weiten steilen Weg von Kartitsch zu uns, sie legten täglich tausendvierhundert Höhenmeter zurück. Frühmorgens schon marschierten sie in Kartitsch ab und wühlten sich durch den knietiefen Schnee. An donnernden Lawinen vorbei. Über Steilhänge hinauf, bis mancher vor Erschöpfung zusammenbrach. In den späten Nachmittagsstunden kamen sie gehetzt am Kamme an und waren glücklich, ein Stücklein Brot oder einen Knochen zum Abnagen erhaschen zu können. Herrschte unsichtiges, nebliges Wetter, so mussten wir die Schützengräben wie bei einem feindlichen Angriff besetzt halten, um ein Überlaufen der Russen zu verhindern. Sie befanden sich

Bild 8: Kompagniekommando-Unterstand
am karnischen Kamm, Eisenreichstellung, 2665 Meter, Links Oblt. Höpperger, dann Oblt. Pölzleitner, Oblt. Murr der Chinabatterie und Ltn. Hofmeister des bayrischen Inf.-Leibregimentes.

in ganz verzweifelter Stimmung.

Rüstig schritt die Arbeit weiter. Da wurde Höpperger beauftragt, den Ausbau der Winterunterkünfte des ganzen Baonsbereiches zu übernehmen. Ich musste nun an seiner statt das Kompagniekommando führen und übersiedelte daher in die Kommandobaracke, zum Telefon. Mir kam's vor, ich zöge in ein komfortables Hotel (Bild 8). Höpperger blieb weiterhin in der unteren Pritsche „wohnen", mein Heim wurde die obere.

Nun reichte der Tag nicht mehr für ~~die~~ viele Arbeit. Täglich mussten lange

Strecken der verschneiten Deckungen ausgeschaufelt werden. Der Bau der neuen Unterkünfte war nicht minder wichtig.

Der ständige Sturm und die große Kälte setzten uns arg zu. Ich ließ daher die Posten halbstündig ablösen, trotzdem ließen sich Erfrierungen ernsteren Grades nicht vermeiden. An manchen Stellen, die dem Sturm besonders ausgesetzt, waren die Posten vollständig eingeschneit und eingeweht, standen bis zu den Schultern im Schnee, mussten bei der Ablösung erst ausgeschaufelt werden. Mit Mänteln und Zeltblättern allein hätten wir diesem Wüten nicht lange trotzen können, doch die aus dichten Schaffellen genähten, warmen Wachpelze verhüteten das Ärgste.

Der Schnee drang in alle Unterstände, die Fußböden wurden nie trocken. In diesen sturmumbrausten Tagen erlosch jedwede Kampftätigkeit und jede Bewegung. Wie umständlich und unangenehm war allein schon ein Gang zur offenen Latrine, die zwanzig Meter vom Unterstand entfernt lag. Trotz der besten Regie fand der Sturm überall Eingang und blies den Schnee unter Montur und Unterwäsche. –

Eine einzige riesige Schneefläche zog sich über den Bergrücken; sie deckte alle Unterstände und Felsblöcke zu, glich die Mulden aus. Doch es stürmte weiter. An manchen Tagen kam ich kaum hundert Schritte von meiner Behausung weg. Unter diesen Umständen mussten die Bauarbeiten eingestellt werden. Zugleich nahm die Lawinengefahr bedrohlichen Umfang an. Der Nachschub versagte. Eine einzige Lawine hatte gleich fünfzig Russen samt Begleitmannschaft verschüttet. Man musste sie aber ihrem Schicksal überlassen und auf jedwede Rettungsarbeit verzichten, da alle Hänge ringsum in Bewegung waren. Ich hatte gleich bei Beginn des Schneefalles auf die eminente Lawinengefährlichkeit des Schustertales aufmerksam gemacht, mich traf also keinerlei Verantwortung. Nun sperrte man dieses Tal für den Nachschub und leitete die Russenkolonnen durch das entfernte Winklertal in unsere Stellungen empor.

Auch diese Katastrophentage gingen zu Ende. Wie ein großes blaues Tuch spannte sich wieder der sonnige Himmel über die weißen glänzenden Schneefelder. Skier heraus! Das Terrain war günstig, es verlockte zum hemmungslosen Schuss. Gegen die Obstanzwiese zu, auf der Riffeser und Dr. Zehentgruber einträchtig hausten, gäbe es eine blendende, bogenlose Schussfahrt. Doch so weit durfte ich mich nicht von meiner Kompagnie entfernen, ich musste daher auf der Kammhöhe bleiben und dort meine Spur ziehen. Wie ein König stand ich in meinem Winterreiche, um mich das unendliche Wunder der Winterpracht. Pi! Pi! Pi! – Ein Italiener hatte mich entdeckt. Gleich darauf rollte auch eine Granate heran, verpuffte aber wirkungslos in den Schneemassen.

Ein Tag war schöner als der andere. Prachtvoll lag sich's in der warmen Sonne, kein Lüftchen störte den Genuss, keine Wolke trübte den Blick. Ruhig und ohne Anstrengung flossen die Tage dahin. Wir fühlten uns hier so überaus wohl, dass ich gar nicht ans Weggehen dachte. Zweimal schon sollte ich über Befehl des Divisionskommandos in Bruneck auf die Berlinerhütte im Zillertal als Skilehrer abgehen, das Baonskommando aber war beide Male auf meinen Wunsch eingegangen und hatte mich als hier unentbehrlich gemeldet.

Die Abende wurden nie langweilig. Zumeist saßen wir am Schachbrett, Höpperger, „Leiberleutnant" Hofmeister, der neue Maschinengewehr-Kommandant Oberleutnant Schraffl und ich. Oft kamen Nachbarn auf Besuch. Zuweilen erschien Feldkurat Riffeser und blieb über Nacht, um in den Frühstunden vor dem Unterstand die Feldmesse zu zelebrieren. Zwei bärtige Landstürmer ministrierten ihm dann, von wunderbarer Hochgebirgswelt umschlossen. Ein andermal besuchte uns Baonskommandant J. oder Prinz Heinrich. Selbst General Krafft von Delmensingen, Kommandant des Deutschen Alpenkorps, stieg im Graben herum und studierte das Vorterrain. Man munkelte, unser Baon wäre ausersehen, den Col Quaterna zu erstürmen. Doch Krafft von Delmensingen wollte anscheinend davon nichts wissen und keinen Mann zwecklos opfern.

Eines Abends saßen Höpperger und ich ganz allein im Unterstand. Wir wollten bald in die Pritsche steigen und uns gründlich ausschlafen. Auf dem Tische stand eine Flasche Eierkognak. Zubuße der Proviantur, am Abend mit der Fassung angekommen. Eine lange Woche sollte der Inhalt reichen. Das bescheidene Nachtmahl, einige Bröcklein Gulasch, hatten wir bereits verzehrt, auch den Tee wie alltäglich getrunken. Zum Schlusse wollten wir noch ein Gläschen Kognak verkosten. Höpperger erzählte von seiner Familie. Dann kam ich zu Worte. Inzwischen waren die ersten Gläschen ausgetrunken. Ein zweites Stamperl konnte nicht schaden. – Ist dieser Likör gut! Noch ein Stamperl, aber unwiderruflich das letzte! – Wir redeten weiter, wir tranken weiter. – Nach einigen Stunden befand sich nur mehr ein schäbiger Rest in der Flasche. Seine Aufbewahrung stand nicht dafür. Weg damit! – Ach, was kümmert sich der Frontsoldat, ob ein Ding gesund sei oder nicht! –

Mitte Oktober wurde ich gewaltsam aus meiner Winterruhe gerissen. Ein Befehl stellte es mir frei, sofort in Urlaub zu gehen, der zweite verlangte energisch mein Einrücken zur Berlinerhütte. Die Wahl fiel mir nicht schwer; Zuerst gehe ich noch auf Urlaub und dann ins Zillertal. Einpacken! Hurtig! Jede Urlaubsminute ist kostbar!

Im Abstiege kam ich bald aus dem tiefen Winter heraus. Kartitsch lag schneefrei im Glanze der milden Herbstsonne. Voll tiefer innerer Freude nahm ich die Marschroute in Empfang. Dann fuhren wir los. Nach Salzburg!

Urlaubszauber, Urlaubsstimmung! Oft geschildert und doch nur dem Frontkämpfer verständlich. Aus vielen Kleinigkeiten bestehend, die zusammen dies Glücksgefühl auslösen. Ein übersteigertes Selbstbewusstsein, eine wilde Gier nach Genuss, die dem Hinterlandsmenschen unverständlich bleibt, und lebe er tausend Jahre. Das entsteht so in der Einsamkeit des Schützengrabens, in der langen Zeit der Entbehrungen, im Kampfe gegen Feind und Natur.

Verwandte, Freunde und ein liebes Mädel um mich! Dahinwandern dürfen, ohne dass feindliche Kugeln um die Ohren schwirren, oder eine Granate zur

Deckung zwingt. – Doch merkwürdig, wie das Bedürfnis und instinktmäßige Verlangen nach Deckung bereits in Fleisch und Blut übergegangen ist! Bei jedem plötzlichen Geräusche, bei jedem Heulen des Windes will ich mich unwillkürlich ducken. Gehe ich an einem Straßengraben vorbei, kommt mir ganz ungewollt der Gedanke, das gäbe ja eine prächtige Deckung. Und jeden Hügel betrachte ich mit den Augen des Frontsoldaten und überlege, ob sein Hang doch steil genug wäre, einem Unterstand ausreichenden Schutz zu bieten. Mit all meinen Sinnen bin ich immer auf den Krieg eingestellt.

In Salzburg sind Konzerte und Theater ausverkauft. Wie überall. Gasthäuser und Cafes überfüllt. In den Geschäften steht Kunde an Kunde, Geld gibt es noch genug, und keinen Warenmangel. Auf den Straßen bummeln die Urlauber, sie ballen sich bei der Salzachbrücke zu großen Gruppen und lehnen an den Brückenköpfen, jedes hübsche Mädel mit begehrlichen Augen musternd. Uniform ist Trumpf. Selbst die vielen Trauerkleider können dies lebhafte Farbenspiel nicht verdüstern.

Voll Selbstbewusstsein schritten wir durch die Straßen und setzten dem Gehaben mancher Hinterlandsoffiziere den Stolz des Frontoffiziers entgegen. In dieser Einstellung bespöttelten wir jene „Pfaue" und sahen in ihnen nur Soldaten zweiten Grades.

Rasend schnell flogen die Stunden dahin. Bald war der letzte Abend im Freundeskreis herangerückt. Und einige Stunden nachher saß ich im Zug. Es ging ins Zillertal.

Im alpinen Dienst

Ich verbrachte den Abend in Mayrhofen, hatte Heimweh nach Salzburg und Kopfweh. Am nächsten Morgen aber machte ich mich schon frühzeitig auf die Beine und erreichte noch vormittags das Gasthaus „Rosshag". Der Gasthausbesitzer war zugleich Wirtschafter in der Berlinerhütte. Seine Töchter, fidele Zillertalerinnen, leisteten mir Gesellschaft.

Dann wanderte ich in den Zemmgrund hinein und stieg der Hütte zu. Ein Gletscher um den andern tauchte um mich auf. Die großartige Umrahmung erweckte all meine alpine Begeisterung und schob die Erinnerung an verbrachte Urlaubstage in den Hintergrund.

Am späten Nachmittag kam ich in der Berlinerhütte an. Hütte? Nein, ein großes Gebäude stand da, von mehreren Zuhäusern umgeben. Andernfalls hätten auch unsere fünfhundert Kursteilnehmer, die jeweils am Sonntag ankamen und eine Woche darauf wieder abmarschierten, dort nicht Platz gefunden. Die Hütte lag schneefrei, tief herunter aber hingen die nahen Gletscher.

Das Kommando führte der aktive Hauptmann Demian. Er begrüßte mich herzlich, konnte sich`s jedoch nicht versagen, zwischendurch einige Bemerkungen wegen meines verspäteten Eintreffens zu machen. Mein lieber Freund Oberleutnant Erlsbacher, bei Kriegsausbruch dem Baon 165 zugehörig, war auch hier eingeteilt, ebenso Leutnant Karl Matt aus Salzburg und Paul Rotter aus Deutschböhmen. Beide in österreichischen Skiläuferkreisen bestens bekannt Überdies standen noch zehn Unteroffiziere als Hilfsorgane in Verwendung, lauter liebe, tüchtige Leute, glänzende Skifahrer.

Die Mannschaften hatten in den Speisesälen ihre Strohlagerstätten aufgeschlagen, die Offiziere aber wohnten in den getäfelten Zimmern eines Nebentraktes. Alles zeigte den Stil des großen Alpenhotels.

Am nächsten Morgen rückten wir schon um sieben Uhr aus. In endloser Reihe schlängelten sich die fünfhundert Kursteilnehmer durch das apere Moränenfeld dem Hornkees zu.

Auf jeden Lehrer entfielen zirka 40 Schüler; sie blieben ihm während des ganzen einwöchigen Kurses zugeteilt. Mittags wurde auf eine Stunde unterbrochen und der mitgegebene Proviant verzehrt, dann wieder eintönig weitergeübt. Um drei Uhr konnte endlich die Abfahrt angetreten werden. Die unteren spaltenarmen Schneefelder, die wir benützt hatten, waren vollständig zusammen gebrettelt, am nächsten Morgen glatt und vereist und als Kursplatz einige Zeit nicht mehr zu gebrauchen.

Tags darauf wurde am Wazeckkees geübt. Sodann kam der riesige Schwarzensteingletscher daran, der für mehrere Tage Übungsplätze bot. War auch dieses Gelände erledigt, so mussten wir in die weiten Mulden des Feldkopfes, in eine Höhe von 3000 Meter. Da hieß es schon um 5 Uhr das warme Bett verlassen und um 6 Uhr abmarschieren. Spät nachmittags trafen wir dann erst zu Hause ein. Wenn ausnahmsweise Neuschnee fiel, so vereinfachte sich der Betrieb bedeutend und wir brauchten nicht mit der Laterne auf Schneesuche gehen.

Diese Abkommandierung war ein „Schwindel", ein Ruhedienst, wie du vielleicht meinen könntest, auch kein sportliches Vergnügen, sondern schwere, vollwertige Arbeit. Wir legten uns daher nach jedem Einrücken ein Stündlein ins warme Bett und brauchten keine Sorgen haben, uns zu verschlafen, denn regelmäßig erschien Leutnant Rotter, die Zugharmonika in den Händen, und spielte und trieb so lange seine Ulkereien, bis wir aufstanden. Der Kursarzt Dr. Gutwinsky und Leutnant Matt bewohnten das größte Zimmer, es sammelte sich dann unser kleiner Kreis zu einem gemütlichen Plausch und zu manchem harmlosen Spaß. Gewöhnlich ging`s um Dr. Gutwinsky, einen herzensguten Menschen und tüchtigen Arzt. „Rittmeister" ward er von uns genannt, denn ohne „Stockreiten" konnte er nicht leben, Gott verzeih's ihm.

Meine sportlichen Fertigkeiten waren um eine ganze Klasse besser. Überragenden Sport aber zeigten die beiden Leutnants Matt und Rotter. Ersterer glänzte durch größtes technisches Können und fabelhafte Schnelligkeit. Rotters massige Gestalt wirkte beim Fahren nicht so elegant. Er besaß aber kolossale Veranlagung und unerhörte Schneid. Im wahnsinnigen Schuss flitzte er über mächtige Spaltengewirre hinweg, sprang in tiefe Windkamine und Spalten, dass man Angst bekommen konnte, er würde an der Gegenwand zerschellen. Wo es eine Gefahr gab, in Fels und Eis, da war Rotter zu finden.

Es ist klar, dass sich die beiden in unsern öden Kommissbetrieb nicht einfühlen konnten.

Auch mich kostete es allerhand Überwindung. Kaum war also Demian vom Übungsplatz verschwunden (nach der Mittagsrast verzog er sich zumeist), so gingen die zwei ihrem Sporte nach, bauten sich Schneeschanzen oder trieben sonstige Faxen. Ich hatte als „Höherer" von Demian den Auftrag erhalten, mich um die zwei Durchgänger zu kümmern. Oftmals kam ich dem Auftrag nach, manchmal aber sprang ich selber mit.

Das Essen war reichlich und gut. Für die Offiziere (Lehrer und Schüler) wurde in der Küche serviert. Oft saßen zwanzig Kameraden um den Tisch. Die jungen hungrigen Kadetten und Fähnriche sandten dann ihre feurigsten Blicke zur dicken Köchin hin, um möglichst viel Tourenproviant für den nächsten Tag mitzubekommen. Schlag neun Uhr gingen wir schlafen. Eine Ausnahme bildete nur der Samstag. Da wurde es oft recht fidel, denn Sonntag war Ruhetag. Rotter und Matt benützten aber zumeist diese freie Zeit zu großen Bergfahrten in die prachtvolle Firnwelt.

Obwohl wir alle gefährlichen Stellen durch Markierungsstangen bezeichnet hatten, fiel Rittmeister Gutwinsky eines Tages in eine Gletscherspalte. Er plumpste nur einige Meter tief, glücklicherweise auf eine Schneebrücke. Bald hatten wir ihn aufgeseilt, doch klagte er noch längere Zeit über Schmerzen in der Brust. Zwei Tage später war's, vor der morgendlichen Marodenvisite, da frug ich ihn: „Nun, wie geht's dir?" und tupfte mit dem ausgestreckten Finger nichts ahnend auf seine Brust. Da weiteten sich plötzlich seine Augen. Bewusstlos sank er zu Boden. Wir hoben ihn auf. Schnell kam er wieder zu sich. Ich hatte unbewusst jene Stelle der Rippe getroffen, die er sich beim Sturze in die Gletscherspalte, ohne es selbst zu wissen, gebrochen hatte.

Der Herbst rückte immer weiter ins Land und drückte den Schnee zur Berlinerhütte herab. Bei grimmiger Kälte und Dunkelheit zogen wir Morgen für Morgen auf den Übungsplatz. Manche Leute klagten schon bald nach dem Abmarsche über Erfrierungserscheinungen. Sie waren schlecht ausgerüstet. Vor allem fehlten ihnen aber entsprechende Wollsachen. Nasse, zerrissene, baumwollene Handschuhe und Socken konnten vor dieser winterlichen Kälte nicht schützen. Bald waren die Hände wachsgelb. Der Marodenstand schwoll in beängstigender Weise an. An manchen Tagen standen achtzig Leute bei der Marodenvisite.

Paul Rotter aber schien gegen die Kälte ganz unempfindlich zu sein. Er trug nur ein dünnes Stoffhoserl und nackte Knie.Wir frotzelten ihn mindestens zehnmal des Tages und fragten: „Ist's dir noch immer nicht zu kalt?" Jedesmal verneinte er die Frage. Trotz zehn Grad Kälte. Seine blauen Knie und klappernden Zähne gaben aber eine andere Antwort.

Unsere Nachschublinie führte durch steiles Gelände und erwies sich vornehmlich an der Gratwand als außerordentlich lawinengefährdet. Nur mit menschenmöglichster Vorsicht kamen wir ohne Verluste über diese Gefahr hinweg. Auf die Dauer jedoch war dieser Zustand unhaltbar. Ende November wurde daher mit dem Kurs Schluss gemacht.

Wir Kurslehrer durften mit den erzielten Erfolgen zufrieden sein, Methode und Fahrart hatten sich glänzend bewährt. Wir lehrten jene alpine Skilauftechnik, die später in Österreich überall Eingang fand, bei uns im Salzburgerland und in anderen Gegenden schon seit 1910 eingebürgert und gebräuchlich gewesen war.

Am vorletzten Tage unseres Dortseins bekam ich noch eine heftige Grippe. Sie zwang mich aufs Lager. Als der letzte Kurs talwärts marschiert, die Unmenge Material geordnet und abtransportiert war, musste auch ich aus dem Bett und meine Skier anschnallen. Die Hütte wurde nun geschlossen. Der weite prächtige Kessel glitzerte zum Abschied noch im Sonnenschein (Bild 9). Ein kurzes Wenden im Kreise und Auffangen des herrlichen Landschaftsbildes, dann fuhren wir dem Tale zu.

Im Gasthaus Rosshag erste Abschiedsfeier. Die ganze Nacht wurde getanzt, gesungen und gelacht. Mein Fieber konnte dieser Rosskur nicht standhalten und verschwand. Die Feier dauerte bis in die Vormittagsstunden hinein. Dann wurde in übermütigster Stimmung nach Mayrhofen gebrettelt. Dort ward die Feier fortgesetzt. Und am nächsten Tag in Innsbruck beendet. Zuerst besuchten wir das Stadttheater, nahmen uns eine Loge. Was gespielt wurde, war gleichgültig. Wir richteten uns aus dem Staniolpapier der Bonbonspackung eine Menge Kügelchen als Wurfgeschosse zurecht. Kaum war der Theaterraum verdunkelt, begann unsere Tätigkeit. Ich hatte mir einen dicken Herrn im Parkett als Ziel gewählt und erreichte anscheinend viele Treffer, denn mehrmals wendete er sich erzürnt um oder griff wütend nach seiner Glatze. –

Wir blieben einige Tage in Innsbruck und nützten diese Zeit zu Ausflügen in die prachtvolle Umgebung. Es war ein herrliches Wandern unter der milden Herbstsonne. – Dann schlug die Trennungsstunde. Major Bilgeri als Alpinreferent

Bild 9: Abschied von der Berliner Hütte

im Zillertal, 2000 Meter hoch gelegen. Blick nach Osten in den Zemmgrund hinein. Links (X) Standplatz der Berliner Hütte. Kurslehrer: Links Ltn. Matt, Hptm. Demian, Ltn. Rotter (mit Ziehharmonika), Oblt. Erlsbacher und Oblt. Pölzleitner. Oberhalb Schwarzensteingletscher, im Hintergrund Mörchner, 3287 Meter.

des Militärkommandos Innsbruck verteilte uns an die verschiedenen alpinen Stellen. Ich wurde dem Brigadekommando Innichen als alpiner Referent zugewiesen. Paul Rotter kam mit mir.

Der Zug führte uns wieder in den tiefen Winter hinein. Um Innichen lag schon ein halber Meter Neuschnee. Majestätisch blickten die scharfen Zacken des Haunold auf das alte, liebe Dorf, das schon so vielen Bergsteigern und Dolomitenwanderern Obdach geboten hat. –

Für mich begann wieder ein neuer Tätigkeitsabschnitt mit neuen Forderungen. Nirgends war meines Bleibens. Doch gerade dies ständige Wandern, der Wechsel von Freud und Leid, von blutigernsten Stunden und ausgelassenster Stimmung verwob die Kriegsjahre zu einem einzigen großen Geschehen, das unverrückt in Erinnerung bleibt, von dem man nicht mehr loskommt.

Ich meldete mich beim Brigadier General Englerth. Ein rosiges, sympathisches Gesicht, umrahmt von weißen Haaren, wandte sich mir zu. Menschenfreundliche Augen sahen mich an.

Seine Brigade umfasste den Raum von Toblach bis zur Kärntner Grenze und hatte Ausdehnung und Truppenstärke einer Division.

Ich blieb in Innichen. Die Dolomiten wurden wieder meine Domäne. Paul Rotter hingegen rückte nach Kartitsch ab. Oft erfuhr ich noch von ihm, dienstlich und privat, hörte von seinen kühnen Taten und fröhlichen Ulken. Er starb dann bei Görz den Fliegertod. „Lieber Freund, hab Dank für die vielen, sonnigen Stunden, die uns deine Frohnatur geschenkt." –

Kein Mensch wies mir Arbeit zu, denn die Stelle des alpinen Referenten war neu geschaffen worden und die gesamte alpine Organisation erst im Anfangsstadium. Da dämmerte es in meinem Gehirn: „Selbst musste ich mir Arbeit beschaffen, wollte ich bestehen!" Ich fuhr daher nach Bruneck zum Alpindepot der Division, suchte mir einen großen Posten von Skiern und Stöcken, Seilen und Eispickeln, Steigeisen und Schneeschuhen heraus und ließ ihn nach Innichen bringen. Begann hierauf mit den einzelnen Truppenkörpern der Brigade Verbindung zu suchen und den Nachschub an alpinem Material zu regeln. Im Weiteren versorgte ich das Brigadekommando mit Befehlsbeiträgen über Wintervorkehrungen, Lawinengefahren, Einrichtung von Skikursen usw. – und meine Existenzberechtigung war bewiesen.

Nun fühlte ich mich selbstbewusster, auch in der Brigademesse. Dort saßen wir streng nach unserm Range. Als Oberleutnant musste ich daher an der Tafel weit unten sitzen. Es kam nie eine richtige, fröhliche Stimmung zustande. Darum ging ich oft gleich nach dem Essen ins gegenüberliegende Gasthaus Hellenstainer. Dort verkehrten auch Frontoffiziere. Lange nach Mitternacht hörte ich manchmal noch ihren Gesang in mein gegenüberliegendes Quartier.

Nach Regelung des inneren Dienstbetriebes wanderte ich südwärts gegen Sexten. Mitten im hohen Walde stand das große Hotel Bad Innichen. Hier hauste Oberst von Sparber als Kommandant des Abschnittes Kreuzbergsattel. Ich meldete mich. Im Laufe des Gespräches meinte er: „Ich will auch Skilaufen lernen. Kommen Sie also zwischen zehn und zwölf Uhr zu mir herein, vorausgesetzt,

Bild 10: Das zerschossene Dorf Sexten
bei Innichen, 1317 Meter hoch gelegen. Nach Süden gesehen. Im Hintergrunde Rothwandspitze, 2966 Meter und Elferkofl, 3115 Meter. An ihrem Fuße rechts zum Fischleinboden. Links zum Kreuzbergsattel.

dass ich abkömmlich bin. Sie werden jeweils telefonisch von mir verständigt." Sparber war ein älterer, sehr nervöser Herr, er hatte mich mit seiner Ankündigung heftig erschreckt. Doch kam es nie zum Laufen, es blieb bei der Drohung.

Ich besprach mit Sparber unter anderem auch die Abhaltung eines Skikurses für Instruktoren. Er wollte den Kurs möglichst nahe an die Front heranschieben, ich dagegen schlug ihm Innichen als Standplatz vor, da dort das Terrain günstig wäre und keine Störung durch Beschießungen eintreten könnte. Doch er gab nicht nach. So machte ich mich auf die Suche nach einem geeigneten Stützpunkt und blieb einen vollen Tag auf den Beinen. Ich kam ins Innerfeldtal hinein, wanderte durch das zerschossene Dorf Sexten (Bild 10), sah die zwei in Trümmer liegenden Straßensperren und durchstreifte die Ortschaft Moos bis gegen den Kreuzbergsattel zu. Meist in Sicht des Gegners.

Um Moos herum schien mir die Örtlichkeit geeignet, doch lag sie in Feindessicht. Ich verzog mich daher in den Fischleinboden hinein. Rotwand, Elfer, Zwölfer und all die vielen wunderbaren Felsnadeln mit ihren phantastischen Abstürzen traten zum ersten Mal in meinen Gesichtskreis. In furchtbarer Ausgesetztheit strebten sie empor. Zu ihren Füßen lag der tiefverschneite Lärchenwald in herber Schönheit und märchenhafter Unwirklichkeit. Mein ganzes Wesen war davon erfüllt.

Das Hotel Fischleinboden, Sepp Innerkoflers Heim, steht auf einer großen Waldblöße, nebenbei am Waldrand das zweite Hotel, durch italienische Granaten in Brand geschossen. Bald bin ich vorüber und schreite durch den abglimmenden Tag taleinwärts. Steinblöcke liegen wirr herum, als seien sie von Gigantenfäusten heruntergeschleudert. Moos wuchert darauf. Im Schutze dieser Felstrümmer sind tiefe Löcher ausgegraben, sie sollen den bei Nacht durcheilenden Trägerkolonnen Unterschlupf bieten. Auch ich bin jeden Augenblick darauf gefasst, dort Deckung suchen zu müssen, denn in den Wänden hoch über mir lauern die Italiener. Dann stehe ich vor einem breiten Schützengraben, er zieht sich quer durch den schüttern Wald und dient als zweite österreichische Linie. Mühsam ist er dem steinigen, verwurzelten Boden abgerungen. Endlich teilt sich das Tal, rechts gelangt man zum Zinnenplateau und geradeaus in die ungeheuren Schutt- und Felsenkare um die Zsigmondyhütte.

Kleine Unterstände kleben in den Steilwänden über mir. In einigen Unterkünften brennt schon Licht. Am Zinnenplateau rattert ein österreichisches Maschinengewehr. Sein Widerhall springt von Wand zu Wand.

Dann herrscht wieder Ruhe und Einsamkeit. Tiefste Einsamkeit. Andacht greift ins Herz, ernst und still schau ich in die dunklen Schatten, die sich langsam aufwärts schieben. Doch es wird Zeit zur Rückkehr, einige Stunden Weges liegen noch vor mir. Als ich bei Moos die Hauptstraße betrete, ist es schon ganz dunkel geworden. Vom Kreuzberg her tönen schwere Geschoßeinschläge.

Bei Sexten begegne ich den Trägerkolonnen. Viele hundert Gestalten, Soldaten, Russen und Tragtiere eilen an mir vorbei. Rasch, trotz der schweren Lasten, um den drohenden Feuerüberfällen zu entgehen. Jede Nacht bezwingen sie den gleichen Weg, werfen sich in den Straßengraben, wenn die Granaten herandröhnen, oder laufen ums liebe Leben. –

Nächsten Tag erstattete ich dem Oberst Sparber Bericht und meldete, dass nirgends um die Stellungen herum ein passender Standplatz für Brigadeskikurse zu finden sei. Da musste er nachgeben. Tags darauf ging schon die Ausschreibung des Innicher Kurses hinaus.

Sparber wünschte auch, über die alpine Ausbildung der Zinnenplateau-Besat-

Bild 11: Toblingerknoten
2615 Meter Höhe, am Zimmerplateau. Gegen Süden gesehen. Eigene Stellungen verlaufen von ihm aus nach links und rechts. Eigene Baracken sichtbar.

zung einen genauen Bericht zu erhalten. Ich wanderte daher mit meinem Diener durch Innerfeldtal aufwärts. Am Zinnenplateau, in beiläufiger Höhe von 2500 Meter, stand ein Baon Rainer in Stellung, Salzburger, Landsleute. Ihr Kommandant Major Burger hauste in einem Unterstand, der in eine hohe Felsenwand eingebaut war.

Burger lud mich in freundlichster Weise zum Mittag- und Abendessen ein. Doch mit der Nächtigung hatte es seine Schwierigkeit; erst nach einigen Telefongesprächen entdeckte der Adjutant in einem Zugskommandanten-Unterstand eine freie Pritsche. Der zweite Insasse schien froh, Gesellschaft erhalten zu haben.

Major Burgers Unterstand lag am rückwärtigen Ende des Zinnenplateaus, meine Behausung ganz vorn am Schützengraben. Täglich musste ich also mindestens viermal diesen Weg über die Hochfläche zurücklegen, jedes Mal eine Viertelstunde, wenn mich nicht das feindliche Artilleriefeuer zu schärferem Tempo gezwungen hatte. Des Nachts herrschte zumeist große Unruhe, im Besondern auch um den Sextenstein (dem Toblingerknoten vorgelagert) und beim Grabenstück vor unserm Unterstand. Ich stand daher häufig im Schützengraben und vergaß dabei ganz, Etappinger zu sein.

Wurden des Tages artilleristische Unternehmungen durchgeführt, so hielten wir Offiziere uns hinter den Steilwänden des Toblingerknotens (Bild 11) auf und beobachteten die Geschoßwirkung. Unter uns lag die zerschossene Dreizinnenhütte, dahinter die Prachtgestalt der Drei Zinnen. Bei Tag blieben die Italiener in den jähen Felsabstürzen des Toblingerriedels versteckt, bei Nacht jedoch rückten sie heran und besetzten ihren Schützengraben, der knapp unter dem Rande des Plateaus verlief.

Von einer eingehenden Visitierung der alpinen Ausbildung konnte unter diesen Umständen keine Rede sein, sie war ja auch bei unseren Rainern nicht notwendig. Ich beobachtete nur so nebenbei die Skiabteilungen in ihrer Tätigkeit. Der Übungsraum war sehr beschränkt. Wagten sich die Läufer aus der uneingesehenen Senke des Plateaus hinaus, dem Schwalbenkofel zu, so wurden sie sofort von den Italienern beschossen. Trotzdem zeigten sie großes Können; Fähnrich Deutsch, ihr Führer, hatte gut gearbeitet. Als ich nach drei Tagen im Abstiege bei Oberst Sparber eingetroffen war, konnte ich nur Gutes melden.

Tags darauf kamen die Teilnehmer des Instruktorenkurses in Innichen an. Sie wurden in der Landesschützenkaserne untergebracht und bewährten sich durchwegs als tüchtige Läufer. Alle aber überragte im Können und an Größe ein zwei Meter großer Artillerist, der zum Gaudium der Übrigen auf ganz kurzen Bretteln fuhr, die ihm seine Batterie mitgegeben hatte.

Der Kurs sollte eine Woche dauern und praktischen, aber auch theoretischen Unterricht umfassen. Nach Ablauf dieser Frist kam jeweils eine neue Garnitur dran. Ich ließ den Teilnehmern viel freie Zeit, wollte den Kurs sportlich führen und ihn als eine besondere Art Retablierung zur Geltung bringen.

Weihnachten 1915. Zweite Weihnacht im Felde. Ich feierte den Heiligen Abend in der Brigademesse. Im Lichte des brennenden Christbaums. General Englerth hielt die Weihnachtsrede und brachte in gebundenen Versen seine Gefühle zum Ausdruck. Alle Saiten klangen mit. Um Mitternacht hob er die Tafel auf. Dann feierte ich in meinem Zimmer weiter, öffnete die eingelaufenen Briefe, Liebespakete und Zeitungen, blätterte stundenlang darin herum und zog an den Fäden, die mich an die Heimat banden. –

Ja, an die Heimat! – Je tiefer du in ihr wurzelst, umso freudvoller dein Dasein. Sie ist das ewig Beständige im kreisenden Leben des Menschen. –

Das schönste Dasein wird allgemach eintönig, fehlt der Lebensinhalt, die Arbeit. Oft litt ich an Selbstvorwürfen, nicht mit meiner ganzen Person der Heimat zu dienen und fand im Etappendienst eine Befriedigung, hatte nicht das Zeug dazu. Ich tröstete mich damit, dass im Frühling die Gefechtstätigkeit neu aufflammen und neue Arbeit bringen würde. – Dann packte mich Sehnsucht nach meinen Kameraden. Ich wollte jedoch den Rädern meines Schicksalswagens nicht in die Speichen fallen und hätte niemals eigenmächtig um Versetzung gebeten.

Sechs Wochen hatte ich bereits dies Leben gelebt, da führte mich das Schicksal selbst aus diesem Konflikte heraus. Mitte Jänner ließ mich General Englerth zu sich rufen und meinte: „Ich habe durchs Divisionskommando ein Dienststück Ihres Baons erhalten, worin wegen Offiziersmangels dringend um Ihre Rückstellung gebeten wird. Bleiben Sie lieber bei uns in Innichen, so melde ich Sie als unentbehrlich." Da bat ich um meine Rückkommandierung, wartete noch das Eintreffen meines Nachfolgers ab und verschwand.

Lawinendonner

Mit großer Freude trat ich wieder in den Kameradenkreis. Mein Baon hatte sich inzwischen am Isonzo tapfer geschlagen und stand nun im Lesachtal auf Retablierung. Gärber hieß das kleine Nest; es lag eine Stunde innerhalb Kartitsch.

Manches hatte sich seit meiner Abwesenheit geändert: Baonskommandant Hauptmann J. war krank geworden und verschwunden. An Stelle der alten vierten Kompagnie, die schon bei Kriegsbeginn einer anderen Formation zugeteilt worden war, hatte man aus Ersatzmannschaften eine neue vierte aufgestellt. Und auch im Offizierskorps gab es Änderungen. Unter den neuen Offizieren traf ich zwei Salzburger, die Kaiserschützen Fähnrich Kaut und Kadett Schmidbauer.

Den Offizieren und Mannschaften standen warme Unterkünfte zur Verfügung. Ich bewohne ein großes Zimmer, von dem aus eine Tür ins zweite führte. Darin schliefen zwei Baonskameraden. Unweit unserer Wohnung lag ein einfaches Wirtshaus, die Mannschaften kauften sich dort Speck und Käse, tranken den guten, leichten Rotwein und sangen des Abends ihre Lieder. Die Offiziere dagegen trafen sich in einem Bauernhaus abseits der Straße. In dem großen getäfelten Zimmer herrschte an jedem Abend solch ungebundenes Treiben, wie es nur der Frontkämpfer erleben konnte.

Gärber lag wie Kartitsch am Fuße des Karnischen Kammes. Tiefeingeschneite Täler zogen sich zur Kammhöhe empor, manche von Lawinen bedroht und vollständig dem Verkehre entzogen.

Ich musste das alpine Referat des Baons übernehmen und zugleich auch das Baureferat. Meine nächste Aufgabe bestand darin, fürs ganze Bataillon stabile Wohnbaracken zu errichten. Die Kompagnien wiesen mir das nötige Mannschaftskontingent zu. Ein anderer Teil der Mannschaft war mit Trägerdiensten beschäftigt oder exerzierte.

Nebenbei musste ich auch einen Skikurs leiten. Unter den Teilnehmern befand sich ein wahres Skiphänomen. Während des ganzen achttägigen Kurses lag dieser Leutnant Dr. R. zumeist im Schnee. Als ein Kamerad die Kursteilnehmer knipsen wollte, musste er mindestens eine Viertelstunde lang warten, bis er ihn stehend auf die Platte bekam. –

In der Offiziersmesse dauerte bis tief in die Nacht hinein die übermütige Stimmung, ohne dass der Dienst eine Einbuße erlitten hätte. Eines Nachts war ich als Erster aus der Menage getreten. Rutsch! Lag ich am Boden. Die Nachtkälte hatte unerwartet den aufgetauten Schnee in eine glatte Eisdecke verwandelt. Vielleicht mag auch meine Standfestigkeit nicht mehr die beste gewesen sein. Ich stellte mich rasch hinter die Hausecke. Ahnungslos kam der Zweite heraus. Im nächsten Augenblick lag auch er am Boden. Ich winkte ihm schnell zu. Gleich begriff er und stellte sich zu mir. Schon war der Dritte da, auch ihn bezwang die Tücke des Objektes, ebenso den Vierten. Ein solch anregendes Gesellschaftsspiel hatten wir noch nie gespielt. Jetzt rückte der Baonskommandant an, dies musste den Höhepunkt bilden. Doch ach! Nur die Vorfreude blieb. Unser schallendes Gelächter hatte ihn vorsichtig gemacht. Stehend kam er über die Gefahrenzone hinweg.

Wir trieben aber auch andere Sportarten. Vor allem hatte es uns das Reiten angetan. Schnell war ein Reitplatz ausgeschaufelt. Unser Rechnungsleutnant Klement nahm uns an die Longe, er schenkte uns nichts und sparte keinen Tadel.

Ich hatte mir von Schraffls Maschinengewehrabteilung ein großes Tragtier ausgeborgt. Es war Anfänger wie ich und außerdem sehr nervös. Wehe, wenn uns am Wege vom oder zum Stall ein lebendes Wesen unterkam. Vor jeder flatternden Henne ging's Füchsl durch. Und wenn nun gar ein Landstürmer stramm salutiert hatte, machte es einen mächtigen Satz. Dem waren aber meine Künste nicht gewachsen. Zumeist also kamen ich und das Füchsl zu verschiedener Zeit nach Hause. –

Nach acht Tagen angestrengter Arbeit konnte eine Kompagnie in die fertigen großen Baracken einziehen. Doch die Tätigkeit ging weiter. Allgemach entstand ein ganzes Dorf. Alles Bauholz ward schon abgebunden aus der Kartitscher Säge geliefert, die Zimmererarbeiten beanspruchten daher wenig Zeit. Umso mehr aber die umfangreichen Planierungsarbeiten. Ich war noch nie in meinem Leben vor solche Bauaufgaben gestellt gewesen, fand mich jedoch schnell hinein. –

Wir waren alle zusammen keine Alkoholiker, im bürgerlichen Leben solide Leute gewesen, der Krieg aber änderte uns arg. Meine zwei Zimmernachbarn und ich gingen des Nachts für gewöhnlich gemeinsam nach Hause. Der eine vertrug wenig Alkohol und war zumeist beschwipst. Dann übernahmen wir andern den Heimtransport. Wir stellten ihn noch manches Mal rücklings ans Bett und tupften mit dem Finger an seine Brust. Eine Krone galt die Wette, wer ihn zuerst umgetupft, ward Sieger. Wir unterhielten uns königlich dabei, nicht minder der beschwipste Kamerad, der am liebsten selbst mitgespielt hätte.

Ein andermal geriet er in Not. Er hatte sich verspätet, musste allein nach Hause gehen.

Ich lag schon im Bett, wurde aber durch sein Kommen aufgeweckt. Leise, soweit es ihm sein Zustand gestattete, schlich er bei der ersten Tür herein, dann quer durch das Zimmer, zündete aus Rücksicht auf mich kein Licht an. Neben meinem Bett hing eine große Pendeluhr, nebenan führte die Tür ins zweite Zimmer, zu seinem Lager. Auf diese Tür nun nahm er Direktion, Schritt für Schritt. Ich hielt mich mäuschenstill. Endlich war er bei meinem Bett angelangt und suchte die Klinke zur zweiten Tür. Auf einmal geriet ihm ein Ding in die Hand und er wusste nicht, was es wäre. Da packte ihn die Wut, mit aller Wucht schleuderte er den Gegenstand zu Boden. Es war das Uhrgewicht. Die Uhr machte noch einen kurzen Rassler, dann war es zu Ende, ihre Zeit war abgelaufen. Der Wüterich hatte ihr die Gedärme aus dem Leibe gerissen. –

Am nächsten Tag zog wieder eine ganze Kompagnie in die fertig gebauten Baracken ein. Und weiter ging die Arbeit. Doch wir konnten sie nicht mehr zu Ende führen, denn am 22. Februar 1916 endigte diese unvergessliche Retablierungszeit. Das Baon zog ostwärts durch das tiefverschneite Tal. Unser Ziel war Obertilliach. Anmutig lag es im Sonnenglanz. Auf jedem Hause, auf jedem Heustadel saß ein mächtiger Schneegupf, wie der weiße Turban am Haupte des Mekkapilgers.

Drei Kompagnien marschierten gleich weiter auf die Höhen des Karnischen Kammes. Die zweite Kompagnie aber blieb als Reserve in Obertilliach. Auch das Baonskommando schlug hier unten seinen Wohnsitz auf. Mir wurde nebst dem Bau- und Alpinreferat nunmehr auch das Ortskommando von Obertilliach übertragen.

Die Bevölkerung kam uns mit offenem Herzen entgegen. Artillerie, Tragtierkolonnen, Munitionskolonnen und Arbeiterabteilungen waren bereits hier disloziert, sie gingen friedlich ihrer Beschäftigung nach und kümmerten sich einen Pfifferling darum, dass die Spitze der Porze aus einer Höhe von 2600 Meter auf sie herniedersähe (Bild 12). Die Italiener hatten dort oben auch Geschütze in Stellung gebracht. Keilförmig schoben sie sich in unsere Linie vor und waren jeden Augenblick in der Lage, unser liebes, freundliches Dörfchen in Brand zu schießen. Warum verschonten sie es bisher?

Wir Neuen sahen in den ersten Tagen nicht Porze noch Kammhöhe, in großen Flocken fiel der Schnee und zog einen dichten Vorhang darüber. Schon schneite es zwei Tage lang ohne Unterlass. Wir hofften aber auf baldige Besse-

Bild 12: Porze

im Karnischen Kamm bei Obertilliach, Lesachtal. Höhe 2595 Meter. Von den Italienern besetzt. Eigene Stellungen über dem tiefer gelegenen Kamm. Blick nach Süden. Vor der Porze Tilliacher Joch, Tilliacher Tal. Obertilliach links außerhalb des Bildes.

rung. „Wer wird denn gleich's Schlechteste denken“, trösteten wir einander. Die Höhenstellungen waren nicht gefährdet, da oben gab es keine Lawinengefahr. Ganz ähnlich wie in der alten Eisenreichstellung bei Kartitsch. Doch die verfluchten steilen Zugänge! Für alle Fälle stellten wir sowohl in Obertilliach als auch in den Höhen Skipatrouillen auf und rüsteten sie mit Schaufeln und Krampen aus. Und schon am nächsten Tag bekamen wir Arbeit, bevor noch Gelegenheit geboten war, unsern ausgedehnten Frontabschnitt kennen zu lernen.

Nach Mitternacht wurde ich unsanft aufgerüttelt. Eine Ordonnanz stand an meinem Bette und meldete, dass im Winklerbachtale nahe der Kärntnergrenze ein Barackenlager verschüttet worden wäre. Ein Zug unserer vierten Kompagnie hauste dort. Sofort waren die Skipatrouillen alarmiert und marschbereit. Gleich am Anfang des genannten Seitentales versperrte uns eine breite Lawine den Weg und einige Male wiederholten sich noch solche Hindernisse. Um sieben Uhr früh erst trafen wir an der Unglückstätte ein.

Die ganze Talseite zeigte sich als einziger großer Lawinenhang. Und just in diesem gefährdeten Hang stand das Barackenlager. Eine Seilbahnstation nebenbei. Unbegreiflich! Noch schwerer zu verstehen war, dass dieses Lawinenlager auch einen Skikurs der Seilbahnleute und der Artillerie des Tales beherbergte.

Einige hundert Meter oberhalb des Lagers ward für Augenblicke die Abbruchstelle des gewaltigen Schneebrettes sichtbar. Die Lawine hatte knapp vor dem Lager eine kleine Schwenkung vollzogen und daher nur den einen Flügel vernichtet. Genau so könnte aber auch das ganze Lager verschüttet sein. In den zerdrückten Unterständen hatten Teilnehmer des Skikurses gewohnt. Der Reservezug unseres Baons war dagegen am andern Flügel untergebracht und verschont geblieben. Entsetzlich sah es aus! Und neuerliche Schneemassen konnten nachbrechen. Trotzdem wurde unverdrossen weitergearbeitet. Am Boden lagen noch Fackeln, die bei Nacht geleuchtet und geholfen. Drei breite Kanäle führten bereits in die dicke, gepresste Schneedecke. Jeder mehrere Meter tief. Der Schnee war beinhart. Schwere Balkentrümmer, zerfetzte Bretter und Einrichtungsgegenstände lagen eingekeilt dazwischen. Die Lawine hatte zehn Männer verschüttet, sechs davon waren schon gefunden, zumeist tot. Der siebente wurde gerade aus dem Loch gezogen, als ich hinzukam. Blauschwarz sein Gesicht, geronnenes Blut darüber hin. Zu Mittag konnte der zehnte und letzte ausgegraben werden. Fünf waren tot, die anderen schwer verletzt, von diesen starben bald darauf noch zwei.

Mich packten Wut und Empörung, als ich dem grässlichen Schauspiel zusehen musste, das Unverstand oder Leichtsinn verursacht hatte.

Mittags kam unser neuer Baonskommandant Major R. an die Unglücksstätte. Er hatte als Ungar keine Ahnung von Lawinengefahren, ging aber sofort auf meinen Räumungsvorschlag ein. Den Reservezug unserer vierten Kompagnie wollte er jedoch in die Stellung hinaufbeordern und befahl mir, sofort eine Aufstiegsmöglichkeit in die Höhe auszukundschaften. Ich wollte nicht feige erscheinen und machte mich mit meinen Leuten an die gefährliche Aufgabe. Mit den Skiern an den Füßen drangen wir durch die steilen Lawinenfelder aufwärts, nützten jede Rippe, vermieden jede Mulde, standen trotzdem in ständiger, größter Gefahr. Eine halbe Stunde machte ich mit, dann befahl ich die Rückkehr. Nun war der Major einverstanden, unsern Reservezug in die Talsohle zu dirigieren. Neue gesicherte Unterstände zu bauen, war meine nächste Arbeit.

Tags darauf ging`s im Tilliachertal los, an unserem rechten Baonsflügel. Dort standen prächtige Baracken, wie ich noch nie an der Front gesehen. Die Offiziersbaracke war sogar einstöckig und im Stile eines komfortablen Sommerhauses erbaut.

Eine Halbkompagnie der Ersten war hier als Reserve untergebracht, die andere Hälfte stand am Tilliacherjoch, von der Porzespitze aus bedroht. Hinter dem Reservelager stieg der Wald steil an, darüber weiteten sich freie Hänge, von ungeheuren Schneemassen bedeckt. Oberleutnant Ing. Zanker, der Kommandant dieser Kompagnie, hatte mich ersucht, die Situation hinsichtlich Lawinengefahr zu begutachten. Ich machte mich gleich auf den Weg. Mein Diener kam mit, man konnte nie wissen! Gewaltige Lawinen versperrten auch dieses Seitental. Bis zu zehn Meter Höhe und darüber türmten sich die Schneemauern, stauten den Tilliacherbach, zwangen ihn über die Ufer hinaus. Eine Wegstunde rechnete man bis zum Lager. Ich brauchte mehr als das Doppelte.

Zu Zeiten mit normaler Schneelage würde ich alle Sicherheit für dieses Lager übernommen haben. Der breite Waldgürtel hätte genügend Schutz geboten. Aber in jenem Winter, dem schneereichsten seit Jahrzehnten, in dem alle Berechnungen und Erfahrungen zuschanden wurden und ich selbst Lawinen über Hänge niederstürzen sah, die kaum zwanzig Grad geneigt schienen? Ich gab Zanker den Rat, das Lager sofort zu verlassen. Er ordnete nun die Räumung an. Während der Räumungsarbeiten setzten wir uns in seinen Unterstand. Die Situation schien da drinnen so friedlich, so harmlos. Gemütlich saßen wir am Tisch, ein Fähnrich neben uns. Da dröhnte es und krachte wie heftiges Donnern! Die Erde erzitterte – und der Fähnrich war verschwunden. – Er hatte sich im Kopfsprung durchs offene Fenster gerettet.

Die Lahn war fünfzig Meter oberhalb unseres Unterstandes im Walde stecken geblieben und hatte dicke, hohe Stämme wie Zündhölzer abgeknickt. Da wurde uns gruselig und wir eilten auf den gegenüberliegenden Hang, um dort den Platz für die neuen Unterkünfte zu bestimmen. Die Mannschaften waren indes neben uns angetreten, mit Sack und Pack, um einstweilen in Obertilliach Quartier zu beziehen.

Unerhörtes Brausen erfüllte plötzlich die Luft! Der riesige Hang uns gegenüber war in Bewegung gekommen. Unermessliche Schneemassen drangen in den Wald ein, legten mächtige Bäume wie Grashalme um und stürzten sich mit wütendem Gebrüll auf die Baracken. Krachend und splitternd sanken sie wie Kartenhäuser in sich zusammen. Und darüber hinweg wälzte sich das weiße Grauen. –

Auch die Artilleristen waren von Lawinen bedroht, denn auch ihre Unterkünfte standen häufig in der Gefahrenzone. Ein Artillerieleutnant erzählte mir am gleichen Abend, dass eine Mannschaftsbaracke seiner Batteriestellung tags zuvor verschüttet worden wäre. Nach langer Arbeit stieß man auf das erste Opfer. Das andere Ende der großen Baracke war jedoch durch eine glückliche Fügung nicht vollständig zerdrückt. Aus den aufeinander liegenden Balkentrümmern konnten zwei Männer noch lebend geborgen werden. Die Luft in den kleinen Hohlräumen hatte sie vor dem Ersticken bewahrt. Und nun die Tragik! Der eine Gerettete war nicht einmal verletzt, konnte sich bald von seinem Schock erholen. Der zweite dagegen war blutüberströmt, hatte Stiche in der Herzgegend und im Bauch und Schnitte am Handgelenk! Diese furchtbaren Wunden hatte er sich selbst mit seinem Taschenmesser beigebracht, als ihn nach langem vergeblichem Warten die Verzweiflung überfallen hatte. Er starb kurz nach seiner Rettung.

Auch von einem andern Vorkommnis hörte ich. Ein Offiziersunterstand der Artillerie war verschüttet worden. Man hatte es glücklich zuwege gebracht, den Offizier und seinen Diener auszugraben. Freudig zogen die beiden ins Tal, um sich dort von den Nachwirkungen der Verschüttung zu erholen. Unten erst vermissten sie ihren vielgeliebten Foxl. Da eilten sie im Morgengrauen wieder zur Unglücksstätte hinauf und setzten die Ausgrabungsarbeit fort. Nach zwei Stunden sprang ihnen der Foxl aus dem Schneeloch entgegen, froh und munter, als wäre nichts geschehen.

Manche Verschütteten dieses Katastrophenwinters hätten noch lebend ausgegraben werden können, wäre nicht ein anderer Umstand dazugekommen: In den Unterständen brannte Tag und Nacht der Ofen. Zumeist mit Kohlen geheizt. Beim Verschütten der Unterkünfte wurden Öfen und Ofenrohre vom Schnee verstopft. Doch die Kohlen glühten weiter und ihre Gase töteten die Unglücklichen.

Während sich diese Tragödien auf den Anmarschwegen und in den Seitentälern abspielten, lebten die Besatzungen der Höhenstellungen sorglos dahin. Die Seilbahnen führten ihnen doch Lebensmittel, Heizmaterial, Munition zu und der Gegner ließ sie für gewöhnlich in Ruhe. Sandte er manchmal einige Granaten herüber, so blieben sie ohne Wirkung, verpufften im tiefen Schnee. Und wie hätten großzügige Infanterieangriffe durch das tief verschneite Vorfeld vorgetragen werden können?

Schwerer war die Lage am Tilliacherjoch. Dort schossen die italienischen Schützen der Porze unbarmherzig jeden Landstürmer ab, der sich aus der Deckung wagte. Es war ihnen dies ein Leichtes, da ihre Stellungen um einige hundert Meter höher lagen. Auf besonders ausgesetzte Punkte feuerten die Italiener Tag und Nacht und verwendeten eingespannte Gewehre.

Um Obertilliach wuchs inzwischen der Schnee zu unheimlicher Höhe. Die ältesten Tilliacher hatten noch nie solche Massen gesehen. Unsere einzige Verbindung nach Kartitsch war nur mit Aufbietung und Zusammenfassung aller verfügbaren Kräfte freizuhalten. Täglich arbeiteten einige hundert Leute daran. Organisation und Durchführung blieben mir als Ortskommandanten überlassen. Eine höchst undankbare Aufgabe! Trotz aller forcierten Arbeiten waren die Proviantkolonnen den ganzen lieben Tag auf dem Weg. Da wurde viel geschimpft und geflucht, doch wir konnten nicht mehr leisten.

Auch den Bauern ging es schlecht. Dutzendweise wurden ihre Heustadel und Stallungen von der Schneelast eingedrückt, überall fehlte es an Arbeitskräften, um die Dächer abzuschaufeln.

Und das arme Wild! Unendlich war seine Not. Bei meinen Gängen kam ich oftmals an Rehen vorbei. Sie blieben ruhig auf den ausgetretenen Steigen und zogen sich nur langsam zurück, wenn man näher trat. Ihre große Scheu vor den Menschen war weg. Sie näherten sich auch den Häusern Obertilliachs. Zwei Dutzend beinahe wurden hier allein gefangen und in einer großen Scheune untergebracht.

Im Winklerbachtale konnten auch Gämsen gefangen werden. Hilflos, halbverhungert, erschöpft steckten sie im Schnee. Doch sie verweigerten jedwede Nahrungsaufnahme und gingen ein. Ich wollte eine Gämse nach Obertilliach bringen und hoffte, sie würde vielleicht unter den Rehen Futter nehmen. Oberleutnant Schneider ging mit, er zog, ich schob. Mitte des Weges legte sie sich hin und verendete.

Noch aber hatten die Elemente sich nicht ausgetobt. Unheimliche Schneemassen fielen täglich vom Himmel. Selbst bei Nacht hörten wir das Brausen und Dröhnen der Lawinen nach Obertilliach herein. Und dieser unausgesetzten Vernichtungswut konnten auch die Stützen der zwei Seilbahnen nicht entgehen, sie wurden weggerissen. – Die Besatzung der Stellungen war abgeschnitten. Mit Trägerkolonnen war's nicht zu schaffen. Metertief blieben die Wege verweht und verschüttet. Darüber hin sausten die Lawinen und zerstörten von Grund auf die Telefonleitungen und hinderten jeden Versuch ihrer Instandsetzung. Und weiter fielen die großen Flocken.

Noch blieb die Lage erträglich und unser Mut ungebrochen. Große Vorräte an Konserven, anderen Lebensmitteln und Holz waren in den Höhen aufgestapelt. Man konnte damit viele Tage auskommen. Doch das Schneegestöber tobte weiter. Da glückte es einigen Skiläufern der Höhenstellung, mit einer Meldung nach Obertilliach zu kommen: „Trotz Rationierung gehen die Vorräte zur Neige. Sie reichen nur mehr für zwei Tage".

Da musste gehandelt werden, und wenn es noch so gefahrvoll und anstrengend wäre. Rasch war ein Plan ausgedacht. In zwei Kolonnen wollten wir vordringen: Oberleutnant Zanker auf Schneereifen durch den dichten, sichern Wald in der Westflanke des Tilliachertales, um von dort vielleicht den Hauptkamm zu erreichen. Ich dagegen im Winklerbachtal.

Um sechs Uhr früh marschierten wir ab. O Wunder! Es hatte aufgehört zu schneien! Sterne leuchteten über uns und vor großer Kälte prickelten die Ohren. Sollte sich jetzt auf einmal das Wetter bessern? Sollte uns wieder das Glück zur Seite stehen?

Am Beginn des Seitentales spurten wir in seiner Flanke aufwärts, alle Waldblößen nach Möglichkeit ausnützend. Es bedurfte großer Anstrengung und Ausdauer, denn wir versanken bis über die Knie im grundlosen Pulverschnee. Nach einigen Stunden mühseligen Stapfens waren wir endlich an der Waldgrenze angelangt.

Nun wollten wir zur Höhe des Seitenkammes vordringen. Vorerst aber ward gerastet und der lang entbehrte Sonnenschein genossen.

Das Gelände wurde nun alpiner, felsiger. An manchen Stellen mussten wir die Skier abschnallen, Felsstufen überwinden, auf allen vieren aufwärts kriechen. Der Grat hatte nur einige Meter Breite, konnte daher als Nachschubweg nicht in Betracht kommen, er war nur für erfahrene Bergsteiger gangbar. Manchmal überraschten uns Wächten, die zur Umgehung zwangen, dann wieder drückte uns der unpassierbare Grat in den lawinengefährlichen Hang hinaus. Wehe dem, der sich da zu weit vorwagen würde. Kaum als ich das gedacht, brach einige Meter unter uns ein ausgedehntes Schneebrett ab. Kurz darauf war alles vorüber. Nur riesige Staubwolken wirbelten noch durchs Tal und ungeheures Getöse brauste über uns hinweg.

Bei Einbruch der Dämmerung war das Winklerjoch am Hauptkamm erreicht. Oberleutnant Rhomberg der vierten Kompagnie zeigte sich aufs freudigste überrascht. Umso mehr noch, als wir verschiedene Frontleckerbissen wie Sardinen, Schokolade usw. mitgebracht hatten. Auch die anderen Kameraden befanden sich in fröhlichster, sorgloser Stimmung. Wir im Tale hatten die Lage weit ernster angesehen. Ich konnte es der Besatzung jedoch nicht verübeln, dass sie den Sachverhalt gefährlicher schilderten.

Wir blieben bei Rhomberg über Nacht. Der Unterstand war recht geräumig und wohnlich, sogar mit einer Veranda versehen, ein untrügliches Zeichen der geringen Gefechtstätigkeit. Als ich mich telefonisch mit dem Tilliacherjoch in Verbindung gesetzt hatte, erhielt ich Mitteilung, dass Zankers Rekognoszierungsabteilung schon vor zwei Stunden eingetroffen wäre. Ihre Anstiegsstraße sollte nun hergerichtet und benützt werden.

Am nächsten Morgen durchwanderte ich die ausgeschaufelten Deckungen. Ein wunderbarer Tag umspannte die Landschaft. Weit hinunter ins Piavetal drang mein Blick, unbelästigt vom Gegner konnte ich all die Pracht bewundern. Wir trafen noch vormittags bei der rechten Flügelkompagnie ein und stiegen dann auf der neuen Wegstrecke zu Tal. Sie war vorläufig nur mangelhaft ausgetreten und an einer Stelle auch durch Lawinen gefährdet, doch blieb keine Wahl, ihre Benützung als Nachschublinie musste gewagt werden. Noch in gleicher Nacht kam die erste Trägerkolonne auf Schneereifen glücklich durch. Damit war ein schwerer Druck von uns gewichen, Grund genug, wieder einmal fröhlich zu sein.

Zu Obertilliach lag in Friedenszeiten eine Landesschützenkompagnie, als Unterkunft diente eine kleine Kaserne. In den Mannschaftszimmern des ersten Stockes wirkte jetzt unser Baonsarzt Dr. Zehentgruber mit seinen Hilfsorganen. Zu ebener Erde hatte man Offiziersmesse und Küchen untergebracht. Heute nun musste zur Feier des Tages ein feierliches Quodlibet mit allerhand Schabernack gelöffelt werden. Alle Messeteilnehmer wirkten kiebitzend mit. –

Die Witterung schien sich tatsächlich dauernd geändert zu haben, die Lawinengefahr verschwunden zu sein. Die gefahrvollen Stunden waren vorüber gezogen wie ein böser Traum. Nun konnte auch an die Herstellung der Seilbahnständer geschritten werden. Ende März nahm die Bahn wieder den Betrieb auf.

Da trat Tauwetter ein. Die Straße nach Kartitsch geriet in einen schauderhaften Zustand. Überall entstanden tiefe, einseitige Geleise. Sie wurden eine Qual für Mensch und Tier.

Einige hundert Leute arbeiteten wieder am Ausschaufeln der Straße und mühten sich Tag für Tag.

Ich benützte die Inspizierungsgänge, um bei dieser Gelegenheit auch meine Zähne reparieren zu lassen. In Kartitsch amtierte Dr. Löw als militärischer Zahnarzt. Ein tüchtiger Fachmann, ein fideler Gesellschafter und eifriger Sänger. Während Löw in meinen Zähnen herumbohrte, sang er irgendein Lied und ich summte die zweite Stimme dazu. Beiden war geholfen. Als ich wieder einmal zur Behandlung kam, lehnte ein alter Soldat am Marterpfahl. Elf Wurzeln hatte ihm Löw schon ohne Narkose gezogen, der Unterkiefer war eine einzige, blutende Wunde. Der Kranke wurde für später zur weiteren Behandlung bestimmt, er bestand jedoch auf sofortige Erledigung. Und so setzte Dr. Löw sein Werk wieder fort und zog unverdrossen noch sechs Stiften heraus. Wie Dolomitenzacken waren sie im Zahnfleisch gesteckt. Ich sah mit Grausen der blutigen Arbeit zu, der Patient jedoch blieb frisch und munter. –

Flinke Wässerlein eilten allüberall zu Tal. Die Gail floss ungestüm und brausend dem Kärntnerland zu. Frühlingsahnen kam gezogen. Tausendfaches Leben rührte sich unter der Schneedecke, durchbrach den eisigen Panzer und strebte der Sonne zu. Manche Blümlein schossen hervor, als wollten sie Bergeshöhe erreichen. Und die Tiere spürten ewig junge, neu erwachte Triebe, das frühlingshafte Verlangen nach Fortpflanzung.

An der Front aber nicht Liebe, sondern Hass. Nicht Auferstehung, sondern Verderben für ungezählte Tausende.

Ich bekam Befehl, eine Alarmkompagnie aufzustellen, um für alle Fälle die Gefechtsstärke Obertilliachs zu heben. Die hier konzentrierten Abteilungen, ob Infanterie, ob Artillerie oder Train mussten ihre verfügbaren Mannschaften beistellen. Daraus entstand eine Kompagnie mit mehr als 250 Mann. Wir sammelten uns am Ortsausgange. Warum beschoss uns die italienische Artillerie nicht? Sie konnte doch mit ihren starken Gläsern jeden Mann sehen?

Unheimlich schnell schmolz der Schnee. Schon wurden einzelne besonnte Hänge und Wiesen aper. Schneeglöckchen steckten vorwitzig ihre Köpfchen heraus, Palmkätzchen umsäumten das Ufer der Bächlein. Da erhielt die in Obertilliach liegende zweite Kompagnie des Baons ihren Abmarschbefehl. Sie war zur Kompagnie nach Südtirol bestimmt.

Damit wurde das Gerücht Wirklichkeit, das uns schon seit Wochen Gesprächsstoff geliefert hatte. Herrgott, gib unserm Heer den Sieg! Lass es aufflammen im heiligen Zorn! Gib ihm Mut und Kraft und Zuversicht, auf dass es die eiserne Umklammerung zerschlage, die unsere hasserfüllten Feinde um uns geschmiedet!

Am 30. März zog die Kompagnie ab. Ihr Wegkommen ging mir sehr nahe; viele Monate hatte ich in ihren Reihen gedient. Mit Wehmut drückte ich nun den

Kameraden Höpperger und Dr. Kariegl die Hand und nahm Abschied von der getreuen Mannschaft. –

Auf den Höhen donnern die Geschütze und leiten den Frühling ein. Feindliche Patrouillen treiben sich des Nachts vor unseren Hindernissen herum. Kein Tag vergeht, ohne dass im Friedhof zu Obertilliach Leute unseres Baons begraben werden.

Nun beginnen auch wir den Gegner zu beunruhigen. Die Südtiroler Offensive muss durch derlei Aktionen verschleiert werden. Am 8. April dringen gleich vier starke Offizierspatrouillen gegen die feindlichen Linien vor. Im Schutze der Nacht schwärmen sie aus. Die eine verfehlt aber in der großen Dunkelheit ihre Direktion, stößt knapp vor dem gegnerischen Drahtverhau auf die eigene Nachbarpatrouille. Beide sind der Meinung, Italiener vor sich zu haben und eröffnen ein wütendes Feuer. Die erschreckten Gegner feuern aus der Deckung, als sich endlich die Situation klärt, sind zwei Landstürmer tot und zwei schwer verwundet. –

Am folgenden Tag wollten wir unsere Rehe freilassen. Sie waren in der Gefangenschaft ganz zutraulich geworden. Oft hatten wir sie gefüttert und Freundschaft mit ihnen geschlossen. Nicht eines war eingegangen. Langsam wurde das Scheunentor geöffnet. Erstaunt schauten sie in die Freiheit. Ein kecker Bock drängte sich witternd aus dem Rudel, äugte ins Freie. Husch! Mit gewaltigen Sätzen stürzte er davon. Das ganze Rudel hinterdrein. Doch nicht weit! Bald blieben sie wieder stehen, sammelten sich, ästen, blickten zurück. Uns immer wieder zurückäugend, verschwanden sie langsam im nahen Wald.

Unsere Tage im lieben Obertilliach waren gezählt. Wir mussten weiter, einem unbekannten Ziele zu, und gingen recht schwer von diesen Leuten, die uns immer so liebevoll entgegengekommen waren. Wir hatten aber stets mit gleicher Münze zurückgezahlt, oft und oft Baonspferde zu Anbauarbeiten zur Verfügung gestellt und Mannschaften zu Hilfeleistungen aufgeboten.

In der Dunkelheit des 18. April kam das ungarische Trachombataillon 1/104 durch Obertilliach geschritten. Es durfte bei uns nicht einmal rasten, kein Offizier die Messe betreten. Gemieden ging es seinen Weg nach Untertilliach, denn jeder von uns kannte die große Ansteckungsgefahr.

Tags darauf wurde unser Baon abgelöst. Ich jedoch hatte schon in aller Früh Obertilliach verlassen und ward nach Sillian geritten, um fürs nachfolgende Bataillon Quartier zu machen. Als es dort am Abend eingetroffen war, eilte ich weiter nach Innichen, um dort die gleichen Vorbereitungen zu treffen. Vom Brigadekommando waren mehrere Ruhetage versprochen, die sollten wir dort verbringen.

Als ich alle Arbeiten erledigt hatte, bummelte ich durch den großen Ort und freute mich schon auf die stillvergnügten Gesichter der Kameraden, wenn sie ihre guten Quartiere sehen würden. Innichen hatte seinen schönsten Frühlingsschmuck angelegt. Blühend und duftend rüstete es zum Empfange. Beruhigt ging ich dem Bataillon entgegen, bald musste es am Ortseingang eintreffen.

Am Col di Lana

Da, auf einmal! Was hör ich? Wie das gurgelnde Heulen einer Granate klingt's. Muss ein Irrtum sein! – Und doch! Ein schweres Geschoß fährt heran, krepiert neben dem Bahngeleise mit mächtigem Getöse! Die Bewohner springen aus den Häusern, starren entsetzt in die hoch aufsteigende Rauchfontäne.

Woher kommt das Geschoß? Innichen liegt doch geschützt vor den Blicken des rücksichtslosen Gegners? – Da pfaucht schon die zweite Granate durch die Luft und schlägt wieder in nächster Nähe des Bahnkörpers ein. Mit unheimlicher Regelmäßigkeit geht`s nun so weiter, bis die Abendstunden Ruhe bringen.

Bei Misurina standen die schweren Steilfeuergeschütze, der italienische Beobachter saß auf einer Felsenzacke des Monte Cristallino. Was die Gegner mit ihren groß angelegten Angriffen nicht erreicht hatten, die Pustertalbahn zu zerstören, das versuchten sie nun mit Artillerie. –

Da flüstert es von Mund zu Mund: „Der Col-di Lana-Gipfel wurde von den Italienern gesprengt, unsere Besatzung getötet oder gefangen!" Die Nachricht erfasst Militär und Zivil, versetzt alles in Bestürzung und Schrecken. Der Col di Lana in italienischen Händen? Der Blutberg, an dem sich die Gegner seit Jahresfrist mit unerhörter Aufopferung verbissen, Regiment um Regiment über seine blutgetränkten Hänge gehetzt hatten? Für dessen Behauptung so viel tausend Österreicher ihr Herzblut vergossen? Ist's Wirklichkeit?

Ja, es war Wirklichkeit. Sie zerstörte unsere Frühlingsgedanken von Grund auf und brachte uns Tage voll unsäglicher Qual. Tage des heldenmütigsten Opfermutes; wundersam strahlend in beispielloser Pflichterfüllung und Heimatlieb. Tage, in der unsere Landstürmer reihenweise dahin starben, im heißen Ringen von Mann zu Mann, im rasenden Wüten des Materials. – Das Baon rastete wegen der Beschießung außerhalb Innichens. Wir Offiziere aber sammelten uns im Gasthause Hellenstainer und besprachen mit ernsten Gedanken die neue Lage. Jeder ahnte, was ihm bevorstünde. Denn unser Baon kannte seit Kriegsbeginn das Gebiet um den Col di Lana, war kampferprobt und sofort verfügbar. Als Pustertalbaon würde es für seine engere Heimat sein Bestes geben. Dies alles wusste auch Divisionär Goiginger in Bruneck. Sein Befehl, sogleich auf den Col di Lana abzugehen, konnte uns nicht mehr überraschen.

Am Abend sollten die Kompagnien einwaggoniert werden. Bruneck war ihr Ziel. Nur die Dritte erhielt vorläufig eine andere Bestimmung. Ich wurde ihr zugeteilt. Zu Mittag marschierten wir ab. Zunächst nach Toblach und dann südwärts gegen Schluderbach. Über unsere Köpfe hinweg zogen die schweren Granaten, Innichen zu. So deutlich ließ sich ihre Fahrt verfolgen, dass ein Neuling meinen könnte, es müsste das mächtige Geschoß auch zu sehen sein. So zogen wir am stillen Toblacher See vorbei, und die Prachtgestalt des Monte Cristallo stieg vor uns auf.

Bei Landro, im Schutze einer mächtigen nassen Felsenwand, stand ein größeres Barackendorf, das Lager „Nasswand". Unser heutiges Ziel. Wie lange hier unser Bleiben sein sollte, wussten wir nicht, wussten nur, Reserve für die zwischen

Cristallo und Rote Geißel liegende Rufredostellung zu sein.

Unsere Unterstände sahen recht sauber aus, zeigten sich jedoch vollständig verlaust. Ich hatte in den vergangenen Monaten schon mehrmals solchen Besuch bekommen, war aber immer nur für wenige Tage Hausherr und Nahrungsspender geblieben. Häufiges Wäschewechseln und Tragen von Seidenhemden, wie es Fronterfahrung empfahl, hatten mir stets längeres Leiden erspart. Diese Nacht jedoch war es arg. Ich warf mich nach links, nach rechts, kratzte mich unten, dann oben. Endlich zündete ich Licht an und suchte meinen Körper ab, wie man etwa auf der Landkarte Orte ausfindig macht. Es nützte nichts. Solange Licht brannte, gaben die Luder Ruhe, bei Dunkelheit aber ging's wieder von vorn an. Der bescheidene Trost nur blieb, dass mein neuer Kompagniekommandant Rhomberg auf dem Nachbarstrohsack die gleichen Manöver aufführte.

Als wir uns in der Früh ordentlich ausgeschimpft und über das gemeinsame taktische Vorgehen gegen die Läuse geeinigt hatten, kam der Lagerkommandant, ein aktiver Hauptmann, bei der Tür herein und meinte: „Was, noch hier? Ich hätte gedacht, ihr seid schon in der Nacht eingesetzt worden. Da vorne stinkts. Ruthenen, Tschechen!"

Für uns blieb zunächst der Läusefang aktueller. Mein Diener war ein großartiger Kerl, eine Großmama nach der andern zog er aus den Nähten heraus und machte ihr mit sadistischer Lust den Garaus. Hierauf warf er alles Stroh heraus, suchte auch den Strohsack gründlich ab und schwor: „Heute Nacht wird Ruhe sein!"

Bei einbrechender Dunkelheit ging ich mit Rhomberg taleinwärts. Ein kleiner Orientierungsgang konnte nicht schaden. Wir kamen bei der zerschossenen Sperre Landro vorbei und standen bald vor einem wüsten, großen Trümmerhaufen, vor dem ehemaligen Hotel Landro. Vor kurzem noch ein gut besuchtes Haus, mit prachtvoller Aussicht auf Cristallo und Drei Zinnen, musste es bei Kriegsbeginn von den Österreichern gesprengt werden, um das Vorfeld der Sperre zu lichten.Noch ein kurzes Stücklein, dann standen wir in Schluderbach, vor dem zerstörten Hotel Ploner. Darüber hinweg schob ein feindlicher Scheinwerfer sein fahles Licht. Unwillkürlich drückte es uns zu Boden. Wir gingen weiter durch den schütteren Wald, bis zur zweiten Stellung. Zu unserer Linken stiegen düster und drohend die steilen Schrofen des Monte Piano in den schwarzen Himmel, zu unserer Rechten die vielen Zacken des Cristallino und Cristallo.

An diesem Abend legten wir uns frühzeitig auf das Stroh und hofften auf die versprochene Nachtruhe. Doch gleich begann wieder das Leiden und mit der Nachtruhe wurde es wieder nichts. Unausgeschlafen standen wir des Morgens auf. Und abermals fragte der Lagerkommandant: „Noch immer seid ihr da?" Ich glaube, er hätte auch am dritten Morgen in gleich hämischer Weise gefragt, wären wir noch bei ihm untergebracht gewesen. Die Kompagnie wurde aber eine Stunde später telefonisch alarmiert und wieder eine Stunde darauf mit einer Lastautokolonne ins Pustertal hinausbefördert. Dem Col di Lana zu.

In Bruneck war kurze Rast. Mitleidig sahen uns die Brunecker an. Dann fuhren wir weiter! Ins Gadertal hinein! Der Frühling verschwand. Die Wiesen wurden fleckiger. Covara lag noch im tiefen Winter.

Wie hatte sich dieser liebe Ort verändert! Baracke um Baracke umsäumte die Straße. Aufgeregt eilten Offiziere vorüber. Kolonnen trabten. Unsicherheit, Fieber überall zu bemerken. Sollte noch immer die Möglichkeit eines feindlichen Durchbruches bestehen?

Die Herren des Stabes empfingen uns mit scheinbarer Ruhe und Gleichgültigkeit, wie wenn das Feuerwerk am Col di Lana nur ein schönes Spiel wäre und der Aufenthalt in seinen Trichterfeldern nur ein Spaß. Insgeheim aber hatten schon alle ihre Koffer und Rucksäcke gepackt, sagte uns ein befreundeter Offizier.

Wir stiegen über die vielen Serpentinen dem Campolungosattel zu. Vom Col di Lana her drang das dumpfe Grollen der schweren Haubitzen. Es klang wie tiefes Glockengeläute, wie Osterglocken! Im Tale feierte man heute das Osterfest, Auferstehungsfest. Uns war just anders zumute.

Vor Campolungo zweigt ein schlechter steiniger Weg ab und führt zum Lager Incisa. Unterstände und Magazine stehen wüst durcheinander, schutzsuchend an den Hang gedrückt, einige jedoch drängen sich kokett in den Vordergrund. Eine große Labestation ladet zum Besuche ein. Zwei Labedamen sind eifrig bestrebt, die Wünsche ihrer Gäste nach Tunlichkeit zu erfüllen.

Nachher suchten wir unsere sauberen und netten Quartiere auf, hatten vor dem Aufstieg noch vierundzwanzig Stunden Galgenfrist. Die anderen Kompagnien unseres Baons waren schon in verflossener Nacht abmarschiert.

Als die Dämmerung sich hernieder senkt, treten die Col-di-Lana-Leute an. Mehrere hundert.Trainkolonnen und Russenabteilungen, Proviantkolonnen mit Tragtieren, Munitionskolonnen und dergleichen. Die verschiedensten Dinge mitführend, die der Frontsoldat für sich zum Leben, für den Gegner zum Sterben braucht. Alles schwätzt aufgeregt durcheinander. Doch Ruhe herrscht, als es zum Abmarsch kommt. Morgen wird auch unsere Kompagnie dabeistehen.

Ein einziger Nachschubweg leitet in die Kampfzone, er bildet für den Col-di-Lana-Abschnitt den Lebensnerv, nicht minder auch für die zwei angrenzenden Abschnitte Siefsattel und Col di Rode. Jägerweg wird er genannt; Kaiserjäger vom Col di Lana haben ihn ausgebaut und am meisten benützt. Er beginnt hundert Schritte oberhalb des Lagers Incisa und führt in Sicht des Gegners zwei Stunden lang über die sumpfigen Alpenwiesen der Prälongia dahin (Bild 13). Italienische Scheinwerfer jenseits des Cordevoletales legen jede Nacht ihr Licht auf den unheimlichen Weg. Diese Lichtkegel peitschen die Kolonnen ruhelos über den grundlosen Pfad und setzen sie ständig der Gefahr aus, von den feindlichen Ornella-Batterien überfallen zu werden.

Wortlos saßen wir beim Abendessen; unsere Gedanken standen schon am Col di Lana. Dann suchte ich die zugewiesene Schlafstätte auf, ordnete den Inhalt meiner Brieftasche, verbrannte am Kerzenlicht überflüssige Post und jene Briefe, die nur für mich allein bestimmt gewesen. Zum Schlusse schrieb ich einige Zeilen und steckte sie in die Tasche. Es waren Abschiedsworte.

Im öden, nervösen Zuwarten verging der nächste Tag. Das trübe Wetter pass-

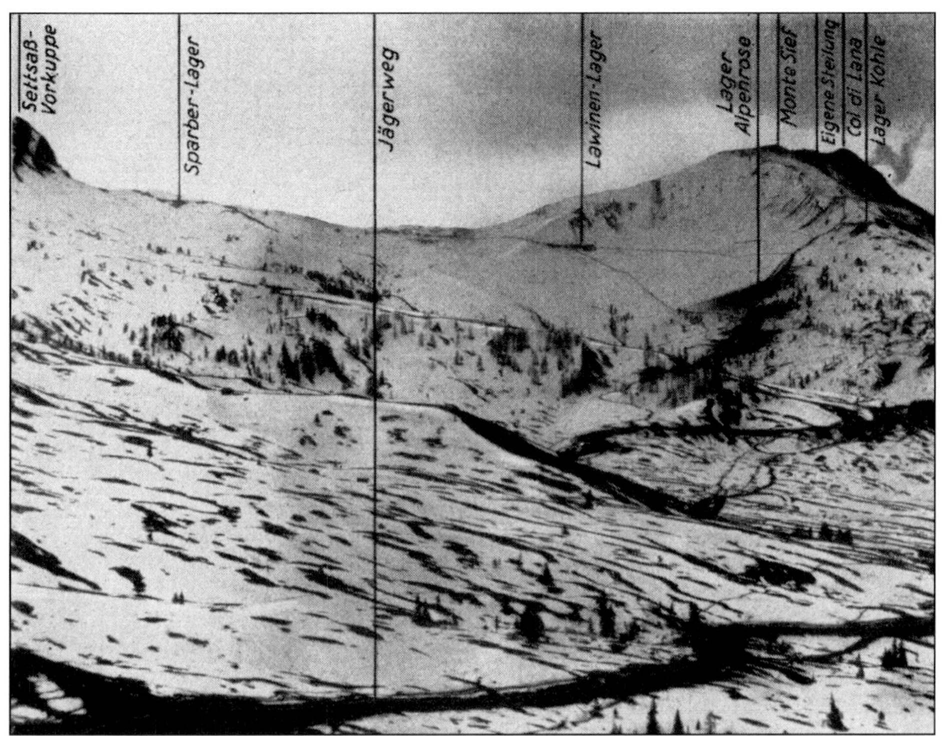

Bild 13: Col di Lana Gebiet

Links Settsaß-Vorgipfel, dann der breite Siefsattel, rechts Monte Sief, 2426 Meter, ganz rechts der Col di Lana-Gipfel. 2464 Meter. Nach Osten gesehen. Einige Stellungen über Siefsattel und Monte Sief, dann nach rechts hinunter. Im Vordergrund Prälongia mit Jägerweg.

te vorzüglich zu unserer Stimmung. Nasser Schnee fiel unentwegt zu Boden und tief herunter hing der Nebel. Die Wege wurden grundlos. Aus Langeweile besuchte ich die Labestation. „Vorsicht bei der Blonden", rief mir ein Kamerad unseres Trains zu. Doch mein Sinnen war keineswegs auf Liebesabenteuer und Liebesgeflüster gestellt. Immerhin fühlte ich große Enttäuschung, als ich dies scharfe, aber gut gemeinte Urteil hörte. Gerade diese Blonde mit ihrem rosigen unschuldsvollen Madonnengesicht war mir unnahbar und tugendhaft erschienen, ich hätte keinen Augenblick daran gedacht, dass auch sie unter die Räder gekommen.

Die Nacht warf ihre Schatten. Vergatterung! Wir traten an die Tete der endlosen Kolonne. Rechts um! Marsch! In Reihen durch den Nebel dahin. Nur ganz sanft stieg der Weg an. Tratsch bedeckte ihn. Wir wateten bis über die Knöchel. Die Straße war schmal, ursprünglich ein Bauernweg, für die im weiten Gelände der Prälongia liegenden Alpenhütten bestimmt. Wasser stand in den Fußstapfen und Pfützen, füllte die Löcher und Geleise. Gottlob, dass Nebel uns unsichtbar machte, der italienische Scheinwerfer ihn nicht durchdringen konnte.

Doch der Nebel wird dünner, hebt sich. Der undeutliche Schimmer des feindlichen Scheinwerfers wird kräftiger, unser Tempo schneller. Von hinten kommt der Antrieb, von den Trainkolonnen, die jede Nacht mit entsetzlicher Gleichmäßigkeit den Jägerweg hin- und zurückeilen. Sie trauen heute nicht dem Wetter, nicht den italienischen kavernierten Geschützen des Ornellarückens. Drum weiter, schneller! Tritt jemand einen Schritt vom Weg abseits, verschwindet er bis zu den Hüften im rötlichen Sumpf. Auch am Wege selbst sinken wir oft knietief in Dreck und Schneegemisch. Wie harmlos ist's aber heute, der Gegner schießt ja nicht.

Nach zwei Stunden ist endlich die Contrinschlucht erreicht. Der Hang beginnt nun steiler zu werden. In seinem Schutze sind wir dem Scheinwerfer entrückt. Gerade zur rechten Zeit. Schon liegt die sanft gewellte Prälongia nebelfrei vor unseren Blicken. Schimmerndes Scheinwerferlicht legt sich auf ihre Wege. Rote Glutströme brechen plötzlich hervor und das Höllengebrüll der italienischen Batterien beginnt.

Noch eine halbe Stunde aufwärts über den winterlich verschneiten Weg, dann waren wir im Lager „Alpenrose" angelangt, in einer Höhe von mehr als tausendneunhundert Meter. Die Unterstände lagen wirr durcheinander, ohne Zierde, ohne Putz! Nirgends eine sorgende Hand. Zweckmäßigkeit, Kampf und Unrast gaben den unfreundlichen Unterkünften ihr Gepräge. Viele Wände zeigten zersplitterte Löcher, die irgendein Granatsplitter heute, gestern oder vorgestern gerissen.

Die Offiziersmesse glich den andern kahlen Bretterbaracken. Auch ihre Wände waren zerfetzt. Seit der Col di Lana in Händen der Italiener, konnten sie den ganzen Hang übersehen und ihr Feuer leiten. Überdies stand gleich oberhalb „Alpenrose" eine österreichische Haubitzbatterie. Alle italienischen Weitschüsse, die auf diese abgegeben waren, trafen ins Lager. In „Alpenrose" lagen ein Bataillon Kaiserjäger vom zweiten Regiment, ein alpines Detachement, Artillerie, Trainkolonnen und Sappeure. Manchmal waren gleich zwanzig Offiziere in der Messe versammelt. So auch heute. Sie erzählten uns von der ungeheuren Sprengung des Gipfels, bei der eine ganze Kaiserjägerkompagnie vernichtet worden war. Sie schilderten, wie die Italiener nach der Besetzung des Gipfels den Angriff nicht weiter getragen hatten, anscheinend von Stolz und Freude über die gelungene Aktion erfüllt und in ihrer Kampfenergie gelähmt. Wie einfach und leicht hätten sie's aber gehabt. Der Grat war unbesetzt, unbesetzt auch der Monte Sief, weit und breit waren keine Reserven gestanden, alle verfügbaren Truppen waren in Südtirol zur Offensive konzentriert. Als die Gegner sich nach vielen Stunden zur Vorrückung entschlossen hatten, war der schmale Grat zum Monte Sief bereits von einer starken Kaiserjägerwache abgeriegelt und auch der Monte Sief selbst von Kaiserjägern besetzt. Doch die Italiener gaben ihre Ziele nicht verloren. Sie versuchten mit Einsatz stärkster Kräfte, die Siefspitze in ihre Hand zu bekommen. Wir kamen mitten in diese blutigen Kämpfe hinein.

Der Monte Sief erhebt sich mehr als vierhundert Meter über dem Lager. Fahles Scheinwerferlicht liegt auf seinem Gipfel. Feurige Garben durchschneiden das umliegende Dunkel. Ein grandioses Feuerwerk! Grell leuchten die schneebedeckten Hänge. Doch die Spitze selbst trägt keinen Schnee, Granaten fegten ihn hinweg.

Erst in den Morgenstunden schliefen wir ein, wurden jedoch bald wieder durch heftiges Geschützfeuer aufgeschreckt. Wo sollten wir hin, wo uns decken? Im Lager gab es keine Kavernen, es hatte sich der neuen Lage noch nicht angepasst. Ich erfuhr nie, ob diese erste Beschießung Verluste hervorgerufen hatte. Wer kümmerte sich überhaupt im Lager „Alpenrose" um einige Menschenleben? Hier war ernster, rücksichtsloser Krieg. Vor zwei Tagen erst waren einige Offiziere des Kaiserjägerbaons samt ihrem Baonskommandanten im Unterstande erschlagen worden. Heute sprach kein Mensch mehr davon.

Nun hatte sich das Kommando den einzigen notdürftig gesicherten Punkt als Aufenthaltsort gewählt, er lag zwischen Siefspitze und „Alpenrose". Dort zog sich eine Felsrippe vom Gipfel gegen das Lager zu und bot Platz zum Einbau einiger mächtiger Kavernen. In die eine stellte man den Kommandounterstand. Darin hauste unser neuer Baonskommandant, Hauptmann Vlasic, zugleich Befehlshaber des Col-di-Lana-Abschnittes. Um diese Kaverne entstanden bald weitere Unterstände. Köhle hieß die Ansiedlung, nach ihrem Erbauer, Leutnant Köhle, so benannt. Wir stiegen vormittags hinauf, um Instruktionen zu holen. In jeder Minute schlug indes mindestens eine Granate ins Siefmassiv. Vlasic meinte: „Heute ist ein ausnehmend ruhiger Tag".

Er zeigte uns seine Skizzen. Aus ihnen war ersichtlich, wie herausfordernd sich die Doppelpyramide Col di Lana – Monte Sief in die italienische Linie vorschob, ausgezeichnete Beobachtungspunkte abgab und die ganze italienische Nachschublinie bis zum Alleghesee hinunter beherrschte.

Vor Köhle lag ein großes Kar, noch tief mit Schnee bedeckt. Aus ihm erhob sich die massive weiße Gestalt des Siefs, mit seiner stumpfen schneefreien Spitze. Nach Norden zu zog der flache Siefsattel, dann folgten die wildzerklüfteten Felsen des Settsaß. Und jenseits dieser Zacken lag Valparola, das mir die ersten tiefen Kriegserlebnisse eingehämmert hatte.

Die drei Kompagnien des Baons (die zweite stand in Südtirol) vergatterten sich, als es Abend geworden. Sie mussten die Kaiserjäger ablösen. Schwerste Kämpfe standen uns bevor. Sie erforderten den Einsatz unserer ganzen Person. Mein Kompagnieführer Rhomberg, ein seelensguter Mensch, sollte nun hundertfachen Tod in die italienischen Reihen schleudern.

Die Kompagnie erhielt zunächst den rechten Flügel der Siefstellung zugewiesen. Er war noch der ruhigste Abschnitt, wenn man am Monte Sief überhaupt von Ruhe sprechen konnte. Ein tiefer Laufgraben führte von Köhle aus nach vorne. Der Kampfgraben selbst lief vor der früher genannten Felsrippe und hatte etwa vierhundert Schritte Ausdehnung. Vor seinem rechten Flügel lagen einige Feldwachen. Sie hielten zugleich Verbindung mit dem tiefer postierten Nachbarabschnitt Col di Rode, in dem auch ein Baon Kaiserjäger stand.

Das Terrain vor unserer Deckung zeigte sich flach und tief verschneit. In einer Entfernung von einigen hundert Schritten standen die Italiener, in einem Schützengraben, den ihnen die Österreicher gegraben hatten: Die Hauptstellung, Rothschanze geheißen, hatte vor der Sprengung über den Steilhang des Col di Lana zum Col-di Rode-Abschnitt geführt, musste aber nachher aufgegeben werden und ward sogleich von den Italienern besetzt.

Nach links zu stiegen Gelände und Graben nur sanft an. Dort stand die Mittelkompagnie. Daran reihten sich die steilen Schrofen des Monte Sief, dessen Spitze von der linken Flügelkompagnie besetzt war. Drei Kompagnien bildeten also die Besatzung des Monte Sief, sie wurden jeweils nach vierundzwanzig Stunden abgelöst und dann auf vierundzwanzig Stunden Ruhe ins Lager „Alpenrose" beordert.

Unsere Schützengräben waren im jämmerlichsten Zustand. Schneedeckungen, kaum gegen Sicht schützend, keinesfalls gegen Granaten, und nur einen Meter tief. Der ausgeschaufelte Schnee, vorne hingeworfen, diente als Brustwehr. Einige Dezimeter war man bisher in den gewachsenen Boden gedrungen. An vielen Punkten auch dies nicht. Warum aber war nicht vorher gegraben, nicht vorher schon eine zweite Stellung, über den Monte Sief laufend, vorbereitet worden? Es schien, als hätten alle früheren Kommandos nie an die Möglichkeit gedacht, dass der Col di Lana jemals verloren gehen könnte.

Ich führte einen Zug, besaß aber als älterer Oberleutnant besondere Rechte. Als ich nun in Stellvertretung Rhombergs die Stellung inspizierte, überblickte ich gleich den ganzen Jammer.

Bei Nacht standen drei Züge im Schützengraben, der vierte schlief als Reserve in einer Baracke zu Köhle. Bei Tag war es umgekehrt. Im Morgengrauen fand jeweils die Auswechslung statt. Bei den zwei andern Siefkompagnien wurde es in gleicher Weise gehandhabt. Jener Zug, der bei Tag im Graben gestanden, hatte gewöhnlich die schwersten Verluste aufzuweisen.

Wir machten uns gleich an die Schanzarbeit. Scheinwerferlicht strich dabei über den Graben hinweg. Schon sausten einige Lagen Granaten heran. Wir warfen uns der Länge nach zu Boden, in die nasse Grube, die sich jeder selbst gegraben hatte.

In der Mitte der Deckung lag ein großer Felsblock, der einzige der Stellung, hinter ihm lockte ein kleiner neuer Unterstand; er diente den Zugskommandanten und Telefonisten als Aufenthalt.

Langsam verging die Nacht. Zum Teil verbrachte ich sie im Graben, zum größeren Teil in Köhle. Endlich rückte der Morgen an und damit auch die Zeit der Auswechslung. Fähnrich Kaut hatte mit seinem Zuge Tagdienst. Mühsam und beschwerlich war's da draußen, kriechend musste man sich bei Tag fortbewegen oder auf den Grabenboden setzen. Wehe, wenn sich jemand zeigen würde! Sofort kamen die Kugeln aus der Rothschanze herangeschwirrt.

Indes trommelt der Italiener auf die Spitze. Mit durchwegs schwerem Kaliber. Die Splitter fliegen zu uns herunter.

Dann kommen auch wir dran. Die Ornella-Batterien rühren sich. Furchtbar brüllt es auf! Wolken von Schnee und Steinen und Eisen umhüllen uns. Unheimlich gut schießen die Italiener. Viele Geschosse bersten im Graben. Das Ziel ist auch zu deutlich. Wie ein dunkler Streifen zieht sich die Verteidigungslinie durchs weiße Schneefeld. Sanitätsleute laufen mit der Bahre zum linken Flügel, gegen die Mittelkompagnie zu. Drei Mann sind getroffen; einer tot, die zwei andern schwer verletzt. Einige Minuten vorher hatte ich noch mit ihnen gesprochen. Im Laufschritt eilen die Sanitäter durch das Feuer, von den Maschinen- und Handgewehren aus der Rothschanze verfolgt. Unausgesetzt schlagen die Kugeln in den Schnee, doch glücklicherweise bleibt es bei den ersten Verlusten. – Das Feuer verebbt. Menage kommt, wird kriechend verteilt und sitzend verzehrt. Die Leute reißen schon wieder ihre Witze, vergessen für kurze Zeit alles Elend. Abends im Unterstand ist dann Gelegenheit, von den Toten, von Treue und Kameradschaft zu sprechen.

Um acht Uhr löste uns eine Kompagnie Kaiserjäger ab. In der Offiziersmesse zu „Alpenrose" trafen wir die Baonskameraden. Es war zwar strengstens verboten, in diesem gefährdeten Raum die Mahlzeiten gemeinsam einzunehmen, doch niemand kümmerte sich um diesen Befehl.

Am nächsten Morgen krepierten wieder die Granaten um der „Alpenrose" und Schrapnellkugeln prasselten auf unser ungeschütztes Dach. Einige schlugen auch durch, doch ohne Schaden anzurichten. In unmittelbarer Nähe krachten und splitterten die Balken. So sah die Ruhezeit in „Alpenrose" aus. Am Abend marschierte meine Kompagnie auf die Siefspitze. Von Köhle aus hatten wir noch etwa hundertfünfzig Höhenmeter zu überwinden.

Der Weg führt zunächst der Felsrippe entlang, überschreitet sie dann und leitet, vollkommen der Feindessicht preisgegeben, steil zur Spitze. Da fasst uns der italienische Scheinwerfer. Wir werden unruhig, ängstlich, sind noch nicht an sein Licht gewöhnt. Erwarten aufflammendes Geschützfeuer. Unwillkürlich steigert sich das Marschtempo.

Wir wurden ähnlich beruhigt wie Abschnittskommandant B. in Corvara, der vor einigen Tagen am Campolungopass plötzlich in Scheinwerferlicht geraten war. Erschreckt hatte er sich in den Straßengraben geworfen und gewartet. Geraume Zeit nachher kam sicheren, ruhigen Schrittes ein Landstürmer unseres Baons vorbei. Er sah den am Boden Liegenden, kannte ihn nicht und rief ihm zu: „Schtoanösl, balsch d`moanscht, dass da Liachtwerfa ausgeaht, konnscht bis morgn frúah wartn! Schteah auf, dumms Luada!" Nun stand B. wirklich auf. Zeigte sich in seiner ganzen Größe dem überraschten „Puschtertaler". Der aber lief, wie er noch nie in seinem Leben gelaufen. –

Wir kommen nun in den schneelosen Teil des Gipfels. Aufgerissen und zerfurcht, Erde und Steine durcheinander, zeigt er sich unsern Blicken. Ein neuer, seichter Steingraben führt über die stumpfe Spitze, er hat kaum einen Meter Tiefe. Wir sind sehr froh darum, hatten uns ja noch weniger erwartet. Nach links hinunter, dem Siefsattel zu, läuft ein ähnlicher Graben durch den Schutt. Hundert Schritte dieser Deckung gehören noch zum Rayon der Gipfelkompagnie. Zu unsern Füßen versinken die unheimlichen Ostabstürze des Siefs, und nach rechts zieht sich der gefürchtete Grat zum Col di Lana.

Er ist einige hundert Schritt lang. In seiner Mitte, auf Kote 2387, steht unsere Feldwache. Es ist jene tiefste Stelle, die noch nach der Gipfelsprengung von den

Kaiserjägern besetzt werden konnte, ehe der Gegner an seinen Vormarsch dachte. Diese Feldwache ist in einer kleinen Felsenhöhle postiert; vor ihrem Eingang liegt ein Felsblock und gewährt notdürftigen Schutz. Ein Dutzend Verteidiger hat in der Höhle Platz. Doch wird Tag und Nacht gemeißelt, um den Raum zu erweitern. Die Wache ist ganz auf sich selbst gestellt, denn der Grat liegt bei Tag im schwersten Feuer, Verstärkungen vorzubringen ist unmöglich.

Diese Gratwache wird mit Freiwilligen besetzt. Weit mehr Leute als notwendig melden sich. Jeder behängt sich vor dem Abmarsch mit Handgranaten. Das sind die Hauptwaffen da draußen: Handgranaten und Bajonett. Ruhig liegt der Grat vor uns, nur selten kommt ein Geschoß heran. Ich gehe mit.

Links und rechts drohen die tiefen Abgründe. An manchen Stellen zwängen sie den Grat auf Meterbreite zusammen, dann wieder gestatten sie ihm einen Meter mehr. Über Felsblöcke, über Scharten steigen wir, durch die gespenstig das Scheinwerferlicht lugt. Dann geht es steil abwärts zum Felsblock, hinter dem uns schon die Kaiserjäger zuwinken. Schnell springen wir in seinen Schutz, denn dieser letzte Teil ist stets am meisten beschossen.

Einige verwundete Kaiserjäger kauern auf dem Boden der natürlichen Kaverne. Sie hat ungefähr zwei Meter Länge, nicht ganz soviel Breite. Werkzeug und Munition liegen bereit. An den kahlen Felswänden meißeln zwei Sappeure, zu ihren Füßen hockt der Telefonist.

Der Grat vor dem Felsblock ist eben, erdig und zirka drei Meter breit. Ein niedriges Steinmäuerl riegelt ihn ab; in seinem Schutze knien zwei Posten. Fünfzig Schritte etwa zieht sich dieses flache Gratstück hin, daran schließt sich der Gipfel des Col di Lana.

Um dieses kurze Gratstück wurde mit beispielloser Wildheit und unerhörtem Opfermut gekämpft. Viele hundert Menschen verbluteten dort. Ein Kriegsschriftsteller nannte es die Thermopylen Österreichs und schrieb: „Hier ward ein Heldentum vollbracht, vielleicht an der einen oder andern der tausend Fronten des Völkerkampfes erreicht, an keiner aber übertroffen" Diese Stellung war von schicksalhafter Bedeutung, nicht nur für unsern Abschnitt, sondern für die ganze Tirolerfront.

Ernsten Gedankens blickte ich zum Col di Lana empor und beobachtete beim Aufblitzen der Granaten den feindlichen Laufgraben des Gipfelaufbaues. Italienische Köpfe sahen aus ihm heraus. Nebenan bemerkte ich einen dunklen Fleck; es war der Eingang in die alte österreichische Kaverne; Kaiserjäger hatten darin auf die Sprengung und auf ihren Tod gewartet.

Auf einmal gellen uns Kugeln entgegen, schlagen in die Felsen um uns, ein Maschinengewehr, kaum hundert Schritte entfernt, beginnt sein Hämmern. Minen krepieren ein oder zwei Meter vor unserm Loch, sie kommen vom Col-di-Lana-Gipfel. Wir hatten wohl zu laut geflüstert.

Als es wieder ruhig geworden, schlich ich über den Grat zurück. Nur langsam kam ich weiter, oft auf allen vieren. Links und rechts drohte der Tod. Wie entsetzlich müsste erst das Kriechen sein, wenn Granaten über den Grat fegen!

Etwa siebzig Schritt vom Siefgipfel entfernt stand die Baracke unserer Reserve, einige Meter höher gegen die Spitze der kleine Offiziersunterstand. Dächer und Rauchfänge lagen in Sicht der Ornella-Batterien, es durfte daher bei Tag nicht geheizt werden, um Unbewohntheit vorzutäuschen. Eigentlich eine unnotwendige Maßnahme, denn täglich kreisten italienische Flieger über der Spitze, die uns aus- und einspringen sahen. Zahllose Granaten schlugen auch in unmittelbarer Nähe der zwei Unterstände ein. Waren sie nun auf diese gezielt oder hatten sie der Spitze gegolten. Ein Stäubchen Schnee blieb um die Unterkünfte liegen.

In der Gipfelstellung arbeiteten Sappeure. Sie erschienen, war die Dunkelheit angebrochen, und verschwanden bei Tagesanbruch wieder ins Lager „Alpenrose". Wir schätzen ihre Grabenarbeit ungemein hoch ein, wenngleich sie oft im nächsten Feuer schon vernichtet wurde.

Heftige Feuerüberfälle schreckten uns während der Nacht, verursachten einen schauderhaften Lärm, verliefen jedoch ohne Verluste. An Schlaf schien auch zu den andern Stunden niemand zu denken. War nichts los, so wartete man eben, bis etwas los wäre. Mich traf dieses Zuwarten mit doppelter Wucht. Die Kameraden verqualmten eine Zigarette nach der andern in endloser Kette, als Stimulanz. Und die Mannschaft rauchte ihre Pfeifen. Ich aber war Nichtraucher. Auch der Alkohol konnte mir nicht als Betäubungsmittel dienen, mich ekelte immer mehr davor. Meinen Kameraden ging es auch in dieser Hinsicht besser. Einer hatte stets eine große Flasche Wein neben sich stehen. Automatisch griff er nach ihr und kam so leichter über die furchtbaren Stunden hinweg.

Die Sonne stieg endlich hinter den Cortineser Bergen herauf. Drüben auf der Marmolada begannen die riesigen Firnfelder zu leuchten. Es war fünf Uhr. Da dröhnten hundertfünfzig italienische Geschütze zugleich los. Im ungeheuren Bogen umstanden sie den vorspringenden Monte Sief, beschossen uns nicht nur frontal, sondern auch aus Flanke und Rücken. Vom Chinque Torri und Monte Pore`, von Ornela, Toront und vielen andern Bergen richteten sich die Geschützschlünde konzentriert auf uns.

Herr im Himmel! Solch Feuer hatte ich noch nie erlebt. In jeder Sekunde einige Einschläge. Die einzelnen Explosionen waren nicht mehr zu unterscheiden, nur die ganz schweren konnten sich noch bemerkbar machen. Es war ein ununterbrochenes Rollen und Krachen, Pfeifen und Wimmern. Und wir saßen mitten drin, mit bleichen Wangen, stieren Augen, zitternden Händen. Dieses furchtbare Zuwarten! Wahnsinnig könnte man werden!

Mein erstes Trommelfeuer! Der Lärm ist unbeschreiblich. Ich spürte den unwiderstehlichen Drang, die Ohren zuzuhalten. Doch nein, ist mir noch entsetzlicher. Wir starren in die Luft und warten und sterben tausendmal. Der eine raucht und qualmt, was nur herausgeht, der andere trinkt. Und ich habe nichts. Baonskommandant Vlasic ruft an. Einige Worte höre ich noch, dann ist die Leitung abgeschossen. Die zur Gratfeldwache ist schon lange hin.

Die Italiener trommeln weiter. Nun kommt wieder eine ganz Schwere heran. Die ist´s! Ein ungeheures Tier mit riesigen Schwingen! Nein! Einige Meter nebenbei. Ich frage Rhomberg: Wie spät ist's? „Acht Uhr", meint er. Ich schätze auf neun. Rhomberg schaut und sagt: „Fünf Uhr dreißig."

Wortlos sitzen wir beisammen. Wenn der Tod in solcher Nähe steht, fallen alle Phrasen ab wie Zunder.

Ich eile hinaus, es kostet mich unsägliche Überwindung, springe im schärfsten Galopp durch den zerwühlten, aufgeackerten Graben. Zwei Sanitäter ziehen einen Verschütteten aus dem Schutt, der nächste Beobachtungsposten ist auch zerfetzt. Ein Zugsführer stellt neue Posten auf. Wie wenn er in seiner Pustertaler Heimat zum Nachbar ginge, schreitet er in den Tod hinaus.

Um zehn Uhr wird das Feuer schwächer, um elf Uhr ist es gestorben. Die Italiener gehen zum Mittagtisch. Sie speisen heute früher, da sie auch früher mit der Arbeit begannen.

Unsere Telefonisten flicken an den Leitungen. Die Gratfeldwache meldet: „Alles in Ruhe." Auf sie war kein Schuss gefallen. Sie ist überrascht, als wir ihr nur drei Tote und vier Schwerverletzte melden. Auch uns ist es kaum glaubhaft.

Pulverrauch und Schwefelgestank erfüllen die Luft. Zum Speien! Gelbliche Schwefelrückstände liegen um die Löcher. Nur langsam verziehen sich die schweren Schwaden. Die grandiose Bergwelt öffnet sich wieder unsern Blicken.

Noch immer Ruhe! Schon hoffen wir auf eine längere Pause. Lichte, frohe Lebensgedanken nehmen wieder schüchtern von uns Besitz. Da beginnt abermals das mörderische Feuer. Zwei Uhr ist's. Die Gratfeldwache meldet, dass es diesmal auch ihr galt. Dann ist wieder der Draht zerrissen. Auch die Leitung nach Köhle zerstört. Noch eine Stunde entsetzlichen Trommelfeuers, dann normale Beschießung. Ich schaue in den Mannschaftsunterstand. Das Gelände um ihn ist steiler, daher ein wenig geschützter. Die Leute der drei Reservezüge rauchen ihre Pfeifen, sitzen ernst auf den Bänken herum, denn der Nachmittag hatte wieder drei Kameraden aus ihren Reihen geholt.

Die Abendschatten kriechen aufwärts. Das Feuer verstummt. Wir heizen den Ofen, kochen dampfenden Tee. Freuen uns auf die baldige Ablösung. Plötzlich ruft die Gratwache an: „Italiener sammeln sich an den Hängen des Grates, von der Rothschanze herauf. Wir hören ihr Flüstern, ihre Bewegungen. Kaum zwanzig Schritte sind die ersten entfernt."

Ich denke sofort an die gestrige Rekognoszierung, bei der mir einige steile Rinnen gezeigt wurden. Sie führen von der Rothschanze durch die Schroffen zum Grat und sind ohne große Schwierigkeiten gangbar. Da also kommen die Italiener herauf?

Gleich darauf meldet wieder der Telefonist: „Auch im Laufgraben zwischen Grat und Col di Lana sammeln sie sich in dichten Massen". Schnellstens wird die Meldung nach Köhle weitergegeben, mit der Bitte um Sperrfeuer. Da ruft der Telefonist abermals: „Die Italiener stürmen mit lautem Geschrei auf uns ein."

Zugleich beginnt unser Sperrfeuer. Wie kläffende Hunde stürzen sich die Granaten auf den Col-di-Lana-Gipfel, indes die Italiener auf das armselige Häuflein Verteidiger vordringen. Dichtgedrängt springen sie heran, füllen den schmalen

Grat. Handgranaten flammen auf, bersten mitten unter ihnen. Links und rechts fallen die Getroffenen in den schaurigen Abgrund, reißen andere mit. Unsere Gewehre schleudern Blitze! Das Maschinengewehr mäht und erntet! Dutzendweise stürzen die Italiener zu Boden, doch die Überlebenden erreichen unsere Steinmauer. Da zerreißen Bajonette ihre Brust, zerhämmert der Kolben den Schädel. Sie fallen, wanken, flüchten. Handgranaten zischen noch in die flüchtenden Massen. Gewehrkugeln verfolgen sie durch das Dunkel, jagen alles in unser Sperrfeuer hinein. Die Stätte ist mit Toten und Verwundeten übersät. Das Werk einiger Minuten.

Unser mächtiges Sperrfeuer verstummt, nun kommt das furchtbare italienische Vergeltungsfeuer. Tausend Granaten zerschellen am Grat und auf der Spitze. Im Augenblick ist wieder die Telefonverbindung zur Gratwache zerstört. Notsignale sind für diesen Fall vereinbart, drei rote Leuchtraketen; sie bedeuten: „Feindlicher Angriff. Bitte um Sperrfeuer".

Es lässt mir im Unterstand keine Ruhe. Ich muss Betätigung haben. Nur nicht mehr dies grässliche Sinnieren. Also hinaus, dem Grate zu. Auf, nieder! So, wie die einschlagenden Granaten es mir vorschreiben. Da schwirren uns italienische Kugeln entgegen, Kugeln vom Col di Lana; sie streuen den Grat ab, sperren ihn. Warum?

Über uns am Himmel ein schaurig-schönes Durcheinander. Kreuz und quer leuchten die feurigen Geschoßbahnen, glühen die abgesprengten Splitter. Plötzlich durchschneiden drei rote Raketen das Firmament. Notsignale unserer Gratwache! Jetzt geht's um alles. Rasch zurück! Ich springe über Felsstücke und gähnende Löcher, höre nicht das Granatengedröhn. Zum Telefon: „Gebt Sperrfeuer auf den Col di Lana!"

In diesem Augenblick begann am Grat der zweite Sturm. Die Italiener sprangen wieder heran, hinweg über die eigenen Toten und Verletzten. Unsere kleine Schar, durch Verluste noch kleiner geworden, hielt sich wunderbar, achtete nicht der italienischen Handgrananten und Gewehrkugeln, warf sich wieder tollkühn auf die Übermacht und brachte den eingedrungenen Haufen im Handgemenge zum Weichen. Darüberhin wölbt sich in furchtbarer Großartigkeit der feurige Himmel – unser Sperrfeuer.

Ich stand indes am linken Flügel, von wo ich eigenes Gewehrfeuer vernommen hatte. Italiener waren im Schutze ihres gewaltigen Artilleriefeuers über die steilen Schrofen angestiegen, wurden erst auf zwanzig Schritte Entfernung entdeckt und nun von unsern Tapferen angegriffen und verjagt. Sie verschwanden wieder wie Gespenster im Dunkel der Nacht, ihre Toten und Verwundeten mitschleppend.

Und unser Sperrfeuer geht weiter! Auch die Nachbarabschnitte helfen mit. Eine urgewaltige Schlachtensymphonie erfüllt uns, hebt unsern Mut und stärkt das Vertrauen in die eigene Kraft. Es ist ein wunderbar schauriger Anblick! Wie riesige Leuchtkäfer durchziehen die feurigen Bogen den schwarzen Himmel. Berstende Schrapnells schütten glühenden Sprühregen. Der Col di Lana steht in Flammen.

Nun antworten wieder die Italiener, nehmen Rache für die zweihundert Toten, die sie der heutige Abend gekostet hat. Ein grauenhaftes Trommelfeuer hebt an und konzentriert sich auf die Siefspitze. Der Boden um uns kracht und brodelt und zischt. Wir sind schutzlos mittendrin. Alles Frühere war nur Einleitung für dieses furchtbare, elementare Vernichtungswerk. Und durch diesen beispiellosen Eisen- und Steinhagel kommt plötzlich die uns ablösende Kompagnie gelaufen. Von Köhle herauf, den Steilweg, in ununterbrochenem schärfsten Laufschritt. Vom Kommando als Hilfe gesandt. Bleich, keuchend, vollständig erschöpft, werfen sich die Leute in den Unterstand.

Eine ganze Stunde noch dauert dieses wahnsinnige Wüten. Eine Stunde qualvollster Todesangst. Dann wird`s ruhiger. Wir übergeben die Stellung, schlagen unsere Toten und Verwundeten in Zeltblätter ein und treten den Heimweg an. Nach „Alpenrose". Wie Träumende wanken wir durch Staub und Rauch.

Mir kam vor, ich stände schon hundert Jahre am Sief. So Furchtbares hatte ich in dieser kurzen Zeit erlebt. In der Offiziersmesse saßen wir teilnahmslos herum. Keinen Bissen konnte ich essen, keinen Schluck trinken. Ich ging bald in meinen Unterstand. Lange lag ich noch wach und die Gedanken blieben lebendig: Neunzehn Tote und Schwerverletzte hatte die Kompagnie heute verloren.

Tag um Tag verrann. Jeder brachte neue Kämpfe, neue Not und neues Sterben. Die Kompagnien wechselten zwar Turnusweise ihre Stellungen, überall aber bluteten sie.

Nach zwei Wochen wurde das Kaiserjägerbaon aus der Siefstellung gezogen. Not und Tod hatten uns aneinandergeschmiedet. Schweren Herzens nahmen wir Abschied. An die Stelle der Kaiserjäger trat das fünfte Baon des Bosnisch-herzegowinischen Infanterieregimentes Nr. 1. Es war eine vorzügliche Truppe. Prachtvolle, große, hagere Gestalten; apathisch und temperamentlos saßen sie in unserer Mitte, höllische Teufel waren sie aber im Angriff, im Sturm. Ihr uralter Hass gegen die Italiener war unser bester Bundesgenosse. Alle Bosniakenoffiziere waren schneidige liebe Kameraden, bis auf einen, von dem ich später erzählen werde. –

Sieghaft drang der Frühling durch; er schmelzte den Schnee und – auch die Deckungen, denn wir waren nicht tief in den Boden vorgedrungen. Überall fehlten Sappeure, alle hatte die Südtiroler Offensive verschluckt. Wie hätten aber unsere Kampftruppen, ständig im schwersten Kampfe stehend, sich viel mit Stellungsbauten abgeben können?

Mit Hoffen und Bangen erwarteten wir daher das Losbrechen der Offensive, die auch uns Entlastung bringen sollte. Warum diese Verzögerung? Hinderten Eis und Schnee unsere Sturmkolonne.

Die Schneeschmelze zwang uns nun gebieterisch zu energischer Arbeit. Nacht für Nacht schlugen die Krampen in den steinigen, vulkanischen Boden. Trotz der Wässerlein, die ohn` Unterlass durch die Gräben rannen und sich knietief stauten.

Die Leute litten schauderhaft. Tagelang kein Schlaf, fortwährend die äußerste Anspannung, Kälte, Nässe und Todesangst. Ganze Tage gab's kein Essen, denn die Menageträger konnten nimmer durch die Feuerzone kommen. Unsere Verluste wurden allmählich katastrophal. Schon zwei Ersatzkompagnien waren eingetroffen, sie reichten nicht hin, um die Abgänge zu ersetzen. Matte, bleiche Gesichter sahen uns entgegen. Trotzdem gab es kein Verzagen. Mutig, voll Gottvertrauen, schritten die Leute ihren Leidensweg. Sie gaben zu jeder Stunde tausendmal mehr, als ihnen geschworene Pflicht vorschrieb oder Disziplin gebot, und meldeten sich Dutzend Mal freiwillig zu den gefährlichsten Dienstleistungen. Unsere Alpenländer und Sudetendeutschen mit unbeschreiblichem Opfermut voran. Ich bewunderte sie jeden Tag aufs Neue, ihre Bescheidenheit, ihr stilles Schreiten in den Tod. Und ihr Mut riss auch elementar alle Slawen mit, die im Verbande der letzten zwei Ersatzkompagnien mitgekommen waren.

Meine Nerven aber zeigten sich diesen Anforderungen nicht mehr gewachsen. Vielleicht litt ich am allermeisten. Vor jeder Speise ekelte mich, nicht minder vor jedem Getränk. Zwang ich mit trotzdem zum Essen, kam todsicher darauf die Reaktion, das Erbrechen. Und dieser Brechreiz packte mich in der Messe und im Unterstand, im Schützengraben und beim Kommando. Ich vertrug nur mehr Zuckerwasser und lebte die letzten zwei Wochen ausschließlich davon: „So melde dich doch krank, ich schick dich sofort ins Spital." Doch ich dankte und blieb bei meiner Kompagnie.

Zwischen Köhle und Siefspitze führte ein tiefer Laufgraben zur Mittelstellung. Er war schon vor dem Falle des Col di Lana in Benützung gestanden und hatte die Verbindung zur Rothschanze gebildet. Spanische Reiter riegelten ihn jetzt ab. Die Mittelstellung hatte eine ungefähre Ausdehnung von vierhundert Schritten, ähnlich der angrenzenden Rechtsstellung. Das Vorfeld zog sich gleich dem Schützengraben in die Schrofen des Siefgrates hinan.

Die Mittelstellung stand täglich unter stärkstem Artilleriefeuer, ihre Verteidigung kostete enorme Opfer. Am Beginn des Laufgrabens boten zwei tiefe Kavernen Unterschlupf. Von ihren Decken tropfte unentwegt das Schmelzwasser auf die am Boden Sitzenden nieder. Hier hielten sich die Reserven auf. Am innern Ende der einen Kaverne stand eine schmale Pritsche, für die dienstfreien Offiziere und den Telefonisten bestimmt. Eine brennende Kerze erhellte das Dunkel.

Als meine Kompagnie das dritte Mal hier in Stellung war, litt sie wieder beispiellos unter dem gewaltigen Geschützfeuer. Bei Nacht setzten dann endlich die Italiener aus der Rothschanze zum Sturme an. Wir hörten ihr Heranarbeiten und lechzten nach Betätigung. Leuchtraketen flammten auf. – Im kühnen Schwung stürmten die Italiener heran. Da fassten sie unsere Kugeln, und Granaten schlugen drein. Mit schweren Verlusten mussten die Stürmenden in ihre Ausgangsstellung zurück; sie waren nur auf hundert Schritte herangekommen.

Einige Tage vergingen nun ohne Trommelfeuer, auch ohne Infanterieangriff. Dann war auf einmal der Teufel los. Der offizielle Frontbericht meldete wieder: „Italienisches Trommelfeuer am Monte Sief. Starke feindliche Angriffe von unserer tapferen Besatzung abgewehrt."

Am 6. Mai sollte eine große Aktion gegen den Col die Lana durchgeführt werden. Drei Kolonnen waren zum Vorbrechen bestimmt. Die linke sollte über den Grat, die zweite durch seine Steilhänge und die dritte am Fuße derselben angreifen. Größere Abteilungen der beiden Baone und Sturmtrupps wurden hiefür bestimmt, ich als Kommandant der mittleren Gruppe.

Schon vom Anbeginn an konnte aber das Unternehmen als aussichtslos bezeichnet werden. Es war uns zur Gewissheit geworden, dass manche Maßnahmen dem Gegner zur Kenntnis gelangt sein müssten: Bei Aktionen hatten plötzlich italienische Granaten in die aufgestellten Reserven geschlagen. Maschinengewehrstände, nach allen Regeln der Kriegskunst maskiert und oftmals gewechselt, waren sofort nach Fertigstellung auffallend beschossen worden. Ähnlich zeigte sich's bei der Artillerie. Wir führten diese Vorkommnisse ausschließlich auf die vorzüglichen italienischen Abhorchapparate zurück. Es ward daher strenger Auftrag gegeben, beim Telefonieren ja nur Decknamen zu wählen. Doch wurde der Befehl nicht strikte durchgeführt. So auch bei dieser Unternehmung. Oder sollten noch andere Hände im Spiele gewesen sein?

Unsere Kompagnie musste diesen Abend die Spitze besetzen, Rhomberg bat daher beim Kommando um meine Belassung bei der Kompagnie.

Wir waren bereits auf der Spitze angelangt, als sich die linke Kolonne auf dem Gratansatz sammelte. Um neun Uhr sollten die drei Gruppen vorgehen. Eine Minute vorher aber legten alle italienischen Scheinwerfer der weiten Umgebung ihre Strahlenbündel auf den Monte Sief. Das Überraschungsmoment war verloren. Als sich Punkt neun Uhr die Kolonnen in Bewegung setzten, empfing sie gleich in den ersten Sekunden ein vernichtendes Geschützfeuer. Sie waren zum Rückzug gezwungen, wollten sie nicht ganz aufgerieben werden.
Dann verlegten die Italiener ihr Feuer auf die Spitze. Im Schutze der feuernden Batterien näherte sich die feindliche Infanterie, schob sich über die Schrofen des linken Flügels heran, unbemerkt, im Dunkel der Nacht. Plötzlich hörten die Posten rollende Steinchen. Schon standen die Italiener vor ihnen. Mit lautem „Hurra!" Gebrüll stürzten sich unsere Leute auf die Anstürmenden und warfen sie ins Dunkel zurück. Noch zweimal in dieser Nacht kamen die Gegner stürmend heran, wurden aber beide Male im Nahkampf geworfen.

Am Grat herrschte diese Nacht vollständige Ruhe. Fähnrich Kaut stand als Wachkommandant da draußen, freiwillig wie sein Trupp. Die Kaverne war inzwischen wesentlich vergrößert worden und bot schon zwei Dutzend Leuten Platz. In kampflosen Stunden, an ruhigen Tagen, flog dort auch manch Wort zwischen den gegnerischen Posten hin und her. Die Italiener begannen zumeist damit, zeigten auch Schokolade, Zigaretten, Konserven und andere Dinge, die bei uns schon rar waren. Dann winkten sie und riefen in deutscher Sprache: „Kommt doch herüber!" Unsere Besatzung aber ließ sich nicht herauslocken. Diese Zwiegespräche schliefen in den nächsten Tagen völlig ein, als sich die immer mehr steigernden Kämpfe, Wut und Erbitterung aufs Äußerste entflammt und jede Vertraulichkeit erstickt hatten. Doch diese Nacht herrschte noch vollständiges Einvernehmen. Begreiflich! Zwischen den beiden Wachen lagen viele Tote, die unerträgliche Verwesungsgerüche verbreiteten. Als nun die Italiener anfragten, ob sie ihre Gefallenen bergen dürften, gab unsere Wache bereitwillig die Zustimmung.

In den Morgenstunden steigerte sich die Beschießung zu unerhörter Kraft. Wo nur die Italiener diese unsinnigen Mengen Munition hernahmen? Selbst in den ruhigsten Tagen schleuderten sie gleich einige tausend Granaten auf uns.

In dieser Zeit begannen die Sappeure neben dem Unterstand der Spitze eine Kaverne zu bauen. Als das Loch etwa einen Meter tief geworden war und die zwei Arbeitenden deckte, konnte auch bei Tag gemeißelt werden. Da fand ich mich als Dritter ein und setzte mich auf den Boden. Es störte mich nicht, dass der eine Sappeur seinen Schlägel ein oder zwei Dezimeter vor meinem Kopfe herumschwang. Weit schneller verrann mir nun die Zeit. Sie hatte auch an Schrecklichkeit eingebüßt, obwohl dieses Loch nur ein eingebildeter Schutz war, denn jede kleinkalibrige Granate hätte die Steindecke über uns (sie war kaum einen halben Meter stark) eingeschlagen.

Am 14. Mai stand ich in der Mittelstellung. Schon bei Tagesgrauen schwoll das Geschützfeuer zu unerhörter Stärke an. Um neun Uhr begannen die Italiener ihren konzentrierten Sturm und stürzten sich todeskühn auf die Spitzenkompagnie. Mit großer Übermacht drangen sie am Grate vor. Fähnrich Schmidbauer stand dort mit seiner Schar und wies in grimmer Wut jeden Angriff ab.

Dann brandeten auch in der Mittelstellung die Sturmwellen heran. Auf Steinwurfweite brach erst der Angriff zusammen. Und wieder trommelten die Italiener mit furchtbarer Wut und abermals kamen die Rudel herangelaufen. Sie konnten nicht glauben, dass dem entsetzlichen Trommelfeuer jemand standgehalten. Auch dieser stärkste Angriff, von mehreren Kompagnien durchgeführt, sank unter großen Verlusten zusammen; Artillerie und Infanterie hatten glänzend zusammengearbeitet.

Am Abend ersehnten wir die Ablösung wie noch nie und hofften, endlich schlafen zu können. Doch die ablösende Bosniakenkompagnie überbrachte uns den Befehl, als Reserve zu verbleiben. Für die kommende Nacht wurde vom Kommando ein schwerer Angriff erwartet. Also wieder kein Schlaf, sondern in der nassen, stinkigen Kaverne hocken und warten. Noch schlechter aber war unsere Vierte als Reserve der Spitze daran; für sie gab es keine Kaverne, und im Unterstand war auch kein Platz, sie musste also in den Felshängen des Monte Sief die kalte Nacht verbringen.

Baonskommandant Vlasic hatte vor einigen Tagen fürs Baon um Retablierung gebeten. Das Ansuchen wurde jedoch wegen Truppenmangel abgelehnt und nur den Offizieren die kleine Begünstigung eingeräumt, abwechselnd vier Tage auszuspannen. Die Verständigung kam gerade, als wir unserer Missstimmung Luft machten, nicht nach „Alpenrose" abmarschieren zu dürfen. Rhomberg packte gleich seinen Rucksack und eilte dem Jägerweg zu. Ich dagegen musste das Kompagniekommando übernehmen.

Diese Nacht war die schrecklichste. Ohne Unterlass donnerten die Geschütze, unterbrochen nur durch erbitterte Angriffe auf die Siefspitze und den Grat. Ich döste auf der Pritsche unserer Kaverne und stierte in die Kerzenflamme. Über der Decke krepierte indes eine Granate nach der andern, als wären sie gezielt. – Sonderbar! –

Der Felsen zitterte. Wehe, wenn direkt am Scheitel eine Schwere einschlüge! Nur fünf Meter Felsen schützen uns und sie zeigen schon große Sprünge. –

Plötzlich ein Lichtpunkt! Ein Hoffnungsstrahl! Unser Baonskommando meldet das Losbrechen der Südtiroler Offensive, gibt die prächtigen Erfolge unserer siegreichen Truppen bekannt. Aufgeregt sprechen alle Leute in der alten Kaverne durcheinander, diskutieren die Auswirkungen. Exzellenz Conrad wird's schon machen. Wir halten große Stücke auf ihn.

Friedenshoffnungen lullen uns auf Augenblicke ein. Der Blick durchdringt die Düsterheit des Raumes, streicht über Berg und Tal, der Heimat zu. Ach, wie schön wird dann das Leben sein, nur Glück wird uns umstrahlen! Wir spinnen die süßen Gedanken weiter und vernehmen nicht mehr das Krachen an unserer Decke und den Donnerschlag, wenn eine Granate beim Kaverneneingang birst.

Am Morgen konnten wir einrücken, nach „Alpenrose" absteigen. Und schlafen. Vorher trank ich noch ein Glas Zuckerwasser und ließ mich auch von meinem Zimmergenossen Schneider überreden, ein Stück Mehlspeise zu essen. Dann legte ich mich auf die Pritsche. Schneider, Kommandant der Vierten, war in der Lagerstätte unter mir einquartiert. Er räumte noch herum, richtete an seinem Strohsack. Da packte mich plötzlich mein Brechreiz. Ich hatte kaum noch Zeit, mich aufzubäumen und den Kopf auswärts zu drehen. Und dann? – Der Arme! Mitten in sein verdutztes Gesicht hinein ergossen sich Zuckerwasser und Mehlspeise. Als Oberleutnant Schneider sich von seinem Schrecken erholt hatte, kam die Antwort, doch sie ließ jede Sachlichkeit vermissen. Lange trug er mir's nach und mied geflissentlich meine Nähe. Des Nachts aber blieben wir zusammen gespannt. Ich musste ihm jedoch die obere Pritsche abtreten.

Am gleichen Abend noch, nach nur zwölfstündiger Rast, besetzte meine Kompagnie die Rechtsstellung. Es war der 16. Mai 1916. Alle Zugangswege lagen im schwersten Artilleriefeuer. Das Getöse war schrecklich. Drei Mann fielen schon beim Aufstieg. Eine Steigerung des Geschützfeuers schien mir unmöglich. Nur mit Aufbietung aller Willenskraft schritt ich an der Spitze meiner Kompagnie bergwärts, musste ihr beispielgebend sein, obwohl mir ganz elendig zumute war.

Und oben auf dem Grat lärmt und blitzt es, Gewehr- und Handgranatenfeuer tönt herab, durchdringt das Dunkel. Da scheinen schwere Angriffe im Gang zu sein. Oberleutnant Schneider steht mit seiner Vierten oben, und Landsmann Schmidbauer auf der Gratwache.

Ohne Unterbrechung pfauchen und zischen die Geschosse. Man fühlt sich ganz hilflos, gleicht einem Staubkörnchen, das jeder kleinste Splitter vernichten kann. Die Italiener scheinen nach unseren Südtiroler Erfolgen noch energischer zum Durchbruch entschlossen zu sein und wollen damit auch die Offensive zum Stillstand bringen. Es wird ihnen nicht gelingen, wenngleich unsere Verluste fürchterlich sind. Meine Kompagnie zählte heute nur mehr neunzig Gewehre, trotz zweimaliger Ergänzung. Und jeder Tag bricht neue Breschen.

Schlag auf Schlag rollt noch der Geschützdonner, als schon lange der Tag angebrochen. Da höre ich eigene Granaten sausen und am Grate explodieren, um die Gratwache herum. Ist der Gratstützpunkt verloren? In Feindeshänden? Doch bald verstummt das sonderbare Feuer, die Italiener nehmen wieder den Grat als Ziel. Nach vielen vergeblichen Versuchen bekomme ich endlich telefonische Verbindung: Die Gratwache steht unerschüttert.

Bis zum Abend brüllten die italienischen Batterien. Mindestens fünfzehntausend Granaten hatten sie diesen Tag auf den Siefabschnitt geschleudert. Und noch immer war nicht Ruhe eingekehrt. Im schärfsten Geschützfeuer musste die Ablösung durchgeführt werden. Wieder mussten wir als Reserve bleiben, aber besser, ich konnte in der Baracke zu Köhle die Nacht zubringen.

Wachend sitze ich auf der Pritsche. In meinem Kopf dröhnt noch das wilde Toben des heutigen Tages, fiebert jeder Nerv. Im schärfsten Tempo schlägt das Herz. Da geht die Tür auf, Schneider und Schmidbauer treten ein. Schmidbauer trägt dicke Verbände um Kopf, Schulter und Arm. Durch die weißen Linnen sickert das Blut, sie begrüßen den Totgeglaubten mit aller Wärme, die rohe Soldaten geben können. Ich habe noch einen Rest Zuckerwasser in meiner Thermosflasche, den trinkt er begierig und erzählt:

Nach beispielloser artilleristischer Vorbereitung hatten um elf Uhr nachts am Grate die Angriffe begonnen. Immer aufs Neue stürmten die Italiener heran und jeder Sturm führte zum wütendsten Handgemenge. Um acht Uhr früh waren nur mehr sieben Kampffähige übrig, doch jeder von ihnen hatte mehrere Verwundungen. Zwölf Landstürmer waren tot, elf schwer verletzt und sterbend. Eng zusammengepfercht, im Todeskampfe stöhnend und betend und jammernd, lagen sie in der kleinen Kaverne. Da setzten die Italiener noch einmal zum Sturme an. Und die sieben mussten der Übermacht weichen. Sie zogen sich einige Meter auf den Gratfelsen zurück. Die Italiener stürmten nach. Hocherhoben, siegestrunken, stand ein Capitano auf der Mauer und winkte seinen Reserven mit dem Säbel zum raschen Kommen.

Da trifft ihn die Handgranate Schmidbauers, es ist die letzte der Besatzung, sie wirft ihn todwund zu Boden. Neuer Mut quillt auf! „Hurra! Vorwärts!" Und mit letzter Kraft stürzen die sieben Todesmutigen auf die Übermacht und schmettern die Kolben nieder, stoßen das Bajonett in die zuckenden Körper. Die Übermacht flieht vor der grimmen Wut und reißt auch die Reserven zurück. Doch kein Gewehrfeuer kann sie verfolgen, denn nur mehr hundert Gewehrpatronen sind im Besitze der Tapferen; die müssen für einen nochmaligen Angriff aufgespart werden. Keine Handgranate, keine Pistolenkugel und kein Maschinengewehr, es ist schon lange zertrümmert. Sie denken auch nicht mehr an die Zurückweisung eines neuerlichen Angriffes, sie wollen nur ihr Leben so teuer wie möglich verkaufen. Aber die Italiener greifen nimmer an, ihre Verluste waren zu fürchterlich.

Die Spitzenkompagnie gibt ihre Wache verloren, Beobachter der Nachbarabschnitte bestätigen diese Annahme. Da schießt unsere Artillerie auf den verloren gegangenen Punkt. Es war das sonderbarste Feuer, das ich in der Rechtsstellung gehört. Noch zwei der sieben Kampffähigen fallen der eigenen Beschießung zum Opfer. In dieser furchtbaren Not sendet Schmidbauer seinen Sanitätsmann über den im mörderischen Sperrfeuer liegenden Grat. Es ist elf Uhr vormittags. Und, wie ein Wunder klingts's er kommt unversehrt durch den Granathagel und die Kugelgarben, die vom Col di Lana auf ihn gezielt sind. Nun verstummt das eigene Artilleriefeuer und Oberleutnant Schneider schickt Hilfe. Vierzig Mann springen ins Grauen hinein, über den schmalen, flammenden Grat. Das ist die Hölle! Nur fünf erreichen den Stützpunkt. Die andern werden von Granaten zerfetzt, in Abgründe geschleudert, durch Maschinenfeuer zersiebt. Vielen zerreißen die am Gürtel hängenden Handgranaten Unterleib und Eingeweide, wenn Geschoßsplitter sie treffen. –

So kämpfen die Landstürmer des Baons 165! Trotz furchtbarster Verluste und Seelennot. Es traf sie der Tod in „Alpenrose", er fand sie auf dem Wege zur Stellung, im Schützengraben und vergaß sie auch beim Abstieg nicht (Bild 14). Todesstimmung lag über dem ganzen Abschnitt. Man taumelte fiebernd umher, in unerhörter Spannung, im tollkühnen Wagemut.

Mit größter Hochachtung muss ich auch der Italiener gedenken. Ihre Angriffe waren von unbeschreiblicher Zähigkeit getragen. Ihre Verluste übertrafen unsere eigenen um ein Vielfaches. Und waren die einen abgekämpft, verblutet, so sprangen frische für sie in die Bresche. Sie hatten genug Reserven zur Verfügung. Eine ganze italienische Division war für den Siefabschnitt bereitgestellt. Ihre Staffeln reichten bis nach Alleghe hinunter, waren stets in der Lage, verbrauchte Truppen abzulösen oder bei einem etwaigen Durchbruch mit ganzer Kraft ins Pustertal nachzustoßen.

Und weiter tobte der heldenmütige Kampf. Vom 18. auf den 19. Mai hatte meine Kompagnie auf der Spitze wieder alle Qualen erduldet und schwere Stürme am linken Flügel und Grat abgewiesen. Erst die Dämmerung brachte Ruhe. Ich freute mich heute mit aller Inbrunst auf die Ablösung, denn Rhomberg sollte von seiner Retablierung zurückkommen.. Vor einigen Stunden erst hatte er mir aus Stern, unserm Etappenort im Gadertal, telefonisch sein Kommen angekündigt. Dann war ich an der Reihe, wollte noch in dieser Nacht über den Jägerweg nach Corvara. Vier Tage in Sicherheit, vier Tage kein Schießen hören, nicht Blut und Leichen sehen. Oh, wie unsagbar groß war meine Sehnsucht nach Ruhe und Frieden!

Mein Bursche hängte sich den Rucksack um. Wir warteten ungeduldig auf die ablösenden Bosniaken. Da tönte das Telefon. Vlasic rief: „Rhomberg ist vor einer halben Stunde auf dem Jägerweg gefallen. Unter diesen Umständen kannst du natürlich nicht auf Retablierung gehen und musst weiterhin die Kompagnie führen."

Die Nachricht traf mich zutiefst. Trauer um den lieben und tüchtigen Kameraden erfüllte mein Herz. Und diese Tragik! Rhomberg hatte den Jägerweg beinahe hinter sich gebracht, rastete aber an der letzten Biegung noch einige Augenblicke, hundert Schritt vom Contrinschlucht-Hilfsplatz entfernt. Da wurde ihm von dort zugerufen: „Bleib nicht stehen, lauf weiter, auf diese Stelle schießen die Italiener mit Vorliebe." Rhomberg verstand nicht gleich, fragte zurück. Da traf ihn die todbringende Schrapnellkugel. –

Des Menschen Schicksal gleicht den Wolken, sie kommen und gehen, dehnen sich aus und verschwinden.

Bild 14: Friedhof
der „165er“ im Lager „Alpenrose“. Rechts Jägerweg sichtbar. Blick nach Westen, über Contrinschlucht, Cherzplateau zur Sellagruppe, 3152 Meter.

Vom 21. auf den 22. Mai stand eine Bosniakenkompagnie auf der Spitze, meine Dritte war in der Mittelstellung. Im schweren Feuer mussten wir anmarschieren. Die ganze Nacht hielt es an. Noch in halber Dunkelheit, der gefährlichsten Zeit der Angriffe, trieb mich eine innere Stimme, schon jetzt die drei Züge aus der Stellung zu nehmen und den vierten vorzuschieben, eine halbe Stunde vor der sonst gewohnten Zeit. Kaum war es geschehen, brach blitzartig das Trommelfeuer los! Wie froh war ich nun, meinen Entschluss gleich durchgeführt zu haben, vielen Leuten war dadurch das Leben gerettet.

Es ist das grauenhafteste Feuer, das ich bisher erlebt habe. Jeder Nerv fiebert in höchster Anspannung. Wir fühlen, jetzt muss irgendwo die Entscheidung fallen. Es leidet mich nimmer in der Kaverne, ich eile hinaus. Ein beispielloser Schlachtenlärm umfängt meine Sinne.

Was geht in meinem Graben vor? Wie viele Leute leben noch? Kaut steht wieder mit seinem Zug draußen. Greift der Gegner an? Soll ich Reserven entsenden? Ich trage größte Verantwortung. Das Telefon ist schon lange zerstört. Ein Freiwilliger muss Klarheit schaffen. Er muss den Laufgraben passieren, der ohne Traversen direkt in der Schussrichtung der Ornella-Batterie verläuft und gefährdeter ist als der Kampfgraben selbst. Viele Opfer an Mannschaften und Offizieren hat dieser Graben schon gekostet. –

Zwei Stunden lang währt bereits die qualvolle Not. Von „Alpenrose" herauf bewegt sich ein langer Zug, weit auseinander gezogen. Marode sind es und Leichtverletzte; sie schleppen Munition zu. Jeder verfügbare Mann ist heute eingesetzt. Es geht ums Ganze. Unsere erste Kompagnie läuft an meiner Kaverne vorüber. Sie muss als Reserve auf die Spitze.

Zwei Bosniakenkompagnien springen Köhle zu und bleiben dort, bis die Not sie ruft. Sie pressen sich an die Felsrippe, denn die Kavernen sind vollgepfropft. Atemlos kommt eine Bosniakenkompagnie gelaufen, sie dient mir als Reserve. In meinen zwei Kavernen stehen nun die Leute Mann an Mann.

Der Abschnitt ist ein feuriger Krater. Allerorts steigen Rauchsäulen auf. Ein unbeschreibliches Krachen und Wüten. Man hört nicht mehr den Nachbar. Schwefelgelbe, schwere Schwaden ziehen über uns hinweg. Sie füllen die Lungen. Man hustet und hustet, und fühlt es nicht. Plötzlich Ruhe. Ich laufe in den Graben. Schauerlich sieht er aus. Und die grässlichen Verletzungen meiner armen Leute!

Ein einziger Volltreffer hatte das Maschinengewehr am linken Flügel zerschmettert, die Bedienungsmannschaft und zwei Leute der Kompagnie zerfetzt. Als Mannschaft und Gewehr ersetzt worden waren, schlug nochmals ein Volltreffer in sie hinein.

Plötzlich sahen wir in den Schrofen unterhalb des Grates große Rudel von Italienern. Was sollte dies bedeuten, was ging bei der Gratwache vor? Wir nahmen die Gegner unter Flankenfeuer. Auch unsere Maschinengewehre halfen wacker mit. Dort und da purzelte einer, fiel über die Felsen hinab. Neue Gruppen erschienen und verzogen sich abwärts gegen die Rothschanze, wieder von unserm Gewehrfeuer verfolgt.. Ich berichtete dem Baonskommando meine Beobachtungen. In den Gratstützpunkt selbst konnte ich von hier unten nicht hineinsehen. Da eröffnete der Gegner wieder sein grässliches Trommelfeuer, das nun bis Mittag währte.

Die hierauf eintretende Feuerpause wurde von der Bosniakenkompagnie des Siefgipfels benützt, um eine Patrouille über den Grat vorzuschicken.

Sie fand den Stützpunkt von Italienern besetzt. – Es wurde nicht geglaubt. Eine zweite Patrouille ward ausgesandt. – Und brachte die gleiche Meldung: „Der Stützpunkt ist verloren!" Welch furchtbare Szenen mögen sich wohl in dieser Einsamkeit abgespielt haben?

Kämpfe bis zur vollständigen Vernichtung.

Einige Stunden nachher stieg plötzlich eine feindliche Kompagnie aus der Rothschanze. Sie lief auf meine Mittelstellung los. Die Italiener waren nur mit Handgranaten und Drahtscheren bewaffnet. Eine zweite Welle verließ den Graben, gleich darauf die dritte. Im schnellen Tempo sprangen sie über das flache Trichterfeld und füllten die ganze große Fläche. Wir schätzen insgesamt zwei Baone.

Nun gilt`s: Die drei Reservezüge hinein in den Kampfgraben. Noch immer sind sie unerschüttert und ihre bleichen, abgezehrten Gesichter werden hart. Eine kurze Meldung noch ans Kommando.

Schon sind die Italiener auf zweihundert Schritte heran. Die Leute werden ungeduldig, warten auf mein Zeichen, auf die zahlende Stunde. Wut und Elend, Qual und Sorge, das Leid um dahingestorbene Kameraden, all dies vermengt sich zur unerbittlichen Folgerung. Wir wollen alles allein erledigen, im Rahmen der Kompagnie, und nehmen unsere Bosniakenreserven nicht in Anspruch. Sie steht Gewehr bei Fuß in der Kaverne.

Noch ein Stücklein weiter: „Feuer!" Grausam wüten unsere Kugeln in den dichten Massen. Maschinengewehre mähen mit, und unsere wackeren Batterien sind die dritten im Bunde. Doch der Angreifenden sind zu viele. An mehreren Stellen springen die Stürmenden durch die Breschen des Drahtverhaues. Es kommt zum Handgemenge, zum wütendsten Morden Mann an Mann. Selbst Schwerverletzte greifen noch zum Gewehr. Kein Italiener verlässt lebend den Graben.

Fünfzig Schritte vor der Deckung sammeln sich die Stürmenden neuerlich zum Angriff, dringen abermals auf uns ein. Da springen unsere Tapferen auf die Brustwehr und werfen stehend den Tod in ihre Reihen. Einzelne Italiener beginnen zurückzulaufen, andere folgen. Bald ist die ganze Masse in toller Flucht.

Kaum eine Viertelstunde hatte das Gemetzel gedauert. Hernach folgte wieder das übliche fürchterliche Vergeltungsfeuer und währte bis zur anbrechenden Nacht. Weit mehr als zwanzigtausend Granaten waren heute im Siefabschnitt krepiert. Es war der schwerste Tag meiner Kompagnie; zweiunddreißig Tote und Schwerverletzte hatte er sie gekostet. Die Verluste der Bosniakenkompagnie auf der Spitze waren aber doppelt so groß.

Meine Kompagnie zählte nur mehr achtundvierzig Mann. Eine Bosniakenkompagnie unter dem Kommando des Oblt. Dr. Pivko löste sie ab.

Dr. Pivko war jener einzige unsympathische Offizier der Bosniaken, Slowene aus Marburg, im Zivilberuf Professor. Er war jener Mann, der ein Jahr später im südtirolischen Suganertal bei Carzano den großen Verrat verübte. Höre zu: Pivko hatte sich dort mittels Funkspruches und brieflich von Trient aus mit den Italienern ins Einvernehmen gesetzt. Besuchte noch dazu die italienischen Feldwachen vor Carzano und besprach den Plan. Er genoss das volle Vertrauen seiner Vorgesetzten, umso leichter konnte das Vorhaben gelingen. Seine Kompagnie hatte in der Nacht vom 17. auf den 18. September 1917 die Vorpostenlinie besetzt. Da galt es, durch Helfershelfer die vereinbarten fünfzig Liter opiumhältigen Schnapses und Opiumpulver (für den schwarzen Kaffee bestimmt) von den Italienern zu übernehmen und beides an die Mannschaft zu verteilen. Um Mitternacht lag sie tatsächlich in bleiernem Schlafe. Da kamen die italienischen Sturmtruppen angeschlichen, leise, ganz leise, von Pivko und seinen Eingeweihten durch die österreichischen Linien geleitet. Die betäubten Wachen wurden gebunden und geknebelt, doch zwei Bosniaken war die Flucht gelungen. Und weiter wälzten sich die Sturmscharen, von dreißigtausend italienischen Soldaten gefolgt. Trient war ihr Ziel. Schon standen sie zwei Kilometer tief im österreichischen Abschnitt und hatten bereits den Ort Telve erreicht. Der Sieg schien in rosige Nähe gerückt. Da traten ihnen plötzlich die Österreicher entgegen, von den zwei Entkommenen und anderen Beobachtern alarmiert. Sie waren aus allen möglichen Truppengattungen zusammengewürfelt, so wie es die Not gebot. Die überraschten Italiener glaubten nun, von Pivko in einen Hinterhalt gelockt worden zu sein, vermuteten ihnen gegenüber stärkere Truppen und zogen sich vor dem wahnsinnig feuernden Häuflein zurück. Beinahe tausend Italiener wurden dabei getötet oder gefangen genommen. Eine unabsehbare Katastrophe war verhütet, der Plan nur deshalb geglückt, weil die italienischen Sturmtrupps zu vorsichtig und langsam vorgerückt waren. Die erbitterten Italiener wollten Pivko zuerst hängen, so wie sie es mit seinen Helfershelfern an Ort und Stelle demonstriert hatten, nahmen ihn jedoch auf sein vieles Bitten hin mit und übergaben ihn einem italienischen Kriegsgericht. Es sprach ihn frei.

Pivko wand sich am Sief aalglatt durch den Kreis der Kameraden und trat mit forcierter Höflichkeit und Hilfsbereitschaft an sie heran, blieb uns jedoch immer fremd. Er galt aber bei seinem Baonskommandanten als verlässlicher und schneidigster Offizier; sein schmeichlerisches Wesen hatte dies zustande gebracht.

Ich konnte damals diesen Schurken noch nicht durchschauen und wusste auch nicht, dass er schon am Monte Sief, gleich nach seinem Eintreffen, den ersten Verrat in Szene gesetzt hatte. Unter unsern Augen sozusagen. Zwei gefangene Russen waren ihm für seine unsauberen Machenschaften zu Diensten gestanden. Er verfertigte genaue Pläne und Skizzen unserer Verteidigungslinie, überredete hierauf die zwei Russen zur Flucht, übergab ihnen die Pläne und verschaffte ihnen auch die Gelegenheit zum Überlaufen. Als ich zehn Jahre später diese Verrätereien erfahren hatte, da wurde mir manches damals merkwürdig erscheinende Ereignis verständlich und manche überraschende Beschießung erklärlich.

Am nächsten Vormittag bummelte ich durchs Lager und visitierte die Mannschaftsbaracken. Erst vor kurzem war der Schnee geschmolzen. Nun lag Dreck im Schützengraben und auf allen Wegen, in den Unterständen und auf den zerfetzten Uniformen. Doch dies war so nebensächlich, wo's nur ums nackte Leben ging!

In meiner Kanzlei las ich die Divisionsbefehle. Unser Baon war darin ganz hervorragend belobt, und im Besonderen der Umstand hervorgehoben, dass es trotz wochenlanger schwerster Beschießungen und Verluste noch immer die Kraft aufgebracht hätte, alle übermächtigen Angriffe in so bravouröser Art zurückzuweisen. Auch dies war mir unendlich gleichgültig, ich fühlte vor Übermüdung nur Sehnsucht nach Frieden und Ruhe.

An einer Stelle des Lagers sehe ich Spanische Reiter vorbereitet, sie kommen heute Nacht auf die Spitze. Der Grat wird damit abgeriegelt. Morgen und übermorgen werden weitere Verdichtungen vorgenommen. Es bleibt vorläufig die einzige Maßnahme, den Italienern das Vordringen zur Spitze zu erschweren.

Und sie wird genügen, denn der festeste Riegel ist noch immer die menschliche Brust, ist der Geist, der sie beseelt.

Mittag rückte heran. Für andere die Zeit des Essens, für mich des Zuckerwassertrinkens. Trotzdem ging ich auch heute wieder zur Offiziersmesse. Die Aussprachen mit den Kameraden erleichterten das Herz.

Da lässt mich Baonskommandant Vlasic zum Telefon holen und teilt mit, dass gemäß Befehles der Brigade heute noch zwei Kompagnien auf kurze Retablierung abgeben könnten, eine unseres Baons und eine der Bosniaken.

Seine Wahl traf meine Kompagnie. Es erschien mir wie ein Geschenk des Himmels. Herzliche Dankesworte sprudelten über meine Lippen, die Reste meiner Unterabteilung freuten sich mit mir.

Am Abend tauchte die fünfte Kompagnie in „Alpenrose" auf; seit Obertilliach war sie unserm Baon angegliedert und gondelte seither irgendwo herum, blieb uns immer ein Fremdkörper. Sie bestand zum Großteil aus Slawen und sollte nun an unsere Stelle treten. Mit vollem Stande rückte sie an, beinahe zweihundert Mann stark.

Rundum donnerten die Geschütze, als ich meinen lieben Kameraden die Hand zum Abschied drückte. Die stiegen wieder aufwärts, vielleicht in den Tod, und ich dem Frieden zu. Fünf Wochen qualvollsten Lebens waren beendet; grässliche Tage voll erschütternder Einzelheiten und ständiger Todesangst. –

Glücklich zu preisen ist jede Generation, die vor Kriegsgräueln verschont bleibt!

Doch Leben ist Kampf, im Dasein des Einzelnen, und in der Entwicklung ganzer Völker. Wehe dem Volk das wehrlos bliebe, und ohne Mut und Stärke und Entschlossenheit. –

Was kümmerten uns aber damals diese Fragen! Wir trachteten nur, schnellstens nach Corvara zu kommen. Über den Jägerweg, vorbei an dem langen, eiligen Zug der Trainkolonnen. Nebel schützte uns wieder, wie beim Anstieg vor fünf Wochen. Unbehindert kamen wir über den verrufenen Weg, tranken in der Labestation zu Incisa heißen Tee und standen endlich in Corvara.

Ich bin wunschlos glücklich. Beim Zirmwirt sitzen noch einige Offiziere des Abschnittskommandos, obwohl es schon auf Mitternacht geht. Ich erzähle ihnen vom Monte Sief. Heldentaten leuchten auf und tiefste Menschenqual. Die Kameraden werden stille, lauschen meinen Schilderungen, und draußen rieselt kalter Regen nieder. –

Viele Jahre sind seither verflossen. Oftmals schritt ich wieder diesen Weg, wanderte durch die Wunder der Dolomiten, schaute vom Col di Lana aus ihre Pracht. In stiller Andacht neigte sich mein Blick zur Erde. Es ist heiliger Boden. Mit Blut getränkt.

Monte Sangue nennen ihn die Italiener. Noch jetzt ist alles wüst, zertrümmert. Kein Blümchen, kein Grashalm, keine Moosfaser ziert den zerwühlten, steinigen Boden. Doch ungeheure Schwärme von Dohlen umschwirren schaurig krächzend die Spitze.

Tief ergriffen stieg ich über den schmalen Grat. Nirgends anders sah ich diesen furchtbaren Ernst, diese grenzenlose Einsamkeit.

Im Hinterland

Nach einem langen, erquickenden Schlaf meldete ich mich beim Abschnittskommandanten Oberst Sparber, meinem ehemaligen Skischüleraspiranten aus Innichen. Im gleichen Zimmer des Postgebäudes, das ich bei Kriegsbeginn bewohnt hatte, amtierte er, begrüßte mich mit warmen Worten und stellte uns einen ruhigen Gefechtsabschnitt in Aussicht. Zum Schlusse wollte er meine Kompagnie sehen.

Stramm stand ich am rechten Flügel der kleinen Schar und kommandierte die Kopfwendung. Sparber war sichtlich vom kriegerischen Aussehen meiner Mannschaft überrascht und gerührt. Dann begann er seine gut gemeinte Rede: „Helden, so nenne ich euch, ihr seid die Reste einer stolzen Kompagnie, die durch fünf lange Wochen in vorbildlicher Tapferkeit dem übermächtigen Gegner standgehalten hat ..." Ich konnte der Rede mit bestem Willen nicht länger folgen, denn ein Platzregen von unheimlicher Stärke ergoss sich plötzlich über uns. Und immer musste ich auf Sparber sehen, der unentwegt weiter sprach, obwohl ihm die Bächlein vor und hinter den Ohren in den Hals hinein rannen. Ich warf einen Blick zu meinen Leuten und sah in jedem Gesichte verhaltenes Grinsen und eine kindliche, harmlose Schadenfreude.

Mittags waren wir am Campolungosattel angelangt. Mächtige Baracken standen jetzt hinter den hohen Felsblöcken. Hier sollten wir nächtigen. Prächtig! Wir Offiziere wohnten im Gasthause Boe und hatten dort auch unsere Menage. Ich versuchte eine Kleinigkeit zu essen und – vertrug sie zum ersten Mal seit einigen Wochen. Am Abend aber überraschte uns eine fürstliche Tafel. Zwei jugendliche Erzherzoge waren angelangt, liebenswürdige, bescheidene Fähnriche, die durch ihre Einfachheit den besten Eindruck hervorriefen. Sie sollten in die ruhigen Stellungen der Nachbarschaft geführt werden. Der Sief blieb ihnen selbstverständlich verschlossen. Ihr Adjutant, ein höherer Stabsoffizier, erzählte mir, dass er sein liebes Kreuz mit ihnen hätte, weil sie überall dabei sein wollten.

Der Abend verlief recht animiert. Die vorzüglichen, seltenen Speisen hatten auch mich zum Mitessen gereizt. Zu guter Letzt musste ich aber all die guten Sachen wieder hergeben, wie wenn ich sie nur ausgeliehen hätte.

Ein Frühlingsmorgen von wunderbarer Klarheit brach an. Die verbliebenen Schneeflecken glitzerten wie Silberplatten. Rieseln und Raunen durchdrang die Luft: „Lasset den Frühling herein!" Mein Herz öffnete ihm alle Pforten.

Die Mannschaften saßen auf den warmen Steinen, wuschen, flickten oder putzten, als sollte es zu einer Parade gehen. Struppige Haare und verfilzte Bärte fielen und Läuse kamen zu Tausenden um ihr Leben. Am Abend, als ich hatte antreten lassen, war meine Kompagnie kaum mehr zu erkennen.

Seit meiner vorjährigen Anwesenheit war die Verteidigungslinie bedeutend vorgeschoben worden. So verlief jetzt der Reichsgrenze entlang am Höhenzug jenseits des Cordevoletales. Arabba, das schmucke Dörfchen vor uns, lag in Trümmern. Im ersten Nachtdunkel marschierten wir durch seine Ruinen. Noch ein Halbstündchen südwärts, dann hatten wir das Ziel erreicht. Unsere neue Stellung verlief durch den Wald, in der Falllinie des Hanges zum Monte Mezzodi. In tiefen Zügen sogen wir die lang entbehrte würzige Waldluft ein. Hier war Ruhe! Hier war Rast! Sparber hatte Wort gehalten.

Wir lösten eine Kaiserjägerkompagnie ab, mit der wir schon am Monte Sief zusammengelebt hatten. Alle Kampfgräben und Unterstände befanden sich im besten Zustande, waren sauber und zweckmäßig. Mein Unterstand erwies sich als wahres Schmuckkästchen. Das Zimmer war tapeziert und erhielt allerlei Möbel.

Mit einbrechender Dunkelheit mussten einige Feldwachen vorgeschoben werden, denn bei Nacht näherten sich manchmal feindliche Patrouillen unserm Abschnitt. Der Wald schützte sie. Doch kein Schuss störte den hehren Frieden. Es kam mir vor, als lebten wir in einer Sommerfrische, in einer Idylle. Einige Kilometer Luftlinie von uns entfernt tobte jedoch der wildeste Kampf, dröhnte der Boden vom Bersten der Granaten, wurden arme Menschen wie Tiere zu Tode gehetzt. Der ganze Sief, vom Fuße bis zur Spitze, lag vor unsern Blicken und jeder Einschlag drang in Aug und Ohr.

Unser neuer Abschnitt war von großer Ausdehnung, stand im umgekehrten Verhältnis zu unserem kleinen Gewehrstand. Am nächsten Abend teilte mir jedoch das Kommando telefonisch mit, dass ein Ersatzzug im Anmarsch sei und in nächster Woche nochmals Verstärkung kommen würde. Außerdem hoffte ich auf die Rückkehr ausgeheilter Verwundeter. Vlasic erzählte mir auch, dass die zwei Tage nach meinem Abgang vom Sief außerordentlich blutig verlaufen, nun aber Ruhe eingetreten wäre. Die Italiener hatten ihre Durchbruchsabsichten aufgegeben. Und dabei blieb es auch.

Die Ruhe der neuen Stellung behagte mir vortrefflich. Ich fühlte mich von Stunde zu Stunde wohler und hatte nun auch Zeit, mich zu pflegen. Also auf zum Arzt des Hilfsplatzes Arabba! Zu meiner größten Verblüffung sagte er kurz und bündig: „Du musst zur Feststellung ins Spital nach Corvara." Mein ständiges Fieber hatte ihn anscheinend irritiert.

Nun war ich mindestens eine Stunde am Telefon beschäftigt, um durch die vielen Kommandos und Telefonanschlussstellen zum Bataillonskommando durchzudringen. Antwort: Eintreffen Oberleutnants Schönegger abwarten! Mittags darauf traf er schon in Arabba ein und konnte für die kurze Zeit meine Kompagnie übernehmen.

Dann stand ich in Corvara vor dem Regimentsarzt Dr. Singer. Er war gleichermaßen gefürchtet bei Gesunden, Kranken und Tachinierern. Singer untersuchte mich eingehend, fand auch mein Fieber nicht unbedenklich und schickte mich nach Bruneck. Ich schien typhusverdächtig zu sein.

Ein Trainrittmeister nahm mich und meinen Diener in seinem Personenauto mit und schlug ein höllisches Tempo an, wie man's eben im Kriege wagte. Ob man im Straßengraben starb oder im Schützengraben, es kam aufs Gleiche heraus. Kanntest du die damalige schmale Straße mit ihren unzähligen, unübersichtlichen Kurven? Rechts der Felsen, links tief unten der Bach! Toll!

Ein reizender Garten umgab die geräumige Villa, in der das Offiziersspital Bruneck untergebracht war. Im ersten Stock wurde mir ein großes Zimmer zugewiesen. Ich war überglücklich, fühlte mich schon pudelwohl, obgleich ich noch elendig aussah. Mein Appetit begann zu wachsen und allmählich verschwand der Brechreiz. Das Fieber aber wollte nicht weichen. Dr. Fuchs, mein Bekannter vom Monte Sief, war Leiter des Offiziersspitales, er verordnete mir Karlsbader Salz. Ich entzog ihm trotzdem nicht meine Freundschaft.

Völlig unbeschwert schlenkerte ich durch den Ort. Bekannte Kameraden schlossen sich an und fröhlich lebten wir in den Tag hinein. An manchem Abend besuchten wir auch das Feldkino. Einmal saß Generalstabsoberstleutnant H. in meiner Nähe. Er galt im ganzen Divisionsbereich als aufgeblasener, unnahbarer Herr. Da flüsterte mir mein Nachbar zu: „Weißt du schon's Neueste? Unser Armeeoberkommandant Erzherzog Friedrich ist über Nacht größenwahnsinnig geworden. Er bildete sich ein, der Oberstleutnant H. zu sein."

Nach fünf Tagen erlebte ich neuerlich die Überraschung, abtransportiert zu werden, denn ich hatte mich schon für gesund gehalten. Doch Dr. Fuchs bestimmte es so. Ich bestieg also den Rotkreuzzug und rollte als Typhusverdächtiger in einem bequemen Separatkupee nach Innsbruck. Dort fuhr mich ein Krankenauto ins Spital. Der Innsbrucker Arzt steckte mich trotz Sträubens gleich ins Bett. Fünf Tage musste ich darin aushalten.

Dann wurden wir wieder untersucht und ausgemustert. Die meisten wurden in irgendein Erholungsheim abgeschoben, manche zum Kader geschickt, wenige nur ins Hinterland. Darunter auch ich. Wegen meines Fiebers. Ein Maltheserzug, vorzüglich eingerichtet, besorgte meinen Weitertransport. Wieder war mir ein Einzelkupee zugewiesen. Nach fünf Stunden lief der Zug in Salzburg ein. Nur kurz war der Aufenthalt, er reichte bloß aus, meinen Salzburger Angehörigen einige Zeilen zu schreiben und zusenden zu können.

Unser Reiseziel war Linz. Ich kam ins Allgemeine Krankenhaus. Das kleine, für Offiziere bestimmte Häuschen, stand mitten in einem großen blühenden Garten. Zwei Oberleutnants teilten mit mir den zugewiesenen Raum. Der eine, ein Ungar, sprach nur ganz gebrochen deutsch. Er litt an einem schweren Nervenschock, der andere Nachbar war an Rheumatismus erkrankt.

Es ging uns vorzüglich. Essen, Quartier und Behandlung waren einwandfrei. Unsere ganz besondere Hochachtung erwarb sich aber Primar Dr. Lindner. Den ganzen lieben langen Tag war er auf den Beinen und oft noch tief in die Nacht hinein. Er knutschte mich links und rechts, horchte hinten und vorne und interessierte sich auch ganz besonders für meine Innereien. Dann ließ er mir den Magen auspumpen und verlangte noch andere Verdauungsproben. Der bakteriologische Befund war negativ. Kein Typhus.

In der Ruhe des Hinterlandes fand ich meine volle Gesundheit wieder. Waren dies glückliche Tage! Nachmittags Ausgehzeit, um neun Uhr abends Retraite. In den Gasthöfen von Linz gab's noch keine Not. Überall war man gut aufgehoben. Manches Mal traf ich bekannte Offiziere, überschritt auch dann und wann die

Retraitestunde und wurde von der Torwache angezeigt, wie in längst vergangener, sorgloser Einjährigenzeit, die ich bei Kaiserjägern abgedient. Doch Dr. Lindner regelte alles.

Rasend schnell vergingen diese blühenden Junitage. Ein liebes Linzer Mädel half mir, dieses Tempo noch lebhafter zu gestalten. Warum ich just in dieser fröhlichen, ungebundenen Zeit wieder zu rauchen begann, ist mir heute noch unverständlich. Zehn Jahre lang hatte ich keine Zigarette angerührt und meine Tabakfassungen an Mannschaften und Freunde abgegeben. Und nun dieser Rückfall!

An schönen Nachmittagen streiften wir gemeinsam durch die reizende Umgebung, kamen mehrmals auf den Pöstlingberg oder in den Haslgraben, fuhren auch nach Ottensheim oder pilgerten zu Bruckners Grabstätte. Noch nie hatte ich mich so gesund gefühlt wie während dieses Krankseins.

Eines Tages fragte Dr. Lindner, ob ich um einen Erholungsurlaub ansuchen wolle, er benötigte meinen Platz. Da wäre ich ihm am liebsten um den Hals gefallen. Ich konnte es kaum fassen. Jetzt noch Urlaub? Nach meinem Empfinden war ich schon seit meinem Abgang aus „Alpenrose" auf Urlaub.

Bei einem Bummel durch die Stadt sah ich bei einem Buchhändlerladen eine Karte von Mitteleuropa. Darauf waren die Reichsgrenzen der Mittelmächte aufgezeigt, wie sie in der Phantasie der Feindstaaten nach Friedensschluss erstehen sollten: Österreich vollkommen zertrümmert, Deutschland wesentlich verkleinert. Ich war zunächst sprachlos, empört. Dann löste sich langsam meine Wut und leitete über in ein befreiendes Lächeln: Blödsinn!

Und wieder einen Tag später lag ich faul auf meiner Liegestätte. Unser Bettnachbar war ausgegangen. Geraume Zeit nachher kam ein Sanitätsunteroffizier mit einem Elektrisierapparat herein und fragte, ob ich elektrisiert werden müsste. Als ich abgelehnt hatte, nahm er den ungarischen Oberleutnant in die Arbeit. Der Ungar sprach vorerst einige unverständliche Worte in seinem Kauderwelsch und sah dann erstaunt und hilflos auf sein Bein, das der Unteroffizier energisch zu massieren begann. Und dann zu elektrisieren. Schmerzlich stöhnte der Arme auf. Als am Abend der andere Oberleutnant zurückgekommen war und wir ihm die Prozedur geschildert hatten, da platzte er heraus und konnte sich lange Zeit nicht erholen, denn für ihn war die Behandlung bestimmt gewesen.

„General Teisinger rückt an!" Der gefürchtete, rücksichtslose Durchmusterer. Ein Zittern und Beben ging durch alle Spitäler und durchdrang die militärischen Stellen und Kommanden. Zwei Tage darauf war er schon in Linz angelangt. Alle marschfähigen Offiziere wurden vorgeladen.

Wir warteten im Vorraum. Arme Teufel, die so gerne noch im Hinterland geblieben wären. Manchem trat schon beim Warten der Angstschweiß auf die Stirn. Doch je kränklicher jemand aussah, umso fröhlicher blieb seine Miene.

Ich bin vollständig gleichmütig. Was kann mir geschehen? Schickt mich Teisinger an die Front, dann gehe ich zur Kompagnie nach Arabba zurück. Dort habe ich das angenehmste Leben. Steht aber meine Kompagnie wieder auf dem

Sief, so ist's auch dort jetzt nicht mehr schlimm, wie mir meine Baonskameraden schrieben. Ständig will ich ohnehin nicht im Hinterland bleiben.

Da wurde ich aufgerufen. Teisinger saß am Tische, neben ihm arbeiteten einige Kanzleiorgane in ihren Listen. Der Stabsarzt untersuchte gerade einen Offizier. Schwüle rundum und Ängstlichkeit. Teisinger stellte nun einige Fragen an mich: „Wie lange sind Sie an der Front? Wo waren sie zuletzt?" Dann wollte mich der Stabsarzt in seine Klauen nehmen. Doch Teisinger winkte ab und sprach: „Sie können die Erledigung des Urlaubsansuchens in Ihrer Heimat abwarten. Ich gebe Ihnen bis dorthin Urlaub. Erholen Sie sich recht gut." „Danke gehorsamst" – dann war ich draußen.

Ich war bekehrt, erkannte, dass die ungünstigsten Urteile über Teisinger nicht begründet wären und hatte durch seine harte Schale den inneren Kern, seine Menschlichkeit gesehen. Wie sollte er auch, der täglich mit so vielen Drückebergern und Simulanten zu tun hatte, nicht hart werden? Und recht so! Das Etappenheer war ohnedies schon zu bedrohlicher Größe angeschwollen und diese fliegende Musterungskommission trotz etwaiger Fehlgriffe zur Notwendigkeit geworden.

Am gleichen Tage noch saß ich im Zuge nach Salzburg. Die Sehnsucht nach meiner Heimat hatte jählings alle sonstigen Bindungen zerrissen. Nach einigen Tagen kam dann die Bewilligung eines vierwöchigen Urlaubes. Der ganze Julimonat stand mir nun offen. Ausflüge, Unterhaltung und Hinterlandsleben in jeder Form füllten ihn aus.

In Salzburg traf ich auch Fähnrich Schmidbauer, er genoss noch den Rest seines Rekonvaleszentenurlaubs. Als er wieder zum Kader abgehen musste, feierten wir in fröhlicher Gesellschaft den Abschied. Der Gasthof „Birne" in der Judengasse wurde als Schlachtfeld bestimmt, dort gab`s einen abgeschlossenen, fensterlosen Raum, bei allen Intimen dieses Hauses als „Kaverne" bekannt, gesichert gegen Polizei und andere Überraschungen. Fesche Mädels saßen in unserer Mitte und Frontlieder durchschallten den Raum. Doch jede Nacht hat ihren Morgen und selbst die enge, düstere Judengasse wird heller, wenn Morgensonne sie bestrahlt.

Auch mein Urlaub, der mir anfänglich riesenlang erschien, ging zur Neige. Ich haderte nicht mit dem Schicksal. War ihm herzlich dankbar, mir zwei Ruhemonate beschert zu haben und nahm es als Selbstverständlichkeit hin, nun wieder Frontdienst leisten zu müssen.

Kämpfe an der Dolomitenstraße

Unaufhörlich zogen die primitiven Seilbahnkästchen über mich hinweg, dem Monte Sief zu. Soldaten war das Mitfahren strengstens untersagt, denn es blieb eine riskante Sache. Ein Seil nur führten diese ersten Seilbahnen, daran hing das Schicksal. Das waagrechte Brettchen war an einem Eisenstab befestigt, der mit einer Klappe am laufenden Drahtseil festgehalten wurde. Über Berg und Tal ging's dahin, viele Kilometer weit. Manche Leute verunglückten, stürzten ab, zumeist dann, wenn starker Wind das Brettchen in Schwingung gebracht und die Klappe sich geöffnet hatte. Darum das Verbot. Trotzdem fuhren wir mehrmals mit diesen halsbrecherischen Bahnen.

Ich schritt vom Lager Incisa dem Jägerweg zu, doch diesmal bildete nicht der Sief mein Ziel. An der Dolomitenstraße stand seit einigen Wochen mein Baon. Hauptmann Vlasic, unser vorbildlicher Führer vom Monte Sief, war noch sein Kommandant.

Die Unterstände des Baonskommandos standen im Cherzwalde. Auf einer sonnigen Blöße war ein Tisch aufgestellt. Lange saßen wir herum und plauderten über unsere Erlebnisse. Ein köstlicher Aufenthalt, von Ruhe umwoben. Stunden, wie sie der Großstadtmensch fühlen mag, wenn er abgehetzt und verbraucht die ländliche Stille genießt.

Eine Stunde Fußmarsches führte mich dann zu meinem Kompagnielager. Es lag im Schnee des Cherzrückens, über dem unsere Hauptstellung verlief. Unten im Tal, an der weißen, kalkigen Dolomitenstraße standen bei Nacht die Feldwachen.

Es ist das Straßenstück zwischen Arabba und Piave. Unsere Vorposten schieben sich bei angebrochener Dämmerung drüber hinweg und dringen zum Cordevolebach vor. Jenseits des Baches steigt gleich der Ornellawald steil an, von feindlichen Patrouillen kreuz und quer durchstrichen, von Maschinengewehren und Geschützen aller Art bestückt. Die kavernierten Ornellabatterien sind mir noch vom Sief her in übelster Erinnerung.

Oberleutnant Zanker, Schneider und ich wohnten zu dritt in einem bescheidenen Unterstand. Drei schmale Pritschenetagen dienten uns als Schlafstätten. Ich als Jüngster erhielt die höchste zugewiesen. Einen Dezimeter über meinem Schädel drohten die Dachbalken.

Am nächsten Tag besuchte ich die Hauptstellung. Sie führte durch die Ruinen des Cherzdorfes, in dessen Kellern unsere Wachen hausten. Es waren Angehörige der ersten Kompagnie, die ich nun von Zanker übernehmen musste.

An eine halbeingestürzte Mauer gelehnt und gegen feindliche Sicht geschützt, genoss ich die herrliche Aussicht. Vom Pordoj bis zur Civetta ragte der wilde zackige Kamm zum Himmel. Grüne Matten lagen zu seinen Füßen. Tief unten am Cordevole winkten die vielen zerstörten Ortschaften und zu unserer Linken drohte der Col di Lana – Monte Sief. Nur drei Kilometer trennten uns von ihm. Deutlich standen der Grat in den Linsen meines Feldstechers und die weiten Flächen und steilen Hänge, auf denen sich unsere Gegner zu ihren Angriffen gesammelt hatten.

Der Abend senkte sich nieder. Und hinter ihm die Nacht. Ich stieg zu den Feldwachen hinunter. Ungedeckt führte der Weg über die Wiesen des feindwärtigen Hanges zum Ruazbach. Tief eingeschnitten rauschte er dem Cordevole zu. Diese Schlucht bildete meinen linken Kompagnieflügel. Einen Kilometer weit gegen Arabba zu stieß man auf die kleine, zerstörte Ortschaft Grünwald, sie markierte meinen rechten Flügel.

An der Straße stand eine alte Straßensperre, ähnlich jener auf Tre Sassi. Sie war gleich bei Kriegsbeginn zerschossen worden. Löcher und Klüfte klafften in ihrer Umgebung, abgesprengte Mauerblöcke lagen herum, dazwischen Dachteile, Drahtreste und anderes Zeug. Quer durch die Straße zog sich ein tiefer Laufgraben und führte in die Kaverne des Hanges, die jenem Infanteriezug Schutz bieten sollte, der jeden Abend die Ruazsperre beziehen und dort vierundzwanzig Stunden hausen musste. Die Sperre selbst war von einem Kampfgraben und einer Reihe Spanischer Reiter umgeben.

Unbeschreibliche Düsterheit strömte von dieser verwüsteten Stätte aus. Modergeruch und Gestank lagen auf ihr, Feuchtigkeit und Dreck. Das Regenwasser tropfte durchs zerrissene Dach und rieselte an den Quadersteinen nach unten.

Im Keller standen Pritschen, mit feuchtem Stroh bedeckt. Alle Fensterlöchernischen und Schießscharten waren mit Brettern, Fetzen und Steinen abgedichtet. Kein Lichtstrahl sollte nach außen dringen, um die Sperre nicht als ständigen Stützpunkt zu verraten. Niemand durfte sie daher bei Tag verlassen. Ein widerlicher Aufenthalt. Überall stinkige, eingesperrte Luft. Latrinengerüche, Petroleumgestank!

Ein voller Zug, vierzig Mann also nach den mehrfachen Auffüllungen, war hier untergebracht. Der Offizier lebte mitten unter ihnen, neben ihm ein Telefonist und die tagaus, tagein brennende Petroleumlampe. Um sich schneller an dieses Milieu zu gewöhnen und die eigenartige Behausung als wohnlich zu empfinden, war es sehr vorteilhaft, recht oft an den Sief zu denken.

Der Zug bestritt zwei Feldwachen. Die eine, am Einflusse des Ruazbaches in den Cordevole gelegen, war in der Nacht vor meiner Ankunft aufgerieben worden. Oberjäger Trager, mein ausgezeichneter Dienstführender, begleitete mich durch die große Dunkelheit zu dieser Wache. Es war kein harmloser Weg, denn der Hang zwischen Sperre und Cordevole wurde von Flatterminen durchzogen. Man hatte sie bei Kriegsbeginn zum Schutze der Sperre ausgelegt, doch wer kannte jetzt noch ihre genaue Lage? Ein peinigendes Gefühl! Wir kamen unversehrt durch, auch bei allen späteren Besuchen, waren also glücklicher als jene fünf Leute, die während unseres Aufenthaltes durch diese Minen getötet worden sind.

Nach einigen hundert Schritten hatten wir das Ziel erreicht. Ein kleines Stück Graben, kaum zwanzig Meter lang und einen Meter tief, bildete das ganze Um und Auf. Und ein paar Meter tiefer brauste der Cordevole und zur Linken der einmündende Ruazbach. Man hörte nur das Rauschen des Wassers und sah nur das absolute Dunkel der Nacht. Plötzlich stand die Verbindungspatrouille der Nachbarfeldwache in unserer Mitte. Niemand hatte sie kommen hören. Da wurde mir erst der letzte Überfall verständlich.

Trager führte mich dem Cordevole entlang zur zweiten Feldwache. Nach St. Johann stand dort ein kleines Wallfahrtskirchlein und nebenan der Pfarrhof. Im Kellerraum war die Wache untergebracht. Ihre Vedetten lauerten vor der Kirche. Auch hier musste jedes Licht vermieden werden, denn der nahe Gegner zeigte sich stets sehr wachsam und sehr agil, das bewiesen die unzähligen Einschusslöcher in den Kirchenmauern.

Seine Patrouillen durchstrichen den Wald nach allen Richtungen und überschritten manchmal auch den Cordevole. Jeden Augenblick konnte man daher auf Italiener stoßen und tat gut daran, die Pistole stets schussbereit in der Rechten zu tragen.

Für heute hatte ich genug, ich eilte wieder zurück nach Ruaz. „Halt! Feldruf? Losung?" Wir zwängten uns durch die Öffnung des Drahtverhaues. Weißlich glänzte die Dolomitenstraße im ständigen, ruhigen Scheinwerferlichte. Rasch überquerten wir sie und stiegen aufwärts nach Cherzort.

Mit dem Kommando der ersten Kompagnie hatte ich zugleich die Aufgabe übernommen, mich eingehend um den Stellungsausbau zu kümmern. Es standen mir zu diesem Zwecke neue Anleitungen zur Verfügung, nach denen sich unsere bisherigen Arbeiten als niedliche, kindliche Spielereien präsentierten. Jeder Graben musste nun mindestens zwei Meter Tiefe erreichen, eine Stufe für die Verteidiger haben, mit festen Balken gepölzt und mit Brettern oder Reisig verschalt und verhürdet werden. Und erst die mächtigen Traversen, fünf Meter Breite waren hiefür bestimmt! Wir standen diesen riesigen Anforderungen zunächst sehr skeptisch gegenüber und wollten nicht anpacken, fanden uns aber im weiteren Verlaufe damit ab und lernten später die erstehenden Bollwerke höchlichst schätzen.

Am nächsten Abend besuchte ich meinen rechten Kompagnieflügel und stieg durch den dichten Wald zur Dolomitenstraße. Oberjäger Trager war wieder mein Begleiter. Auf einmal standen wir vor dem großen Unterstand. Er steckte tief im Waldboden, nur das Dach sah drüber weg, mit einer drei Meter dicken Haube aus Balken, Felsstücken und Rasenziegeln bedeckt. Dies war notwendig, da manches Mal die italienische Artillerie den Wald abstreute, besonders dann, wenn sie drinnen Bewegung sah. Herumgehen war daher verboten. Nur einige kurze maskierte Strecken waren freigegeben. Dort liefen starke Drähte von Baum zu Baum, mit langen Fichtenzweigen dicht behängt.

Vom Wald aus führte ein Laufgraben über die Straße ins zerschossene Gasthaus Grünwald. Dessen Keller war noch intakt. Darinnen lebte Tag und Nacht eine Feldwache, mit meinem Unterstand in Cherzort telefonisch verbunden. Um das Haus herum lief ein tiefer Kampfgraben.

Wer von den vielen hundert Autolenkern, die täglich dort vorübersausen, würde glauben können, dass der Schutt damals einige Meter hoch lag und nur niedrige Mauerreste daraus hervorragten?

Unsere Grünwaldwache musste beim Einbrechen der Dunkelheit auch die benachbarte Brücke über den Cordevole sichern. Recht geheimnisvoll und still ging es dort zu. Ich schlich zu den zwei Posten hinunter, die am Brückengeländer lehnten. Ein verantwortungsvoller Dienst! Ein schwerer Dienst! Ein gefährlicher Dienst! Nur das Rauschen des Wassers drang an ihr Ohr. Jenseits des Baches, etwa fünfzehn Meter entfernt, lauerte hinter den Bäumen der Gegner. Vielleicht schleudert gerade in diesem Augenblick irgendeiner seine Handgranate?

Ich fragte den einen Posten im leisesten Flüsterton. Er schüttelte den Kopf, verstand nicht, er war Ruthene. – Der Monte Sief hatte drei Viertel der deutschen Mannschaft verschluckt. Und mit den Ersatztransporten waren zum Großteil Slawen gekommen.

Tief herunter hingen die Wolken, als wir nach Grünwald zurückkehrten. Der Scheinwerfer konnte gegen den dichten Nebel nicht aufkommen. Wir wagten also den Gang über die Dolomitenstraße zur Sperre Ruaz. Er verkürzte unsern Rückweg.

Nach Oberleutnant Zankers Abschied zog ich um einen Stock tiefer. Doch schon in der ersten Nacht fuhr ich wieder auf, ich hatte das Gefühl, als striche mir jemand mit linden Händen über das Gesicht. Ein Rascheln, ein Knistern im Stroh. Dann wieder Ruhe. Ich spürte mehrmals dies Streicheln, am Körper, an den Händen. Einige Tage machte ich den Spuk mit. Dann wurde mir's zu bunt. Stroh heraus und auf den Boden geworfen. Bei der letzten Schichte angelangt, sprangen zwei große Mäuse auf und verschwanden flugs in einem Loche, das durch die Pritschen- und Unterstandswand in den anschließenden Hang führte. Hernach fanden wir auch das wohlige Mäusenest, vier kleine, putzige Mäuslein blinzelten uns überrascht zu. Ganz jung und zart waren sie. Doch trotz ihrer Lieblichkeit mussten sie sterben.

Ein alter Unterstand diente uns Offizieren als Menageraum. Darin verlebten wir viele Stunden der Fröhlichkeit, wenngleich nur kahle Bretterwände auf uns nieder sahen. Oftmals erhielten wir Besuch von unseren Nachbarkompagnien. Fern blieb jedoch die Zweite. Sie war während meines Krankseins aus Südtirol zurückgekehrt und stand nun oberhalb Arabbas auf Wacht.

Am 1. November waren wir Offiziere in Cherzwald versammelt, um von unserem hochgeschätzten Baonskommandanten Vlasic Abschied zu nehmen. Er war zu seiner Stammtruppe zurückgerufen worden. In unseren Abschiedsworten kam nebst anderem auch die große Verwunderung zum Ausdruck, dass ihm für seine hervorragende Führung am Sief keine Auszeichnung zuteil geworden wäre. Zweihundert Tapferkeitsmedaillen waren damals dem Baon zugegangen, für Vlasic kam keine.

Die Auszeichnungsangelegenheit bildete ein Kapitel für sich. Viel Freude wurde damit geschaffen, aber auch viel Erbitterung. Denn tausende tapfere Frontkämpfer, Offiziere und Mannschaften, gingen leer aus, weil sich niemand ihrer angenommen hatte. Je näher dem Kommando, umso eher eine Auszeichnung, hieß es daher unter den Frontsoldaten. Es war klar, dass sich nie ein vollständig gleichmäßiges Vorgehen ergeben konnte. Jeder Kommandant beurteilte eben die jeweilige Waffentat seines Untergebenen von seinem persönlichen Emfpinden aus. Doch mancher Fehlgriff, manches Übersehen hätte vermieden werden können.

Unser neuer Kommandant, Major Jiresch zeigte sich als freundlicher, gerechter Mann, besaß aber noch wenig Fronterfahrung. Eine seiner ersten Verordnungen bestand darin, jedem Offizier drei Tage Retablierung in Cherzwald zuzubilligen. Ich als Kommandant der „Ersten" begann den Reigen.

Am zweiten Retablierungstag feierten wir den Abschied unseres vortrefflichen Feldkuraten Riffeser. Er kam als Brigadepfarrer nach Niederdorf im Pustertal. An diesem Abend saß zum ersten Mal Leutnant Graf Zichy in unserem Kreise und atmete auftragsgemäß ein bisschen Frontluft, um des Karl-Truppenkreuzes für würdig befunden zu werden. Er amtierte als zweiter Baonsadjutant. Zichy war ein liebenswürdiger, sympathischer Mensch, ein ausgezeichneter Geiger und kein Spaßverderber.

Nachdem der Major gegangen, fing Zanker die Kognakflasche aus dem Wandkästchen. Zeit und Kognak schwanden schnell dahin. Beim Frühstück des dritten Tages erschien der Kommandant in gewohnter Pünktlichkeit und kontrollierte die Alkoholbestände. Sein erster Gang führte ihn zum Wandkästchen, sein erster Griff galt der Kognakflasche. Dann sah er mich, den Retablierer, mit großen, vorwurfsvollen Augen an. Ich fühle mich vollständig schuldlos, fand daher die Situation umso komischer und brach in schallendes Gelächter aus. Die Kameraden brüllten augenblicks mit und notgedrungen musste nun auch unser Chef mithalten.

Dann ging ich spazieren. Milde Herbstluft umgab mich. Goldene Lichter lagen zwischen den Bäumen zerstreut. Vom Sief glänzten die Schneefelder zu mir hernieder. Sehnsucht, heißes Verlangen lenkte meine Gedanken heimwärts. Horch! Granaten schlugen rings um das Lager ein. – Doch war der Rummel gleich wieder vorüber. –

Gerüchte dringen zu uns, verdichten sich immer mehr: Ernste Friedensverhandlungen sollen im Gange sein. Offenen Herzens nehmen wir alles in uns auf. Doch dann kam wieder die Wirklichkeit, die Abkühlung. Nie noch warfen die Italiener so viele Geschosse in unseren Abschnitt, als in dieser Zeit, da wir von Frieden geträumt.

Sollte es Winter werden? Schon verstreute er seine weißen Vorboten und bedeckte den Boden mit einer dünnen Schneeschicht. Weit zu früh! Lange Strecken der Schützengräben wären noch fertig zustellen und manche Laufgräben einzudecken, um die lästigen Ausschauflungsarbeiten zu vermeiden. Wir wollten zu diesem Zwecke Drähte spannen und sie mit Reisig überdecken. Arbeit über Arbeit. An vielen Stellen konnte nur nachts angepackt werden. Und gerade in dieser Zeit störte uns die italienische Artillerie in verstärktem Maße.

Mehrmals erhielt die Kompagnie Auftrag, in den Ornellawald vorzudringen, um Gefangene zu machen. Dann kam es meist zum Handgemenge. Wir mussten dann zufrieden sein, italienische Kappen oder andere Trophäen zurück zu bringen, aus denen die Regimentszugehörigkeit der Gegner festgestellt werden konnte.

Der Schnee verschwand wieder, die Bauarbeiten gingen rüstig weiter. So wie im Kampfe führten die deutschen Mannschaften auch im Stellungsbau. Sie verstanden, dass es um ihre eigene Haut ginge. Anders aber zeigten sich die Slawen. Im Besonderen die Ruthenen und Polen. Es fehlte ihnen der ethische Hintergrund. Sie waren nicht mit ihrem Herzen dabei und sollten für ein Staatengebilde kämpfen, dessen Verfall sie anstrebten und ersehnten. Meine Anerkennung erwarben sich jedoch die Tschechen. Freilich stand nur ein Dutzend in der Kompagnie. Alle zeigten aber große Verwendbarkeit und dienten zumeist als Chargen.

Eine mondhelle Nacht mit all ihrem geheimnisvollen Glanze und Zauber lag über unserer Gegend. Ich war gerade von einer Grünwald-Visitierung gekommen und ging auf der hellen Straße Ruaz zu. Einige Male schon war ich wegen Zeitersparnis diesen gefährlichen Weg gewandert und nie vom Gegner belästigt worden. Also vorwärts und ganz an den Hang gedrückt, um wenig von der weißen Straße abzustechen! Im raschen Tempo ging's dahin. Für alle Fälle wusste ich einige Stellen, die mir Schutz bieten konnten: Eine Brücke, ein gemauerter Wasserdurchlass und ein Stück tieferen Straßengrabens.

Zwei Drittel des Weges waren schon glücklich vorüber. Da, plötzlich Schüsse! Tak - tak - tak. Maschinengewehr im Ornellawald. Die Kugeln prasselten in den harten Straßenboden. Staubwölklein stiegen auf, einige Meter nur von mir entfernt. Laufschritt! Doch die Kugeln folgten mir. Ich steigerte mein Tempo aufs Äußerste. Da winkte der gemauerte Durchlass. Vorher noch ein großer Granattrichter, mitten in der Straße. Ich sprang, blieb aber mit einem Fuß hängen und klatschte mit aller Gewalt auf den Boden. Jetzt ist's aus! – Jäh verstummte das Gewehr. Hielt mich der Italiener für tot? Vielleicht war dies meine Rettung. Ich rührte mich nicht. – Nach einer Weile spannte ich wieder die Muskeln, bereitete den Aufsprung vor, sprang auf und – war in einigen Sekunden unverletzt hinter der schützenden Mauer. Ein unerhörter Dusel! Lange rastete ich nun. Hernach kroch ich durch den Wasserriss in die Wiesen aufwärts und kam unbehelligt nach Hause.

Nicht viel später war ich abermals von großem Glück begünstigt. Ich stand in der Hauptstellung. Bum – Klatsch. Ein Infanteriegeschütz hatte mir seinen niedlichen Gruß zugesandt. Kaum einen Meter entfernt schlug das Geschoß in die Grabenwand. Ohne zu krepieren! Ich ließ den Blindgänger vorsichtig ausgraben. Als Aschenbecher steht er jetzt in meiner Wohnung.

Merkwürdige Zufälle im Kriegerleben! Jeder Frontkämpfer weiß Beispiele zu bringen. Sie machten ihn fatalistisch und abergläubisch oder verstärkten seine religiösen Gefühle. Bei Kriegsbeginn hatte mir eine Dame ein Silberkettlein mit einem geweihten Medaillon um den Hals gelegt. Ich musste zusagen, es nie abzulegen, – und ich hielt das Versprechen. Ich dachte, ohne Amulett sei ich verloren. –

Mit Dezemberbeginn war wirklich ernster Winter geworden. Wieder rückte Weihnachten heran. In der Offiziersmesse stand ein kleiner Christbaum. Die Proviantur hatte einige Leckerbissen gesandt, Fische, Bäckereien, Wein, Schnäpse. Trauliche Kameradschaft führte uns über die natürliche Sentimentalität hinweg und überwand siegreich alle Hemmungen. Wir blieben bis in die Morgenstunden beisammen.

Der Krieg brachte entsetzliches Leid. Doch etwas Wunderbares schenkte er uns: Treue, Kameradschaft, die erst mit dem Tode endet. Eine Kameradschaft, voll des strahlenden, aufopfernden Menschentums, wie sie das Friedensleben nie gewähren könnte.

Auch bei der Mannschaft war das Christkind eingekehrt. Statt des Kaffees konnte ein kräftiges, reichliches Abendessen ausgegeben und Wein kredenzt werden. Ich ging in die Unterstände und sprach von Kameradschaft und Heimatliebe. Ein Tscheche diente mir als Dolmetsch. Dann trat Frohsinn zutage und Volkslieder schallten in die verschneite Nacht.

Nächsten Morgen lag tiefer Neuschnee. Wir wateten bis zu den Knien darin. Am Abend konnten die Feldwachen nicht mehr zu ihren Standplätzen vordringen.

Dann kamen wieder schönere Tage, Tage ohne Sturm und Schneetreiben. Doch die Patrouillentätigkeit war endgültig eingestellt. Endlich würde nun unsere Mannschaft die Früchte ihrer rastlosen Tätigkeit einheimsen und in den mächtigen, eingedeckten Gräben bequem den Frühling erwarten können! Da erhielt meine Kompagnie ganz unerwartet den Abmarschbefehl. Am Nachmittag des Silvestertages setzten wir uns in Bewegung, dem Siefsattel zu.

Siefsattel

Die Kompagnie übernachtete in „Alpenrose". Ich aber eilte weiter, durch das tief verschneite Kar aufwärts, vorbei an der neuen Seilbahnstation. Nach einer Stunde war ich im Lager Siefsattel angelangt.

Viele Unterstände, einer neben dem andern, sind in den Siefhang eingebaut. Er schützt sie gegen feindliche Beschießungen, bedroht sie zugleich mit seinen Lawinen.

Erst vor einigen Tagen waren elf Soldaten in ihrem Unterstand verschüttet und erdrückt worden. Noch jetzt lagen die riesigen, hart geballten Schneemassen anschließend an das Lager.

Bis über die Fenster stecken alle Unterstände im Schnee. Auf den Dächern liegt eine mächtige Schicht, die direkt in den Hang überführt. Halbmeterlange Eiszapfen hängen herab und glitzern im ausstrahlenden Kerzenlicht. Vor den Wohnbauten läuft ein festgetretener Verbindungsweg. Schneestufen führen zu jeder Unterstandstür hinab, von hohen Schneewänden flankiert.

„Bin ich froh, dass ich aus dem Schneeloch herauskomme!" rief mir der abzulösende Kompagniekommandant zu und geleitete mich in sein verschüttetes Häuschen. Gewaltige Schneemengen waren darüber ausgebreitet, mehrere Meter hoch. Ein Schneetunnel führte hinein. Nur notdürftig schloss die Tür, denn das ganze Gefüge war aus dem Winkel geraten. Neben dem Eingang lag ein großer Haufen aus Balkenresten, Schneeknollen und Brettern. Es waren die Überbleibsel einer Küche, die vor kurzem durch Lawinen zerstört worden war.

Der Kompagnieführer, ein aktiver Offizier, erzählte mir, dass er zwar nach der Verschüttung den Unterstand geräumt, doch ihn später wieder bezogen hätte. Eine verdammt riskante Sache. In dieser Behausung sollten wir Silvester feiern. Infanterie- und Artillerieoffiziere saßen schon einige Stunden drinnen. Ich kam unvermittelt in diese ausgelassene Stimmung hinein. In der Mitte des Raumes waren einige Balken aufgestellt, sie stützten das schwer belastete Dach, das mahnend ächzte und stöhnte. Die Feiernden hörten es nimmer, hatten schon zu viel Alkohol zu sich genommen. Ich hielt mich sehr reserviert. Die laute, krampfige Art der Unterhaltung wollte mir nicht zusagen. Der Hauptmann jedoch wurde von Stunde zu Stunde lärmender, aufdringlicher. Ohne Unterlass trank er mir zu und nötigte immer aufs Neue zum Trinken. Zum Glück konnte er mein bloßes Markieren nicht mehr bemerken. Lange nach Mitternacht wollte ich endlich aufbrechen, ich war den ganzen Tag auf den Beinen gestanden und nun wirklich müde. Da kam die Antwort: „Das gibt's nicht, du bleibst!" Also noch eine Stunde. Dann machte ich meine Verbeugung und verschwand, von spöttischen Bemerkungen begleitet.

Unerwartet bald stand der Hauptmann am Neujahrsmorgen vor meiner Pritsche und entschuldigte sich wegen des Vorfalles, er konnte sich an Einzelheiten überhaupt nicht mehr erinnern.

Neben dem Gastraum, in dem verflossene Nacht gezecht worden, befand sich die Kanzlei und anschließend daran die Wohnstätte des Hauptmannes. Dort wohnte auch sein schwarzes Kätzchen, ein herziges, junges Tier. Es war in diesem Unterstand geboren worden und kannte noch nicht die Gefahren der Welt. Zutraulich, wie ein Hund, kam es auf mich zu und strich schnurrend um meine Knie. Der Hauptmann erzählte, dass es ihn bei schönem Wetter auch in die Schützengräben begleite. Hierauf stellte er einen langen Bergstock auf den Boden. Mit größter Behendigkeit kletterte das possierliche Tierchen daran empor und über den ausgestreckten Arm auf seine Schulter. Als er mir nun die Katze schenkte, verzieh ich ihm auch innerlich alles Vorgefallene.

Mein Kompagnierayon führte vom rechten Flügel des Sattels über den Siefhang zu seiner Spitze. Daran schloss sich die mir sattsam bekannte Stellung der Spitzenkompagnie. Große Teile der Deckung lagen ausgeschaufelt, doch musste ich sie raschest passieren, denn einige hundert Schritte oberhalb drohte der Col-di-Lana-Gipfel. Die Italiener waren seit der Besitznahme nicht müßig geblieben, sie hatten lange Galerien, mit Maschinengewehren und Geschützen bestückt, in die Gipfelwände eingesprengt.

Zweihundert Schritte vor meiner Sattelstellung klafften noch Schneedeckungen, die auch zum Kompagnieraum gehörten. In diesen Deckungen hausten Tag und Nacht zwei Feldwachen, Pepi und Pipsi genannt. Und wieder hundert Schritte weiter durchschnitten die italienischen Schützengräben den weißen, weiten Plan. Der Siefsattel senkte sich freund- und feindwärts nur mit ganz geringem Gefälle und war vom Col di Lana überhöht, eingesehen und ständig bedroht. (Bild 15).

Die rauchigen, schmutzigen Unterkünfte lagen über den Siefhang verteilt und waren hoch mit Schnee bedeckt. Im Kompagniebereiche standen auch zwei Geschütze, hauptsächlich zur Flankierung des Sattels bestimmt. Dazu kam noch ein schwerer Minenwerfer.

Nachmittags rückte meine Kompagnie aus „Alpenrose" an, mit ihr auch die Maschinengewehrabteilung, von Oberleutnant Ingenieur Schraffl geführt. Neben ihm lief sein „Treff", eine prämiierte Dobermann-Schäferhund-Kreuzung. Ich ging ihnen bis ans Lagerende entgegen, auch der Hauptmann und seine Katze kamen mit. Voll Freude lief sie den Ankommenden zu und kletterte gleich am Bergstock Schraffls empor. Blitzartig durchdrang mich ein Gedanke! – Zu spät! Treff hatte schon das Kätzlein am Genick. Aus war sein junges Leben.

Die abgelöste Kompagnie zog ab. Ich konnte mich nun eingehender umsehen. Den komfortablen Unterstand ließ ich leer stehen. Seine Größe musste ihm zum Verhängnis werden, denn weit aus dem schützenden Hang drängte er vor. Wozu sollte ich das Schicksal herausfordern? Schon das nächste Hüttchen konnte mich aufnehmen. Eine Bretterwand teilte es in zwei Räume, in dem einen größeren zog ich mit meinem neuen Subalternen, Leutnant Graf Kalnoky, den zweiten reservierte ich für den bereits angemeldeten Kommandanten des Siefsattels, Hauptmann Pfeffer.

Ich sah mit aller Klarheit, in welcher Gefahr wir hier schwebten. Aber wohin? Etliche Baracken, die vom Hang einige Meter abstanden, waren schon zerstört worden. Wann würden die anderen Unterstände drankommen? Am sichersten

Bild 15: Monte Sief

Links Col di Lana-Gipfel mit sichtbarem Sprengtrichter, dann flaches Gratstück, Gratstützpunkt durch senkrechten Felsen verdeckt. Schneegipfel Monte Sief, Siefhang und Siefsattel. Ausgeschaufelte eigene Stellungen über Siefhang und Siefsattel sichtbar, ebenso vorgeschobene Feldwachen und ganz links italienische Linie. Aufgenommen vom Settsaß nach Süden. Im Hintergrunde Berge um Alleghe.

noch schien mir der Aufenthalt in den Unterkünften selbst. Doch mit jedem Meter, den man sich von ihnen entfernte, wuchs die Verschüttungsgefahr. Ich stellte daher Lawinenposten auf, sie sollten den Abbruch einer Lawine signalisieren: Dann hinein in die Unterstände! In der Theorie recht schön, wie würde es aber in Wirklichkeit aussehen.

Als der Abend hereingebrochen war, wollte ich meine vorgeschobenen Feldwachen Pepi und Pipsi besuchen. Ich weiß nicht, wer ihnen diese lieblichen Namen unverdienterweise gegeben. Die zwei Jungfrauen hatten Haare auf den Zähnen.

Schnell einen Schneemantel angezogen, wie die auf Wache gehende Besatzung. Kein Laufgraben führte hinaus. Ungedeckt stieg man aus dem Graben und durchschritt das Loch im Drahtverhau. Einige Male kam ich in der Dunkelheit von der Trasse ab und stak dann bis zum Bauche im Schnee.

Ein kleiner Unterstand, kaum zwei Meter im Geviert, steckte tief im gewachsenen Boden. Gleichmütig saßen die Leute um den Tisch, in Mäntel eingehüllt, und rauchten ihre Pfeife. Es machte so gar nicht den Eindruck, wie wenn nur hundert Schritte entfernt Italiener stünden.

Ebenso harmlos sieht es im Graben aus. Er ist mannstief und freigeschaufelt. Die Posten stehen hinter stählernen Schutzschilden. Ich lugte Sekundenweise durch den schmalen Schlitz, sehe aber nur ganz verschwommen das flache, verbindende Gelände und undeutlich den feindlichen Graben. Sternenlos ist die Nacht und kein Mondstrahl durchdringt das dichte Gewölk.

Während ich mit dem Posten flüsterte, drangen zornige italienische Worte an mein Ohr. Ein Visitierender schien jemanden abzukanzeln. Man verstand beinahe jedes Wort. Diese Keckheit. Ich befahl dem Posten, einen Schuss abzugeben. Da kam die ungewollte Antwort. Zuerst fielen einzelne Schüsse, dann immer mehr, endlich blitzen vielleicht fünfzig Gewehre auf. Wie wenn wir in ein Wespennest gestochen hätten. Schutzschilde klangen auf und italienische Leuchtraketen überstrahlten Freund und Feind. Wie im Märchen glitzerte der Schnee und ein Kopf neben dem andern zeigte sich flüchtig im italienischen Graben.

Als ich von dieser Visitierung zurückkam, war bereits Kaiserjägerhauptmann Pfeffer eingetroffen. Ambitioniert, von echtem Kameradschaftsgeist erfüllt und voll Verständnis für die Mannschaft führte er nun sein Kommando.

Wir nahmen unsere Mahlzeiten in meinem Unterstand ein und vergaßen dabei oft, dass über uns Lawinen hingen. Doch ein Blick zur Tür führte in die Wirklichkeit zurück. Dort standen Krampen und Schaufeln, um bei Verschüttungen auch von innen anpacken zu können.

Die Siefspitze war von Egerländern besetzt, vom 73. Infanterieregiment. Eine ausgezeichnete Truppe. An meinen linken Flügel schloss sich die fünfte Kompagnie unseres Baons an. Und den folgenden Teil des Sattels, bis in die Wände des Settsaß hinan, verteidigte eine Kompagnie des bekannten tapferen Grazer Regiments Nr. 27. Ich versuchte gleich in den ersten Tagen mit ihnen Fühlung zu bekommen.

Überall lagen kolossale Schneemengen und ständig brauste der Sturm. Wie feinster Dünensand rieselten die Kristalle über den flachen Sattel hinweg und füllten alle Vertiefungen und Mulden. Kein Dach ragte aus der Schneedecke heraus. Tief unten lag der Eingang zu den Unterständen. Hohe Schneetreppen führten hinab.

Im Laufe des Winters türmten sich die Schneemassen zu einer fünf bis sechs Meter hohen Schicht. Waren die Unterkünfte durch neue Stützen nicht gehörig gesichert, brachen sie unter dieser Last zusammen.

Kein Stück des Grabensystems war eingedeckt, jeder Meter dem Wüten der Elemente freigegeben. Die täglichen Ausschauflungsarbeiten wurden immer ekliger. Und in Cherzort hatten wir so viel für andere gearbeitet!

Wie sollten wir uns jetzt noch schützen, die Gräben eindecken können? Ohne Material? – Vielleicht ginge es mit Schnee? An diesem Stoffe hätten wir keinen Mangel. Und es ging. Wir legten zunächst Drahtnetze, Wellblechstücke, Bretter und ähnliches Zeug über die Laufgräben und ließen darüber schneien. Bald kamen wir darauf, dass auch mit Schnee allein die Wölbung hergestellt werden könnte. Und von da an klappte es. Ohne Vorbild. Die Not hatte es uns so gelehrt. Viele Meter wurden nun täglich überdacht, alle Verbindungsgräben und auch große Teile der Verteidigungslinie eingedeckt. Ein Höhlenreich war im Entstehen.

Es schneite weiter. Es stürmte weiter. Die Lawinengefahr wurde fürs Lager immer bedrohlicher. In einer solchen stürmischen Nacht war's auch, als Hauptmann Pfeffer plötzlich abberufen wurde und ich das Kommando des Sattels übernehmen musste. Im Schneesturm schritten wir gemeinsam durch den Abschnitt, um die Übergabe durchzuführen. Wie leicht sich dies sagt, und wie anstrengend war in Wirklichkeit die Wanderung. Mehrere Stunden nahm sie in Anspruch. Der Sturm peitschte uns die scharfen Kristalle ins Gesicht, wie scharfe Nadeln stachen sie. Zu guter Letzt entlud sich noch ein heftiges Gewitter und zauberte uns ganz eigenartige Bilder vor Augen. Wir meinten zuerst, es wären krepierende Granaten. Bei jedem Blitzschlag flammten die Felsen des Settsaß in gespenstigen Umrissen.

Am nächsten Morgen lag ein halber Meter Neuschnee. Ich erwartete nun von Minute zu Minute das Abgehen der Lawine, die Verschüttung unseres Lagers. Wie sollte sich der Schnee so schnell binden können?

Doch sie wollte nicht kommen. Da ließ ich das Lager räumen und versuchte, den Schnee zum Abgehen zu zwingen. Wir zogen oberhalb des Lagers, an der voraussichtlichen Abbruchstelle, mit Skiern eine tiefe Spur. Angeseilt stampften wir bis auf die alte Schichte durch. Zwei lange Stunden Arbeit. Vergeblich. Die Lawine wollte noch immer nicht abgehen. Da gruben wir Löcher, banden je zehn Handgranaten mit Draht zusammen und brachten sie zur Explosion. Nichts rührte sich. Zum Schlusse versuchten wir es mit Dynamitpatronen. Abermals ohne Erfolg. Meine Weisheit war damit erschöpft.

Einige Tage nachher erschien Hauptmann Graf Thurn und Taxis als neuer Kommandant des Siefsattels. Als ich ihn durch den Abschnitt führte und die Stellungen übergab, rauschte einer der vielen Feuerüberfälle über uns hin. Doch bei dieser ungewöhnlichen tiefen Schneelage war keine Gefahr, nur Volltreffer konnten Schaden bringen.

Ich war mit dem neuen Chef in kurzer Zeit gut Freund geworden. Wir begleiteten uns gegenseitig bei den täglichen Inspizierungen und erlebten auch bald ein gemeinsames Abenteuer: Ich lag allein im Unterstand, Kalnoky hatte Grabendienst. Jenseits der Bretterwand schnarchte Hauptmann Thurn und Taxis. Da riss mich plötzlich ein metallisch dumpfer Klang aus dem Schlafe. Die Lawine war da! Schon rumpelte sie mit unheimlicher Wucht und Schnelligkeit über unser Dach. Ein Ächzen und Stöhnen der Balken. Dann Ruhe. Kein Laut drang aus der Außenwelt zu uns. „Wie schaut's aus? Was ist's?" rief der Hauptmann schlaftrunken herüber. „Wir sind verschüttet", lautete meine Antwort.

Rasch die Kerze angezündet. Der abgerutschte Schnee ist dicht ans Fenster gepresst, hat einige Scheiben eingedrückt. Als ich die Tür öffne, steht eine Schneemauer vor mir. Mein Diener wohnt im Nebenraum. Schon ist er bei mir. Wir beginnen die Arbeit.

Er pickelt den harten Schnee aus der Mauer, ich schaufle ihn zurück in den

Unterstand. Ruhig geht es vonstatten, wir denken an keine Gefahr. Im Gegenteil, wir fühlten uns sicherer als zuvor, unser Vertrauen zum Unterstand ist gewachsen. Schon ist das Loch einen Meter tief und im Innern wird der Schneehaufen immer größer. Da hören wir Stimmen von außen. Wir antworten. Dann fällt auch die letzte Scheidewand. Fackellicht leuchtet durch das kleine Loch.

Eine Stunde ungefähr hatte das ganze Abenteuer gedauert. Es hätte auch anders enden können.

Draußen sah es wüst aus. Die Lawine war über unsere steilen und vereisten Dächer hinweggerutscht und lagerte nun auf und vor den Unterständen. Alle Unterkünfte hatten dem ungeheuren Druck standgehalten. Kein Menschenleben war zu beklagen. Doch die große, schöne Kommandobaracke hatte ausgedient.

Und weiter tobte der Sturm, als wollte er jedes Lebewesen vernichten. Da stoppte die Seilbahn und musste den Betrieb einstellen. Ihre Trasse führte an einigen Stellen tief am Boden entlang und sogar durch Einschnitte, es war nicht mehr möglich gewesen, diese Strecken freizuhalten. Unsere Nachschubquelle war somit versiegt. Mehrere Tage kamen weder Fleisch noch Brot, keine Post und auch kein Heizmaterial.

Meine Landstürmer arbeiteten indes an ihren Tunnels. Warm und windstill blieb es darinnen, während drüber hinweg der Sturm brauste. Und bequem waren diese Gänge, sie hatten zwei Meter Höhe, einen Meter Breite. Von oben drang weißer Schimmer durch die Schneedecke und spendete hinreichend Licht. Sollte es noch heller werden, so stieß man mit dem Bergstock Lichtlöcher in die Wölbung. Ich hatte im Kindesalter Burgen und Mauern, Tore und Häuser aus Schnee gebaut, nun war dies alles in ernster Arbeit wiedergekehrt. (Bild 16).

Die Leute konnten nun direkt vom Unterstand in den Graben gelangen, brauchten wochenlang nicht mehr ins Freie, denn an manchen steilen Stellen des Siefhanges waren selbst die Kampfgräben eingedeckt und Schneegalerien gebaut.

In meinem Unterstand lebte sich`s gemütlich und warm. Kein Sturmwind konnte die dicken Schneewände durchdringen. An vielen Tagen waren wir vollständig eingeschneit und eingeweht. Mein „Pfeifendeckel" hatte dann große Mühe, Fenster und Tür freizulegen. Nach solchen Neuschneefällen kostete mich jeder Stellungsgang mehrere Stunden, es hatte aber auch seine eigenen Reize im Sturmwind bestehen zu können.

Eine arge Lücke wurde in unsern kleinen Kreis gerissen, als Hauptmann Thurn und Taxis zu seinem Kaiserjäger-Regiment rückversetzt worden war. Hauptmann Czerny des gleichen Regimentes übernahm nun endgültig das Kommando des Sattels. Er begann gleich außerhalb des Lawinenbereiches den Neubau einer eigenen Kommandobaracke und Kaverne. Meine Wohnungsverhältnisse besserten sich dadurch wesentlich.

Genau eine Woche nach der ersten Lawine sauste eine zweite über unser Lager und verschüttete alles. Wieder bei Nacht. Diesmal arbeiteten wir volle zwei Stunden an der Freilegung, denn jeder Unterstand des Lagers war zugedeckt und alle Leute hatten mit sich selbst zu tun. Wieder ging es ohne Verlust ab.

Bild 16: Schneetunnel
am Siefsattel. Verbindungsgraben. Sitzend Oblt Tecini, stehend Oblt Pölzleitner.

Wenn aber das Unglück einmal bei Tag hereinbricht, während Leute vor den Unterständen beschäftigt sind?

Eine riesige Schneemenge staute sich nun vor den Unterkünften. Sie wirkte als Lawinenfang, das hätte fürs Lager von katastrophaler Bedeutung werden können.

Wir schaufelten daher tagelang an ihr herum. Eine mächtige, ebene Terrasse breitete sich nachher vor dem Lager aus.

Die geplanten Tunnelarbeiten waren beendet. Sie erreichten insgesamt eine Länge von beinahe tausend Schritt, obwohl wir die zwei Jungfrauen Pepi und Pipsi sowie große Teile der Hauptstellung in dieses Höhlensystem nicht einbezogen hatten.

Wir gingen nun daran, unter den Tunnels des Hanges neue Deckungen und Kavernen auszuheben. Die bisherigen Verteidigungsanlagen bestanden nur aus einzelnen Stützpunkten. Ich wollte sie verbinden, um bei einsetzender Schneeschmelze schon ein festes Bollwerk zu besitzen.

Neben jedem Unterstand ließ ich eine Kaverne aussprengen. An einigen Stellen konnte die Kaverne direkt vom Unterstand aus in den Felsen getrieben werden. An anderen Orten waren nur Fuchslöcher möglich. Wir bauten sie zehn Meter tief und pölzten jeden gewonnenen Meter sofort mit starken Hölzern. Vom Boden des Fuchsloches führte ein kurzer Gang in eine größere Kammer, die als Unterschlupf für die Reserven gedacht war. Wir scheuten auch umfangreichere Minierarbeiten nicht und sprengten selbst Felsengänge von dreißig Meter Länge und noch mehr. Meine Leute arbeiteten wie technische Truppen. Und zäh. Sie wussten seit den Sieftagen den Wert massiver Deckungen zu schätzen.

Dolomitenland! Mit Wundern aller Art bedacht. Tausenden Wanderern Sehnsucht und Erfüllung. Mit österreichischem Gelde warst du erschlossen und von österreichischen Bergsteigern besungen worden. Und nun marschierten italienische Truppen auf unseren Straßen umher. Wir sahen bei sichtigem Wetter jede Bewegung.

Noch besseren Einblick hatte man von der Siefspitze. Ich besuchte einige Male ihre Besatzung. Die Stellung war kaum mehr zu erkennen. Tiefe, betonierte Fuchslöcher und Kavernen zeigten sich meinen Blicken, und Beobachtungsstände, meterdick mit Betonklötzen gesichert.

Eine mächtige Steinmauer mit Schießscharten und Schutzschildern sperrte den Grat. Ich schaute bei jedem Besuche durch den Schlitz auf die gegenüberliegende italienische Mauer. Die Italiener hatten in zäher Arbeit einen tiefen, schmalen Laufgraben durch den Grat gesprengt und sich auf zehn Meter Entfernung herangearbeitet.

Hinter dem Schlitze des italienischen Schildes sehe ich ein dunkles Auge, rundherum schimmert das Weiße. Da verschwindet es, ich neige mich schnell seitwärts, schon schlägt die mir geltende Kugel an den Stahlschild. Nun ist wieder unser Posten an der Reihe zum Schießen.

Diese Feindnähe ist unheimlich, schließt auch Überraschungsgefahren aller Art in sich nicht aus. Drum waren die Österreicher dem italienischen Beispiel vom Col die Lana gefolgt und versuchten auf andere Weise Luft zu bekommen. Als ich an der Kaverne unterhalb des Gipfels vorüber kam, klang das gleichmäßige Stoßen einer Bohrmaschine heraus. Die Österreicher planten, in den Grat eine tiefe Kluft zu sprengen, die es den Italienern unmöglich machen sollte, zur Siefspitze vorzudringen. Anfangs war still und vorsichtig gearbeitet worden. Die Italiener hatten jedoch den Bohrlärm abgehorcht und einen Gegenstollen angeschlagen, um unsern Stollen abzuknicken und wirkungslos zu machen. Jede Verschleierung war dadurch überflüssig geworden und rücksichtslos wurde nun von beiden Seiten gebohrt.

Ende Februar ergoss sich zum dritten Male die Lawine über unser Lager. Wieder bei Nacht. Ich saß in der neu erbauten Baracke des Kommandos, als eine Ordonanz gelaufen kam: „Lager verschüttet." Draußen herrschte sibirische Kälte und wütete ein beispielloser Sturm. Mit aller Kraft musste ich mich dagegen stemmen, um nicht umgeweht zu werden. Hinter mir kämpfte die verfügbare Mannschaft des Kommandos, hatte brennende Fackeln und Werkzeug bei sich. Die Abrutschung zog sich über das ganze Lager hinweg. Der obere Teil des Steilhanges war noch nicht ins Rollen gekommen und bedrohte Retter und Verschüttete. Still verbissen wurde gearbeitet. Ich stand mit dem Pfeifchen im Mund nebenbei, wollte die etwa nachkommende Lawine signalisieren. Unausgesetzt rieb ich mein Gesicht, um es vor dem Erfrieren zu schützen. –

Meine Urlaubszeit war wieder herangerückt. Am 5. März fuhr ich los, zuerst auf Skiern über die vielen Mulden und Mugeln nach Corvara. Als ich morgens in Bruneck den Zug bestieg, traf ich unsern ehemaligen hochgeschätzten Adjutanten Schlesinger, nun dem Kommando Corvara zugeteilt: „Dass du heute auf Urlaub fahren kannst, wundert mich", rief er mir zu. Ich dürfte nicht sehr geistreich ausgesehen haben. „Weißt du denn nicht, dass heute früh der Sief von den Italienern gesprengt worden ist?" Großes Erstaunen! Ich wollte Genaueres wissen, doch Schlesinger wusste selbst nicht mehr. Erst in Salzburg las ich den Kriegspressebericht: „Die Italiener sprengten den Grat zwischen Monte Sief und Col di Lana. Unsere Verteidigungslinie ist vollkommen intakt." Ich war noch immer nicht beruhigt.

Es ist nicht zu schildern, welch ungeheure Kontraste sich dem Frontkämpfer im Urlaube aufrollten. Dort der Tod als Führer und Lenker allen Geschehens und hier die Lebensgier. Doch schien die Not sich schon im Hinterlande auszubreiten, schon war die Blockade der Feindesstaaten fühlbar geworden. Schieber begannen ihre erbärmliche Tätigkeit.

Prächtige Frühlingstage verschönten mir den Aufenthalt in Salzburg und die Schlusstage in Wien. Ich besuchte dort eine befreundete Familie. Am letzten Abend saßen wir noch beim Heurigen. „Ich möchte` wieder einmal in Grinzing sein." Der süffige Wein spülte alle Sorgen hinweg. Schmachtende Lieder drangen ins Ohr. Übermütige Stimmung hielt uns gefangen. Wir fuhren erst mit der letzten Elektrischen zum Westbahnhof. Im Laufschritt hinein und in den zur Abfahrt bereiten Schnellzug. Und vierundzwanzig Stunden später trottete ich wieder durch den tiefen Winter „Alpenrose" zu. –

Die italienische Sprengung hatte im Grate ein tiefes Loch gerissen, unsern

Stollen jedoch nicht beschädigt. Eine andere Neuigkeit besagte, dass meine vorgeschobene Feldwache, unterhalb der Siefspitze postiert, während eines Schneesturmes vom Gegner ausgehoben worden wäre. Und zum dritten: Stellvertreter Wurzinger, Berufsoberleutnant bei den Kaiserjägern, hatte in meiner Abwesenheit den feindlichen Graben vor Pepi und Pipsi angegriffen. Der angreifende Zug war in dunkler Nacht erfolgreich an den italienischen Graben herangekommen. Doch plötzlich zerriss der Nebel. Die Leute mussten sich im schweren Handgranaten- und Maschinengewehrfeuer zurückziehen. Resultat: vier Tote und drei Verwundete, Wurzinger selber, von Pepi aus die Aktion leitend, wurde verwundet. Oberjäger Trager hatte sich bei dieser unglücklichen Unternehmung wieder hervorragend schneidig und umsichtig gezeigt. Es gelang mir, ihm dafür die Goldene zu verschaffen.

Die ersten Tage an der Front kamen mir öde und schwierig vor. All das Viele, was man in der Not des Schützengrabenlebens entbehren musste, meldete sich. Doch der verantwortungsvolle Wirkungskreis nahm bald wieder von mir Besitz und neue Interessen und Tätigkeiten absorbierten meine Gedanken.

Hauptmann Czerny ging auf Urlaub. Ich musste ihn vertreten und auf die Dauer von vier Wochen in die geräumige Kommandobaracke übersiedeln. Meine Kompagnie behielt ich bei. Auf einem meiner Kontrollgänge traf ich unvermutet einen Salzburger, Artilleriefähnrich Daghofer. Einsam hockte er bei seinen Geschützen. Ich lud ihn ein, an unsern gemeinsamen Mahlzeiten teilzunehmen, die zumeist mit heiterer Stimmung gewürzt waren. Oft spielte dabei Oberleutnant Schraffl auf seiner Gitarre und wir grölten im Chore mit. Oder ein altes Grammophon mit noch älteren Platten jammerte und krächzte dazwischen. Auch Treff, der Katzenmörder und Besitzer eines wertvollen Stammbaumes, trug nicht wenig zur Unterhaltung bei. Er zeigte sich als vorzüglicher Apporteur, war im „Such verloren“ unerreicht und bestritt manche Programmnummer.

Eines Abends kam ein Leutnant verspätet zum Essen. Sein Diener trug ihm auf einem Teller das duftende, faschierte Schnitzel zu. Da rutschte er aus, er hatte Schnee an den Absätzen. Das Schnitzel flog im weiten Bogen durch die Luft. Ein Sprung! Schon hatte Treff das Apportl im Rachen.

In „Alpenrose“ stand eine Kompagnie unseres Baons als Reserve. Auch das Baonskommando war seit kurzem dort untergebracht. Ich erschien einige Male auf Besuch, fuhr zumeist mit Skiern hinunter. Ein einziger, herrlicher Schuss! Das öde Heraufstapfen durch die Dunkelheit, eine Stunde währte es und mehr, ließ mich aber dies Vergnügen nur sparsam genießen.

Ich kam eigentlich nur selten zum Skilaufen, obwohl prächtigstes Skigelände mich umgab. Die feindliche Sicht legte jedoch enge Grenzen. Kaum war man aus dem Schutze des Siefs geraten, so begannen die Maschinengewehre und Geschütze ihre üble Musik. In voller Fahrt beschossen zu werden, war ja keinesfalls mit großer Gefahr verbunden, aber man musste endlich auch stoppen und umkehren.

Die Minierarbeiten unserer Kompagnie gingen überraschend schnell vorwärts. Es machte mir große Freude, in den selbst geschaffenen, unterirdischen Felsengängen herumzuwandeln. Doch keinen der inspizierenden Kommandanten konnte ich dazu bringen, über die Leitern oder Felsstufen in dies Höhlenreich hinunter zu steigen.

Der Mangel an Bauholz machte mir Tag für Tag große Sorgen. Unsere forcierte Bautätigkeit verschlang viele Bretter und Balken. Wo sie hernehmen? Die Seilbahn musste auch andere Abschnitte versorgen. Einstweilen ging es ja noch, Erde und Schotter waren fest gefroren, stürzten nicht nach, aber was dann, wenn Frühlingswärme alles lockert?

Meine Mannschaften arbeiteten indes überaus willig weiter, die Slawen inbegriffen, sie konnten sich nicht mehr ausschalten. Es ging ja auch um ihr slawisches Leben. Doch mühsam und schwer war es, mit ihnen Kontakt zu halten. Sie konnten zumeist kein Wort deutsch. Ich hatte mir zwar einige Vokabeln zurechtgelegt, sie erstreckten sich aber nur auf die dringendsten notwendigen Funktionen. Mein Verkehr musste sich also größtenteils auf deutsch sprechende Chargen beschränken.

Während meiner Kommandoführung über den Subabschnitt Siefsattel hatte das Brigadekommando Meldungen bekommen, dass vor den italienischen Stellungen Schneeauswürfe sichtbar wären, die auf unterirdisches Vorarbeiten in Schneetunnels schließen ließen. Merkwürdig, wir als Nächstliegende konnten nichts Beunruhigendes beobachten, ich stellte trotzdem sechs Patrouillen zusammen, zwei von jeder Kompagnie, fertigte sie persönlich ab und ließ sie nur mit Handgranaten, Seitengewehr und neuen Schneemänteln ausrüsten.

Die sternenlose Nacht war für unsere Unternehmung günstig. Viele Stunden blieben die Patrouillen im Vorfelde. Dann kamen sie halberfroren zurück. Die Leute waren stundenlang knapp am feindlichen Kampfgraben mit dem Ohr im Schnee gelegen, um Arbeitsgeräusche abzuhören. Nur eine Patrouille war hierbei überrascht worden, auch sie entkam ohne Verluste dem heftigen Handgranaten- und Gewehrfeuer. Die Erkundungsaktion hatte einwandfrei festgestellt, dass die Italiener keine Schneetunnels vorantrieben. Das Brigadekommando konnte nun wieder ruhig schlafen.

Einige Tage später wurde Major Jiresch krankheitshalber abgelöst. Zugleich kam Hauptmann Czerny vom Urlaub zurück. Er übernahm nun nicht nur wieder den Abschnitt Siefsattel, sondern auch das Kommando des Baons.

Bald darauf musste ich meinen Kompagnierayon an eine Dreiundsiebziger Kompagnie übergeben und den linken Flügel der Sattelstellung von den sympathischen Grazern übernehmen. Wieder waren wir nicht zur Nutznießung unserer Tätigkeit gekommen,

Der neue Abschnitt hatte den großen Vorteil, vollständig lawinensicher zu sein, aber den Nachteil, gänzlich in Sicht des Col di Lana zu liegen. Das Kompagnielager, „Sparberlager" genannt, stand in einer sanften Bodensenkung. Vor unseren Fenstern starrten die zerschründeten Risse des Settsaß zum Himmel empor. „Prachtvoller Ausblick!" würdest du ausgerufen haben, aber die Dächer, zum mindesten die Rauchfänge aller Unterstände und Objekte, lagen in Sicht der Col-di-Lana-Beobachter.

Wenige Meter vor der Sattelhöhe schlängelte sich die Verteidigungslinie durch die sanft geneigten, tief verschneiten Wiesen. Mehrere Meter hinter der Sattelhöhe standen die Unterstände der Wachen und noch hundert Schritte weiter zurück winkte das Lager. Nirgends gab es Schneetunnels. Nirgends eingedeckte Grabenstücke. Das widerwärtige Schaufeln nahm wieder seinen Anfang.

Ein Zug meiner Kompagnie thronte auf der Vorkuppe des Settsaß. Mächtige Felstürme schützten ihn. Der Anstieg aber war vollständig deckungslos und in Sicht der Italiener.

Im Sparberlager bot eine ausgedehnte Kaverne Unterschlupf. Meine ganze Kompagnie hätte darinnen Platz gehabt. Doch nicht fester Felsen überlagerte sie, sondern nur eine Lehmschicht von einigen Metern Dicke. Sie schützte zwar noch gegen kleinkalibrige Granaten, nicht mehr aber gegen mittleres Kaliber. Das Wasser tropfte ununterbrochen durch die verschalte Decke und am lehmigen Boden standen tiefe Pfützen. Solange wir aber nichts Besseres hatten, mussten wir damit zufrieden sein. –

Schon zeigten sich die ersten Frühlingsboten. Schüchtern verlangten sie Einlass, dann wieder mit größter Derbheit. Sie schlugen uns die Regenböen um die Ohren, trieben neue Schneemassen als verlorene Posten heran, sandten aber auch ab und zu ihre wärmenden Strahlen. Meine vortreffliche Mannschaft arbeitete unverdrossen, um gegen das Schmelzwasser aufzukommen, sie stak oft bis zu den Knien im lehmigen Dreck.

Je mehr der Schnee abschmolz, umso stärker trat die Unzulänglichkeit der neuen Stellung zutage. Nirgends war Metertiefe erreicht, nirgends eine Verhürdung, die Grabenwand daher zum Großteil eingestürzt. Wir packten zuerst die gefährdetsten Stellen an, gruben, verhürdeten und pölzten, dass den gehetzten Mannschaften der Schweiß von der Stirne rann.

Dann stellte ich Schlägerungsabteilungen zusammen und schickte sie in die Abhänge der Prälongia. Dort unten standen noch vereinzelte Zirben. Die mussten gefällt, an Ort und Stelle abgeästet und behauen werden. Oft wurden diese Abteilungen vom Col di Lana aus beschossen und verjagt. Sie stoben dann auseinander und – fingen wieder von vorne an. Ich drängte rücksichtslos und jagte die Leute bis zum Überdruss. Dafür tauschte ich aber das beseligende Gefühl, vielen Angehörigen der Kompagnie durch die erstehenden, mächtigen Deckungen das Leben erhalten zu haben.

Die Frühlingssonne nagte bereits große Löcher in die weiße Decke. Wir schufteten in verstärktem Tempo weiter. Das zunehmende Artilleriefeuer zwang uns dazu. Bald stand keine Zirbe mehr in unserer Nachbarschaft, alle hatte die Stellung verschlungen. Immer weiter zogen wir unsere Abholzungskreise und verarbeiteten im Laufe der Wochen viele hundert Stämme.

Auf der Vorkuppe des Settsaß, von Fähnrich Fenzl vortrefflich befehligt, wurde anders gearbeitet. Da oben war fester Felsen, es musste viel gemeißelt und gesprengt werden. Wir kerbten dort tiefe Kampfgräben in den Kalkboden, legten lange Flankierungsgalerien an und bauten in die umgebenden Wände große

Kavernen. Dann zimmerten wir neue Unterstände und stellten sie in den Höhlen auf. Als auch der letzte alte Unterstand geräumt und die Belegschaft übersiedelt war, schlug eine „Schwere" in seine kahlen Wände und zerstörte ihn von Grund auf.

Unsere Stellung erhielt allmählich eine Festigkeit von ganz seltener Art. Hut ab vor den Leuten, die daran geschaffen, trotz ungenügender Nahrung, trotz Feindesnähe und Wetterunbilden. Der alte, ungebrochene Stamm des Baons hatte sich neuerlich bewährt und durch vorbildliches Pflichtgefühl und Mut auch jene jüngeren Elemente mitgerissen, die aus sich selbst heraus nie Gleiches geleistet hätten.

Mein Arbeitstag verlief meist gleichmäßig. Sehr spät kam ich erst zur Ruhe. Dafür schlief ich in den halben Vormittag hinein auf meinem Strohsack. Nach dem Aufstehen wurde eine Viertelstunde geturnt, dann der Mannschaftskaffee getrunken und in die Stellung gegangen. Nachmittags, wenn die Sonne lachte, gönnte ich mir in ruhigen Zeiten einen dankbaren, aber nicht ungefährlichen Spaziergang. Unter den Settsaßwänden, mühsam durch das Geröll sich schlängelnd, führte ein schmaler, ebener Steig gegen Corvara. Da war ich nun seit Beginn der Schneeschmelze häufig zu treffen. Beim Verlassen der Lagermulde, kaum hundert Schritt vom Unterstand entfernt, kam ich schon in Sicht des Col-di-Lana-Beobachters. Es mochten etwa zwölfhundert Schritt bis zu ihm sein. Dann schlugen manchmal die Maschinengewehrgarben um mich ein und trieben zum raschen Laufen. Einige hundert Schritt weit jagte mich nun das Gewehr, bis ich endlich im Geröll Deckung fand.

War ich dann noch etliche Minuten gewandert, ertönten schrille Pfiffe. Murmeltiere waren es, die den mit Felsstücken und Grasflecken besetzten Hang bevölkerten. Sie waren erst vor kurzem den Winterlöchern entstiegen. Ich wählte immer die gleiche Trasse und war immer allein, die „Mankerln" wurden daher nicht verscheucht. Regungslos lag ich manchmal hinter einem Block, eine Stunde und oft mehr. Dann kamen die possierlichen, braunen Tierchen aus ihrem Bau geschlüpft, spielten und tollten herum wie kleine Kinder. Mäuschenstill musste ich nun sein, durfte mich nicht rühren. Es waren kostbare, entzückende Stunden. Lichte Höhepunkte im ewigen Gleichmaß und Einerlei des Stellungskampfes. Gern tauschte ich dafür Risiko und Gefahr.

Diese Läufe, mir ursprünglich vom Col-di-Lana-Maschinengewehr aufgezwungen, steigerte ich freiwillig bis zur Länge von mehreren Kilometern. Zurück ging es auch wieder im leichten Tempo. Ich kam dadurch in hohe sportliche Form, die durch spontanen Alkoholboykott noch verbessert wurde. Es fiel mir auch gar nicht so schwer, auf den sauren Wein Verzicht zu leisten. Die Durchführung des Entschlusses war mir umso leichter geworden, als auch meine Subalternen mithielten und gemeinsam mit mir die Sklavenketten sprengten, die König Alkohol um uns gelegt hat. Doch spürten wir noch wochenlang die Ausfallerscheinungen. Unrast und Nervosität hielten uns gefangen.

Mehrmals besuchte ich die Kameraden des Baonskommandos. Es war mir stets eine hochwillkommene Abwechslung. Da wurde dann viel Ulk getrieben. Den Höhepunkt aber bildete die köstliche Pantomime: „ Auf Feldwache." Alle Anwesenden spielten mit. Vorerst wurde der Raum verdunkelt. Geheimnisvoll knisterte im Ofen das Feuer. Oberleutnant Schönegger mimte in irgendeiner Ecke den schlafenden Grabenposten. Da kam Zanker, der „Italiener" heran und kroch schlangengleich über den Boden, über Tisch und Bänke. Hierauf Feuerüberfall, Handgranatenwurf, endlich Sturm und Handgemenge. Der Endsieg hing davon ab, welchem Gegner wir Zuseher uns anschlossen. Für Treff war das überhaupt die Krönung seines Hundedaseins. Vor Gier heulte er laut auf, bis sein Herr ihn endlich beim Sturm losließ. Dann stürzte er wahllos auf den nächst bestem Kämpfer. Bei der „Premiere" hatte er mich als Opfer auserkoren und mir ein handgroßes Stück aus dem Hosenboden gerissen. Das wäre zu ertragen gewesen. Auch die Unterhose war reparierbar. Treff hatte aber auch meine festgewachsene Haut erwischt.

Im Juni wurde das Stück: „Auf Feldwache" in ernster Wirklichkeit vorgeführt: Vor dem Settsaß senkte sich das Gelände mählich feindwärts und ging in Geröllhalden über. Hier standen zwei Feldwachen meiner Kompagnie. Sie waren hinter mächtigen Felsblöcken postiert. Zweihundert Schritt davon entfernt hatte sich die italienische Wache eingegraben. Es war da unten recht ungemütlich. Nach jeder Inspizierung fühlte ich's wie Befreiung, wieder heil zurückgekehrt zu sein. Die Wachen wurden beim Anbruch der Dunkelheit aufgeführt. Ängstlich bedacht, ja keinen Lärm zu machen und nur im leisesten Flüsterton zu sprechen, schlich man schussbereit hinab. Jedes kleinste Geräusch veranlasste das italienische Maschinengewehr zum Losknallen. Kugeln pfiffen dann hin und her, aus Nervosität, oft nur, weil ein Steinchen aus den Settsaßwänden gefallen.

Diese lästige italienische Wache sollte nun ausgehoben werden. Der Sturmzug unseres Baons rückte an und nahm in den großen Kavernen meiner Settsaßwache Quartier. Einen Tag lang beobachtete er mit Feldstecher und Scherenfernrohr die gegnerische Linie.

Um zwei Uhr nachts züngelten dann plötzlich die Flammen aus allen österreichischen Geschützschlünden der Umgebung. Ihr konzentrisches Feuer galt dem italienischen Schützengraben. Unsere Kolonnen drangen vor. Zuerst der Sturmtrupp, in mehrere Rudel aufgelöst, dann ein Zug meiner Kompagnie als zweite Welle. Eine Viertelstunde nur hatte unser Artilleriefeuer gedauert, in seinem Schutze sollten die Stürmenden an die feindliche Besatzung heran. Doch nichts rührte sich. Peinliche Stille. Warum begannen sie nicht mit der Aufrollung des feindlichen Grabens? Was war denn los?

Da schoss die beunruhigte italienische Besatzung Leuchtraketen ab. Das war ihr Verderben! Nun konnten sich unsere Sturmpatrouillen, die im Gerölle jede Orientierung verloren hatten, wieder zurechtfinden.

Ihre Handgranaten prasseln auf den einen Flügel der feindlichen Deckung. Tschin! Tschin! Hallt es herauf, schallt es von den Felsen zurück. „Hurrah!" Hinein in das freigewordene Grabenstück und wieder die Granaten über die nächste Traverse geschleudert. Wer sich den Stürmenden entgegenstellt, wird abgetan.

Bald war es zu Ende. Die italienische Besatzung hatte sich in die Kaverne geflüchtet. Einige dumpfe Schläge drangen zu uns. Krepierende Handgranaten in der Kaverne! Dann kamen die überlebenden Italiener herausgelaufen, Hände hoch, und ergaben sich.

Nun zurück mit den vierzehn Gefangenen. Verwundete und Tote mussten liegengelassen werden. Indessen war die Dämmerung heraufgekommen. Da hagelten die Kugeln der italienischen Nachbarwachen in die Rückflutenden hinein. Sieger und Gefangene sprangen von Stein zu Stein, sie sprangen um ihr Leben. Und dann begannen die feindlichen Geschütze im furchtbaren Grimme zu brüllen und warfen ihre Granaten ins Geröllfeld. Schauerlich dröhnte es zwischen den Felsen. Ich stand an meinem Felsenausguck und verfolgte den Lauf der Todgeweihten.

Freund und Feind durcheinander. Sie springen auf, werfen sich nieder. Zwischen ihnen flammen die Geschosse wieder auf. Rasen immer näher heran. Ist es denn möglich, dass sie der Vernichtung entrinnen?

Und dann sind die ersten da. Keuchend, bleich, mit entsetzten Augen. Und doch ein wunderbares Lächeln im Gesichte, dem Tod ein Schnippchen geschlagen zu haben.

Nach einer Viertelstunde saßen alle in der sicheren Kaverne versammelt – niemand war ernstlich verletzt. Die gefangenen Italiener schienen hoch beglückt zu sein. Mit zufriedenem, breiten Grinsen lachten sie uns zu und riefen ein ums andermal: „Guerra finita!" Für sie war der Krieg beendet. Doch das Trommelfeuer donnerte weiter, belegte die Felsenwache und Sattelstellung mit vielen tausend Granaten. Die neuen tiefen Schützengräben, Kavernen und Fuchslöcher hatten ihre erste schwere Feuerprobe zu bestehen. Und sie hielten, was wir von ihnen erwartet hatten. Kein Mann meiner Kompagnie wurde verwundet.

Seit dieser Beschießung blieb die Unruhe im gesteigerten Maße bestehen. Nur mehr wenige Stunden des Tages setzte sie aus. Auch des Nachts häuften sich nun die Beschießungen und selbst Infanterie wirkte mit. Ihre Patrouillen kamen mehrmals bis zum Drahtverhau heran, gebrauchten auch des Öfteren plumpe Listen, sprachen laut in deutscher Sprache oder gaben deutsche Kommandos. Es führte jedoch nicht zum Erfolge.

Während dieser Frühlingstage wurden wir einige Male inspiziert. Sogar Divisionär Exzellenz Steinhart durchschritt eines Morgens die Sattelstellung und äußerte hohe Befriedigung. Auch er kümmerte sich aber nicht um unsere Glanzstücke, stieg in kein Fuchsloch und ließ unser festestes Bollwerk, die Settsaßwache ungeschoren. Ebenso hielt es der Abschnittskommandant Bilimek. Bei einem seiner Besuche konnte ich mich nicht enthalten, ein klein wenig boshaft zu sein: Das verbindende Grabenstück zur Nachbarkompagnie war nur knapp einen Meter tief, lag in Sicht des Gegners und hatte keine Traversen. Sein Ausbau war bisher immer hinausgeschoben worden. Ich wartete diesseits, stand offen am Flügel meines Abschnittes, Bilimek jenseits und winkte, zu verschwinden, um nicht die Italiener auf uns aufmerksam zu machen. Doch ich stellte mich begriffstützig und blieb. Da musste Bilimek endlich starten. Im schärfsten Laufe passierte er diese hundert Schritte lange Strecke und schoss an mir vorbei. Erst hinter der nächsten Traverse hielt er ein. Ich konnte mich nun melden und seine Vorwürfe entgegennehmen.

Diesen Spaß und manch anderes hatte ich mir erlauben können, weil ich wusste, stets meine Pflicht erfüllt zu haben. Ähnlich hielt ich es auch bei anderen Gelegenheiten und machte zu rechter Zeit am rechten Ort meinen Mund auf: Eines Tages kam an alle Kompagnie-Kommandanten ein scharfer Befehl Bilimeks, bei allen umfangreichen Stellungsbauten die Erlaubnis des Abschnittskommandos einzuholen. Ich schrieb hierauf einen beschwerdeführenden Dienstzettel. Er mag etwas unbotmäßig geklungen haben, aus dem Gefühl heraus, den Eingriff in meine Selbstständigkeit abweisen zu müssen. Unser Baonskommandant sprach sich wenigstens in diesem Sinne aus und machte mich auch auf die üblen Folgen aufmerksam. Ich gab jedoch nicht nach. Siehe da! Am nächsten Tag wurde ich von Bilimek persönlich zum Telefon gerufen, er teilte mir mit, dass dieser Befehl für mich keine Geltung hätte und ich nur weiterarbeiten sollte, wie ich es für gut fände.

Kaum einige Wochen hatte der Frühling gedauert, da zog schon der Hochsommer ein. Wie Edelsteine gleißten nun des Morgens die taubeschwerten Gräslein und zu Mittag flimmerte die Luft in der Sonnenglut. Und die Natur blühte und prangte in wunderbarer Pracht. Zwischen den Steinblöcken, durch die ich oftmals gewandert, standen nun große Sterne des Edelweißes, sie blühten auch um den Drahtverhau und im Vorfeld in unvergleichlicher Schönheit. Stieg man zur Settsaßwache hinauf, so glaubte man durch ein Alpinum zu schreiten. Doch die größten Sterne, mehrere Zentimeter im Durchmesser, wuchsen in den Felsstufen des Settsaß angesichts des Gegners. Die wurden dann bei Nacht gepflückt. Mancher Edelweißstrauß fand damals den Weg in die Heimat.

Auch andere Alpenblumen schmückten unser Gefilde, Enziane, Anemonen und Alpenrosen in großer Zahl. Man merkte es ihnen an, wie sie sich abgemüht hatten, möglichst viel der so kurzen Sommerzeit zu erhaschen, ehe der Schnee oder eine Granate sie tötete.

Wie arm sind jene Menschen, die alle Verbindung mit den Wundern der Natur verloren! Denen kein Blümchen verstehend zunickt, kein Vogelruf jubelnd ins Ohr dringt. Oh, wie bedauernswert sind sie, wenn ihnen kein Lebewesen die Allmacht Gottes kündet und kein Sonnenstrahl ihr dumpfes Dasein erhellt! –

Der Sommer war rasch wieder versunken. Es war ein kurzes Emportauchen aus der Schneeflut. Denn im Hochgebirge ist der Winter das Beständige.

Am 20. September 1917 weckte mich heftigster Geschützdonner. Meine Taschenuhr zeigte erst fünf Uhr früh. Wie Blitzschläge sausten die Granaten in unser Lager und in die Wände des Settsaß. Krachend sprangen große Felsstücke zu Boden. Solch gewaltiges Feuer hatten wir hier noch nie erlebt.

Im Augenblick bin ich angezogen. Im nächsten Augenblick spritzen die Telefonisten des anschließenden Raumes und mein Diener durch den Splitterhagel, alarmierten die Kompagnie und beordern sie in die Fuchslöcher. Aufregung hat uns ergriffen. Orkanartig heult das feindliche Artilleriefeuer. Wir stehen bereit, die Mannschaft in den Fuchslöchern, die Beobachtungsposten auf ihren betonierten Ständen. Aus dem Vorfeld gellt eine Salve nach der andern auf unsere Brustwehr. Voll Spannung laufe ich durch den Graben, gucke bald dort, bald da hinaus, erwarte die stürmenden Italiener. Doch sie kommen nicht, nur ihr Gewehrfeuer schlägt pausenlos in unsern Graben. Steigt ein Mann kampfgierig aus dem Fuchsloch in den Graben, schreie ich ihn grob an. Es kommt mir gar nicht zum Bewusstsein, dass auch ich zwecklos mich der Gefahr aussetze.

Das allgewaltige Feuer liegt auf allen Stellungen des Sattels und der Siefspitze. Besorgt sehe ich hinauf. Da laufen plötzlich Leute über den Grat. Offen, aufrecht! Vom Col die Lana dem Sief zu! Fünfzig, hundert und immer mehr. Italiener sind es! Ich springe zum Telefon. Doch das Kommando hat bereits einige Sekunden vorher darüber Meldung erhalten. Neue Rudel, dicht geballt, kommen nach. Maschinengewehre tragen sie mit und Sandsäcke. Deutlich zeigt es mir der Feldstecher. Ein Offizier steht in voller Silhouette auf der Spitze. Die Italiener dringen jedoch über den Gipfel hinauf, stürmen in Schwarmlinien unserm Sattel zu, auch gegen Köhle. Schon schlagen ihre Gewehrkugeln in unsere Stellungen.

Da endlich ermannt sich die Artillerie. Tod und Verderben speit nunmehr unser „Dreißiger" Mörser am Campolungosattel (Bild 17). Vorzüglich arbeitet auch der schwere Minenwerfer meines früheren Kompagnieraumes. Ein Volltreffer nach dem andern schlägt in die bestürzten Massen. Bretter, Steine, Sandsäcke wirbeln in der Luft umher, Maschinengewehre dazwischen. Menschenleiber werden haushoch empor geschleudert. Beine und Arme von sich gestreckt, fallen sie in die Abgründe. Doch keinen Augenblick fasst mich Erbarmen. Das ist der Krieg!

Und nun flüchten alle Überlebenden über den Grat zurück und die „Dreiundsiebziger" setzen zum Gegenstoß an. Das feindliche Feuer schläft langsam ein. Um neun Uhr ist wieder Ruhe geworden. Da beginnt es sich vor meiner Stellung zu regen. Aus allen Mulden, Vertiefungen und Bodenwellen springen Italiener auf, flüchten sich in ihre Deckungen, von unseren Gewehren verfolgt. Es sind bereitgestellte Sturmtrupps.

Auf der Spitze waren vier Offiziere und hundertsieben Mann gefangen genommen und dreihundert Italiener getötet worden. Alle umsonst geopfert, trotz bester Vorbereitung. Die Dreihundertsiebziger Kompagnie hatte sechzig Mann verloren, der Sattel hingegen nur einige Personen und meine Kompagnie niemanden. Wenngleich an vielen Stellen die Deckung zerstört worden war, hatten doch unsere Verhürdungen und breiten Traversen die Splitterwirkung verkleinert und die vielen Fuchslöcher neuerlich sichern Hort gewährt.

Mehrere Unterstände waren verschüttet, samt ihren Insassen. Auch Leutnant Schmidbauer zählte zu den Verschütteten, er konnte aber wie die übrigen Kameraden rechtzeitig gerettet werden. Die Baonskommandobaracke war vollständig vernichtet, von einem einzigen Volltreffer zerstört worden. Auch dies ging ohne Verluste ab, denn alle Bewohner hatten sich rechtzeitig in die Kaverne geflüchtet.

Ich fühlte große Befriedigung, als für den darauf folgenden Tag ein Ersatz-

Bild 17: Ein 30,5 cm Mörser
am Campolungosattel. Maskiert. Im Hintergrund Saß Songher. Rechts Hang zur Prälongia.

transport angekündigt wurde. Mehr Gewehre, mehr Arbeitskräfte, um die geschlagenen Wunden ehestens heilen zu können. Doch diese Enttäuschung! Selbstverständlich, es war ja der „dreizehnte" Transport. Die einen der Ankommenden schienen noch halbe Kinder zu sein, alte Herren die anderen. Alle schwächlich und von recht unkriegerischem Aussehen. Nein, wo die aufgekommen waren! Nur einige Deutsche waren darunter, zum überwiegenden Teile Ruthenen, Juden und Polen. So krass war es mir noch nie zum Bewusstsein gekommen, dass unser Menschenmaterial langsam aber sicher zur Neige ginge.

Ich hatte einige hundert Schritte hinter der Verteidigungslinie einen Schießstand improvisiert, eine flache Bodenwelle schützte uns notdürftig vor den Augen der Italiener. Nun sollte auch die neue „Kollektion" ihr Können zeigen. Ein kleiner Jude war darunter, putzig, blond. Aus seinem ausnehmend hässlichen Gesicht blitzten zwei listige Äuglein. Und immer lächelte er, freundlich und unterwürfig, gleichsam um Entschuldigung bittend, dass er auch dabei sei, und gehorsamst feststellend, dass man nicht ihn zur Verantwortung ziehen könnte, wenn es schief gehe. Der kleine Mann hatte vor seinem großen Gewehr – bis zu den Waden – hing es – eine fürchterliche Angst; er packte es nur mit gestreckten Armen an und hielt es weit von sich. Was sollte ich mit ihm anfangen? Wie ihm später Handgranaten in die Hand drücken?

Dann kam es zum Anschlagen des Gewehres, zum Schießen. Unmöglich! Gewehr und Kopf konnten zusammen nicht kommen, wie die zwei Königskinder im Liede. Und beim Zielen schloss der Arme gottergeben die Augen. Stundenlang mühten sich die Chargen um ihn. Immer lächelte er und am Schlusse lachten auch wir. Ich sandte ihn bei nächster Gelegenheit ins Hinterland zurück.

In diesen Tagen wurde mein lieber Freund Schraffl abkommandiert und durch den nicht minder hochwertigen Maschinisten Oberleutnant Maschke ersetzt. Schraffl überließ mir gegen Geld und gute Worte seinen Treff. Der wurde nun mein ständiger Begleiter, mein guter Kamerad. Doch manchmal brachte mich seine Begleitung in ernste Gefahren: Schlenderten wir durch die Kampfgräben, so machte es ihm unbändige Freude, auf die Brustwehr zu springen und auf mich herab zu bellen. Und je mehr ich ihm zuredete, umso mehr lachte er mich aus. Sofort rasten dann die Granaten heran und auch die Maschinengewehre ließen sich diese brüske Herausforderung nicht bieten. Dies konnte Treff aber nichts anhaben. Im Gegenteil, es machte ihm nur größte Freude. Schlug eine Gewehrkugel in seiner Nähe ein, stürzte er voll Gier darauf los und fing eifrig an zu graben, am allermeisten Spaß aber bereitete ihm der Einschlag einer Granate. Wenn die vielen „Apporteln" um ihn so herumsurrten, und da und dort sich in die Erde wühlten, dann wusste er überhaupt nimmer, wo zuerst hinspringen. Den Aufenthalt auf der Brustwehr ließ sich Treff abgewöhnen, niemals jedoch das Zuspringen beim Krepieren einer Granate. Vielleicht aus Wut, da er sich mehrmals dabei das Maul verbrannt hatte. Es blieb mir ein Rätsel, wieso er nie verwundet wurde.

Meine Spaziergänge schenkten ihm unbeschreibliche Wonnen. Laut bellend lief er neben mir her. Warum sollte ich mich aber seinethalben erschießen lassen? Mein Diener bekam deshalb den Auftrag, ihn solange im Unterstand festzuhalten, bis ich in das schützende Geröllfeld vorgelaufen war. Dann kam Treff im wildesten Tempo nachgeschossen. Als er nun das erste Pfeifen der Murmeltiere gehört, ging die Jagd los. Nach einigen Tagen schon waren sie verschwunden.

Am 27. September wurden wir in größte Unruhe versetzt. Schwerstes feindliches Feuer lag auf dem Siefgipfel- und -grat, hohe Rauchfahnen hüllten sie ein. Es kracht ohne Unterlass. Plötzlich ertönte eine furchtbare Detonation. Dann wieder das Dröhnen der Geschütze. Auf einmal vollständige Stille. – Die Italiener hatten zum zweiten Mal versucht, durch eine Sprengung den österreichischen Gratstollen zu vernichten. Es war wieder nicht geglückt, unser Stollen blieb unversehrt, die Gase waren wirkungslos in dem durchlässig gewordenen Felsen verpufft.

Zu dritt wanderten wir durch den sonnigen Herbsttag dem Tale zu. Treff, mein Pfeifendeckel und ich. Vier Retablierungstage warteten auf uns. Ich zog beruhigt fort. Graf Kalnoky war ein vorzüglicher Vertreter und die beiden neuen Leutnants Trenkler und Wolf, vom 73. Infanterieregiment zugeteilt, hatten sich bisher hervorragend bewährt.

Zum ersten Male kam Treff ins Tal, in eine neue, unbekannte Welt, er war nur wenige Wochen alt gewesen, als ihn sein Herrl in einem Korb von München nach Cherz gebracht hatte. Wir begegneten vor Corvara einigen Kühen. Treff spitzte die Ohren, schaute angstvoll diese unheimlich großen beweglichen Dinger an und – versteckte sich hinter meinem Rücken. Auch vor Ziegen und Schweinen lief er davon und das erste Haus betrachtete er mit sichtlichem Erstaunen. In seinen seelenvollen Augen spiegelten sich alle Empfindungen getreulich wieder. Überglücklich war er, als ihm der erste Hund entgegen sprang (Bild 18).

Wieder bei meiner Kompagnie eingetroffen, war mein Stellvertreter verschwunden: Es bestand die Vorschrift, im Höchstausmaße nur zehn Prozent des Mannschaftsbestandes auf Urlaub zu senden. Ich überschritt zumeist diese Grenze zu Gunsten der Mannschaft. Während meiner Abwesenheit war jedoch das Brigadekommando auf dieses „Übermaß" gekommen, hatte meinen Stellvertreter zur Rechenschaft gezogen und ihm eine Rüge erteilt, die ich verdient hätte. Doch hielt mich dies Vorkommnis nicht ab, bald wieder über den vorgeschriebenen Prozentsatz hinauszugehen.

Ich schickte jeden Mann meiner Kompagnie ganz automatisch in Urlaub, wenn er turnusmäßig an der Reihe war. Ob Bauer oder Knecht, Arbeiter, Bürger oder Angestellter. Verlangte man von allen gleichen Dienst, so konnten sie auch in ihren Urlaubsrechten gleichmäßige Behandlung fordern. Von diesem Standpunkt ließ ich mich trotz vieler Ansuchen nicht abbringen und nahm nur dringende Fälle davon aus.

Meine Kompagniekanzlei funktionierte vorzüglich. Rechnungsoffizier Göllner aus Wien war ein würdiges Gegenstück zum Dienstführenden Trager, die Führung der Kompagnie verursachte daher keinerlei Schwierigkeiten. Leider habe ich den Dienstführenden verloren. Er konnte nebst allen andern Besitzern der „Goldenen" – wir hatten mehrere im Baon – über Befehl des Armeekommandos ins Hinterland abgehen. –

Wir forcierten nun die Wintervorarbeiten und wollten den größten Teil aller Gräben eindecken. Auch musste Brennmaterial aus der Prälongia herangeschleppt und aufgestapelt werden. Ebenso sollten einige neue Unterstände gebaut werden. Man wusste nicht, wo zuerst anpacken, alles war gleich dringlich.

Der Siefsattel glich in diesen letzten schneefreien Tagen einem von Blatternarben zerstörten Gesicht. Granaten hatten tausend Wunden gerissen. Trichter lag neben Trichter. Sie reichten auch an unsere Unterstände heran und berührten sie.

Dunkle, schwere Wolken wälzten sich über die Cortineser Berge und dichter Nebel kroch wie ein unersättliches Tier vom Tal herauf. Feuchtigkeit lag auf den Wiesen, auf den Steinen, auf allem, was man angriff. Und hernach fielen die

Bild 18: Der Verfasser mit Treff.

ersten Flocken.

Die ersten Flocken. Sie zwangen uns zum Aufenthalte im öden Unterstand. Da wurde Treff mein Tröster. Er half mir über manche langweilige Stunde hinweg. Unerschöpflich und unermüdlich war er in seinen Spielen. Schon des Morgens fing es an. Treff schlief in einer Ecke meines großen Unterstandes, auf seinem eigenen Strohsack. Kaum hatte ich die Augen geöffnet – er musste schon darauf gewartet haben – sprang er flugs auf, holte sich vom Ofen ein Holzscheitl und legte es vor mir auf den Strohsack. Dann wartete er, bis ich dies Apportl in eine Ecke warf; oder bellte vorwurfsvoll, wenn ich das Spiel nicht eröffnen wollte. Weniger gut zu sprechen schien Treff auf mein Gitarrespiel. Ich war Anfänger, trotzdem, beleidigend hätte er nicht werden brauchen. Vorwurfsvoll sah er mich an, zog den Schwanz ein und scharrte so lange an der Tür, bis ich ihn gerne hinausließ. Musikalisch also war Treff nicht, doch sportlich war er auf der Höhe. Spielend sprang er über mich hinweg und leistete auch im Weitspringen Erstaunliches.

Anfang Oktober verlor die Kompagnie einen ihrer besten Unteroffiziere, einen schneidigen, fröhlichen und allzeit verlässlichen Oberösterreicher. Ich stand gerade vor meiner Kanzlei und sprach mit dem Rechnungsunteroffizier. Da kam der Unterjäger durch den tiefen Laufgraben aus seinem Stützpunkt heran. Er wollte mir eine Meldung erstatten, schritt soeben an der gefährlichsten Stelle vorbei. Gefährlich, weil dort der Laufgraben seicht wurde und in die Lagermulde auslief. Zwanzig Schritte von uns entfernt. Auf einmal begann eine Col-di Lana-Maschine ihr hartes, kurzes Hämmern. Kugeln schlugen in die dünne Schneedecke. Schneewölkchen flatterten auf. Der Unterjäger fing an zu laufen.

Zu spät! Hochauf spritzt aus seinem Halse der rote Lebensquell. Einige Schritte noch, dann sinkt der Arme zu Boden. Unsere Hände lassen ihn sanft niedergleiten. Das helle Blut spritzt stoßweise aus der furchtbaren Halswunde, die ein Querschläger gerissen hatte. Es rinnt über unsere Mäntel und färbt den weißen Boden. Ein todtrauriges Lächeln steht im Antlitz des Sterbenden. Dann brechen seine treuen Augen.

Grenzenlose Liebe zieht mich zu meinem deutschen Volke, erfüllt mein ganzes Herz. Ich war doch Zeuge des stillen Leidens und einsamen Sterbens, des unvergänglichen Heldentums so vieler seiner Söhne.

Tiefer Winter lag schon im Oktober auf unseren Höhen. In furchtbarer Stärke orgelte der Sturm und zog alle Register. Tief eingeschneit lebten wir wieder in unsern Unterständen, wie die Murmeltiere in ihrem Bau. Aber auch sonnige Stunden lagen zwischen den sturmumbrausten, schlimmen Tagen und zeigten uns, fern und nah, die Berge in ihrem schönsten Kleide. Manche starre Wand, tot, ungegliedert scheinend, wurde plastisch und lebendig, wenn Schnee in ihren Rissen und Bändern sich eingelagert hatte.

Keinen Tag jedoch kamen wir zur ungestörten Ruhe. Lebhaft, wie in den kurzen Sommerwochen, sausten die feindlichen Geschosse in unsern Raum. Die Befestigungsanlagen hielten aber stand, verminderten die Verluste und hoben unser Sicherheitsgefühl.

Da der Gegner uns oftmals auch mit Gasgranaten beschoss, musste entsprechende Vorsorge getroffen, vor allem Gasalarme geübt werden. Dadurch wurden die Leute an ihre Obliegenheiten und an das lästige Tragen der Masken gewöhnt. Es fiel zu Anfang recht schwer, mit der angelegten Maske zu gehen, zu steigen und gar zu arbeiten.

Am Morgen des 21. Oktober 1917 weckte mich ein elementares Schütteln der Erde, ein furchtbares Beben. – Es war die österreichische Sprengung des Siefgrates! Ungeheure Mengen von Sprengmaterial mussten verwendet worden sein. Man sprach von 44.000 Kilogramm. Viele kopfgroße Gesteinstrümmer wurden in meinen Kompagnierayon geschleudert und etliche Unterstände eingeschlagen. Ober dem Sief stand eine berghohe Rauchwolke, stand stundenlang fest, sich langsam lichtend und ausbreitend. Zu Mittag erst war sie verschwunden. Nur schwarze, viele hundert Meter lange Streifen blieben übrig und zogen wie breite Schutthalden beiderseits des Grates durch den tiefen Schnee zu Tal. Und der Erfolg? Das alte Sprengloch war gewaltig vertieft worden. Wie ein spitzer Keil drang nun die breite Kluft in den Grat. Ein großes Haus hätte man hinnein stellen können. In mächtigen Plattenschüssen senkten sich die neuen steilen Wände und bildeten ein schwer zu nehmendes, ernstes Hindernis.

Warum man mit der Sprengung so lange gewartet, fragst du? Kaiser Karls wegen. Am nächsten Morgen inspizierte er in Pedratsches die Col-di-Lana-Truppen. Auch unser Baon hatte Deputationen entsendet. Man wollte ihm dabei das Ergebnis der riesigen Sprengung zu Füßen legen.

Diese Deputationen brachten merkwürdige Gerüchte nach Hause mit. Sie faselten von unwahrscheinlichen, unglaublichen Vorkehrungen. Von einer österreichischen Offensive aus Tirol oder Kärnten. Jetzt, mitten im Winter! Wir glaubten diese Gerüchte nicht und dachten, unsere Hoffnungen würden wieder zerflattern.

Die Nachrichten verdichten sich jedoch von Tag zu Tag. Im Pustertale sind bereits großzügige Truppenverschiebungen im Gange. Auch deutsche Truppen werden gesehen. Vielleicht ist es Wahrheit? Drei Wochen bereits ist die Feldpost gesperrt, das spräche dafür.

Der 24. Oktober brachte Klarheit, brachte das Wunder vom Karfreitag. Als ich die telefonische Nachricht vom Durchbruch im Flitscherbecken erhalten hatte, eilte ich von Unterstand zu Unterstand und verkündete die Freudenbotschaft. Hei, wie aller Augen glänzten und die Mienen strahlten! Unsere alte, herrliche Begeisterung, mit der wir anno vierzehn eingerückt, kehrte wieder zurück. Am nächsten Tage neue Siegesnachrichten und neue Meldungen von italienischen Verlusten an Mann und Material. Die Gefangenenzahlen gingen schon ins Gigantische. Wir lebten in größter Spannung und konnten kaum den nächsten Tag erwarten.

Plötzlich wird strengste Urlaubssperre angeordnet. Alle Beurlaubten sind sofort einzuberufen. Unsere Artillerie bekommt Auftrag, ihre Geschütze ehestens mobil zu machen. Auch unser Baon wird in Bewegung kommen.

Am 31. Oktober zieht das Kaiserjägerbaon vom Col di Rode aus dem angestammten Abschnitt. Seit eineinhalb Jahren war es unser treuer Nachbar. Die „Dreiundsiebziger" auf Monte Sief übernehmen nun auch diesen Frontteil.

Neue Nachrichten besagen, dass insgesamt 200.000 Italiener gefangen genommen worden wären. Jedermann geht stolz einher, als fiele ein Großteil des Erfolges auf sein Konto. Einige Tage darauf zieht auch das „Dreiundsiebziger"-Baon ab. Meine Kompagnie besetzt nun allein den ganzen Sattel, auf der Spitze bis nach Köhle hinunter wacht unsere Dritte, und die Vierte übernimmt den Abschnitt Col di Rode. Die alte Fünfte scheidet endgültig aus unserem Baonsverband. Bei Nacht findet die Umgruppierung statt. Ängstliche Gefühle beschleichen mich, als ich durch die leer gewordenen, verschneiten Gräben trotte.

Dann kommt der Befehl, mobil zu machen und alles Entbehrliche in unserer

Talstation Stern abzuliefern. Auch meine Habseligkeiten gehen diesen Weg. Ich behalte nur zwei Rucksäcke mit Wäsche, Uniform und Schuhen, einen für mich, einen für meinen Burschen. Bald darauf werden die Marschunfähigen ausgeschieden, Telefonleitungen abgetragen und Drähte gesammelt. Kupfer ist rar geworden. Alles muss möglichst unauffällig geschehen, uns gegenüber lauert ja noch immer der Gegner und schießt täglich seine Granaten und Maschinengewehrgarben in die nun leeren Stellungen.

Unser Baon sollte als erste Truppe der Brunecker Brigade im Feindesland einmarschieren und tags zuvor ein Nachrichtendetachement aussenden. Ich wurde zu dessen Kommandanten bestimmt und erhielt schriftliche Befehle: „Sie haben dem zurückweichenden Gegner raschest durch das Cordevoletal zu folgen und im Raume Belluno Anschluss an die von Osten vordringenden Truppen zu suchen. Es werden Ihnen die ganze erste und die halbe dritte Kompagnie des Baons unterstellt, ebenso auch ein Maschinengewehrzug und der technische Infanteriezug. Sie haben möglichst viel Beute und Gefangene zu machen. Sie haben ....."

Die letzte Nacht am Sattel ließ keinerlei Anzeichen erkennen, dass etwas im Gange wäre. Unsere Posten schossen fleißig, um die volle Besetzung der Stellungen zu markieren, und der Gegner antwortete.

Frühmorgens telefoniert das Brigadekommando, im Nachbarabschnitte hätten die Italiener bereits ihre Stellungen verlassen. Ein Freiwilliger springt aus dem Graben – und wird nicht beschossen! Einer nach dem andern macht's nach. Laute Hurrarufe dringen durch den sonnigen Wintermorgen. Die feindliche Stellung ist wirklich verlassen. Patrouillen bestätigen es.

Zu Mittag wehte auf der Col-di-Lana-Spitze wieder die österreichische Flagge. Unendliche Freude, Begeisterung und tiefste Befriedigung erfasste uns, ausgelöscht war alle Miesmacherei, vergessen die vielen, harten Stunden.

Vergatterung! Meine Kompagnie tritt an. Vom Siefgipfel kommt die halbe Dritte. Maschinengewehr- und Pionierzug erscheinen. Schnell kontrolliere ich Ausrüstung und Bewaffnung, die schon tags zuvor eingehend geprüft worden. Außer der normalen Bepackung trägt jeder Mann noch zweihundert Patronen, drei Handgranaten und sechs Fleischkonserven. Wenn du einmal in Uniform stecktest, so weißt du, wie schwer dies drückt. Wir schnallen die Schneereifen an und sind marschbereit.

Zum Schlusse wurde noch ein junger Ruthene herbeigeschleppt, er war vollständig besoffen und konnte gar nicht allein stehen: Ich hatte am Vortage die restlichen Rumbestände an die Kompagnie verteilen lassen, ungefähr einen Sechzehntelliter pro Mann. Der Ruthene hatte nun mehrere Anteile zusammengekauft – und der Rausch war fertig. Seine Kameraden sorgten jedoch mit intensiven Schnee-Einreibungen und einigen Püffen für eheste Besserung.

Mittags überschritten wir die eigenen Hindernisse, wir konnten es lange nicht fassen, ungefährdet dahinstapfen zu dürfen und blickten scheu zum Col di Lana hinauf.

Vormarschtage

Langsam steigen wir durch den tiefen Schnee, bis uns der feindliche Drahtverhau Halt gebietet. Pioniere heran, Drahtscheren heraus! Im italienischen Schützengraben ist ein wüstes Durcheinander. Weggeworfene Patronen und Magazine, Mützen und Helme. Alte Schuhe und Blusen. Um den Graben und an allen Zugangswegen der gleiche Anblick. In manchen Unterständen sieht es aus wie in einem Trödlerladen. Dazu noch Unrat und Schmutz. Bei den Baracken der Reserven bot sich kein anderes Bild. Pompös und groß ist die Unterkunft des Abschnittskommandanten, doch schmutzig im Innern. Und überall weggeworfene Dinge. Die Italiener scheinen sich aller überflüssigen Gegenstände entäußert zu haben, um noch die Ebene zu erreichen, ehe unsere von Osten vordrängenden Truppen den Ausgang verrammeln.

Mit größtem Interesse schauten wir dies neue Bild, sahen überall hinein, durften uns aber nicht aufhalten. Der tiefe Schnee und die Belastung der Leute verzögerte ohnedies den Marsch weit mehr, als ich gedacht, nicht minder der Transport unserer schweren Maschinengewehre, vor allem das Legen der Telefonleitung. Solange unser Material reichte, musste aber mit dem Kommando am Sattel Verbindung gehalten werden.

Die Schneedecke wurde immer dünner, schon konnten wir auf gebahnten Wegen weiterziehen. Ich ließ die Schneereifen abschnallen und neben dem Wege deponieren. Irgendein Aufräumungskommando wird sie schon finden. Nun ging's bedeutend schneller dahin, im Schutze der Vorpatrouille, die einige hundert Schritte vor uns marschierte.

Wir gelangten in der Dämmerung im Alpendörfchen Andraz an. Kein Mensch ist zu sehen.

Im größten Gasthof des Ortes schlagen wir unser Quartier auf. Ein italienisches Spital war bisher drinnen untergebracht. In den Speisezimmern stehen viele Bettgestelle, dazwischen liegen zerbrochene, ausgeronnene Flaschen, weggeworfenes, blutiges Verbandzeug und Ausrüstungsgegenstände aller Art. Die Ärztezimmer aber sind rein und sauber; ich beziehe eines und erfreue mich seit langem wieder an vielen kleinen Bequemlichkeiten.

Indessen rückt der erste Zug mit meinem ältesten und schneidigen Leutnant Schönauer nach Süden ab, um außerhalb des Ortes Andraz die Straße abzuriegeln. Der zweite Zug besetzt die Dorfausgänge und ein dritter hält Bereitschaft. Unsere Sicherheit verlangt es so.

Unermessliche Mengen an Lebensmitteln bargen die Magazine. Für uns ausgehungerte, rationierte Österreicher wahre Leckerbissen. Wir machten zum ersten Male von unserer Macht Gebrauch, vom ungeschriebenen Recht des Siegers. Bald dampfte eine vorzüglich schmeckende Reissuppe in allen Menageschalen. Danach kam die Fleischspeise, auch aus den Beständen des Spitals gekocht. So gut und reichlich hatten unsere Leute seit einem Jahr nicht mehr gespeist. In den Kellern standen volle Weinfässer. Ich ließ jedem Mann ein Quantum verabreichen, das ihn nicht berauschen konnte. Und ich trank nach mehreren Monaten

Enthaltsamkeit wieder mein erstes Glas Wein.

Ungestört verrann die Nacht und ein prachtvoller Morgen kam herauf. Lieblich duftete der Kaffee im großen Kessel, wirklicher, echter Bohnenkaffee, die Nasen der Leute wurden immer länger und zudringlicher.

Schlag sieben Uhr marschierten wir ab. Bald kamen wir zum ersten italienischen Magazin. Von weitem war schon ein Flammenmeer sichtbar. Berge von Brot und Zwieback glühten, knisterten, aus den Steinwänden züngelten die Flammen. Das Dach war bereits eingestürzt. Hochauf stieg die Rauchsäule in den blauen, klaren Himmel.

Nebenbei steht ein brennendes Magazin, mit Alpinmaterial gefüllt. Alles in Glut. Viele hundert Bergstöcke angebrannt, verkohlt. Hohe Stapeln Schneereifen, hölzerne Feldflaschen in unzähligen Exemplaren, Rucksäcke, Eispickel, Seile und Wollsachen, bis zu den brennenden Dachsparren hinauf. Alles glüht, qualmt. Vor wenigen Stunden erst in Brand gesetzt. Dann kommt ein Magazin mit viel tausend Konservenbüchsen. Sie knallen wie Gewehrschüsse, wenn die Glut sie zersprengt. Der Geruch des verbrennenden Fleisches dringt aufreizend in die Nasen.

Bei jedem neuen Objekte fühlten wir den Drang zu löschen, um kostbare Dinge für unser ausgepowertes Vaterland zu retten. Doch wir mussten weiter. Es bedurfte aber meiner ganzen Strenge, um die Leute an den vielen verlockenden Dingen vorbeizubringen. Irgendeine Kleinigkeit konnten sie sich ja im Vorbeimarschieren einstecken.

Dann hielten wir am Cordevole. Die Brücke lag abgesprengt im Flussbett. Oberleutnant Gellert improvisierte mit seinem Pionierzug in wenigen Minuten aus den Brückenresten einen Übergang. Und schon standen wir jenseits des Wassers. Wieder kamen wir an großen brennenden Baracken vorbei. Auch diese waren bis zum Dache mit Lebensmitteln gefüllt.

Italienische Gewehre liegen umher, dort Bajonette, Helme und Munition. Ganze Verbände müssen sich aufgelöst haben, desertiert sein. Wir eilen weiter, kommen zu einem Straßenstück, das auf viele hundert Meter mit Kaffeebohnen übersät ist. Auf diesem seltsamen Straßenbelag überschreitet unser Detachement die Reichsgrenze. Feindesgrenze!

Um elf Uhr ist Caprile erreicht, der erste italienische Ort, die erste große Etappenstation. Eine Feldbahn führt hin. Alle Baracken brennen. Zwischen den züngelnden Flammen und den prasselnden Vorräten führt unser Weg. Am Ortseingang wartet die gesamte Einwohnerschaft. Alte Männer, Frauen und Kinder. Mit großer Freundlichkeit reden sie in deutscher Sprache auf uns ein. Und jede Person hat etwas mitgebracht. Käsestücke, Salami oder Brot die einen, Konserven oder Wein die andern. Wir fühlen uns ganz geborgen und wollen hier Mittagsrast halten. Rasch sind Pyramiden angesetzt, während unsere zwei Maschinen am Hang oben für alle Fälle Bereitschaft halten.

Mit herzlichem Wohlwollen wurden wir überhäuft. Immer wieder schleppten die Bewohner neue Lebensmittel herbei, bis alle hungrigen Mäuler gestopft waren. Viele Caprilaner hatten als Maurer oder Handlanger in Österreich gearbeitet und erzählten uns nun ihre Erlebnisse. Als wir ihnen mitteilen, dass unsere Truppe seit eineinhalb Jahren auf dem Col di Lana – Monte Sief gekämpft hatte, da stieg ihre Achtung ins Unendliche. Mit ihrem eigenen Militär schienen sie dagegen in gespanntestem Verhältnisse gelebt zu haben; sie schimpften weidlich darüber.

Nach einer Stunde waren unsere ausgehungerten Mannschaften gesättigt. Also Abmarsch. Wir wurden von den Bewohnern ein Stück Weges begleitet. Dann ward herzlicher Abschied genommen. Lange winkten sie uns zu. Ich bekam die bestimmte Überzeugung, dass nicht Angst vor meinen dreihundertfünfzig Soldaten und zehn Offizieren diese liebenswürdige Gastfreundschaft ausgelöst hatte, sondern aufrichtige Gesinnung.

Der Schweiß rann uns von der Stirn, wir waren noch nicht an die Wärme der Niederung gewöhnt. Nur langsam ging's vorwärts, mit einem vollen Magen marschiert sich's nicht gut. Links und rechts der Straße mehrten sich indes die weggeworfenen Waffen und Gebrauchsgegenstände aller Art. Manchmal lagen gleich dreißig oder vierzig Helme beisammen, Gewehre dazwischen, als hätte ein ganzer Infanteriezug Reißaus genommen.

Nach einer halben Stunde begegneten wir den ersten italienischen Soldaten, ihre Waffen rosteten irgendwo im Straßengraben. Schnell waren sie umringt und durch eine Eskorte den Weg zurückgeschickt, den wir soeben gekommen.

Neben uns, am Straßenrande, lief das Geleise einer Feldbahn. Die kleinen niedlichen Wagen lagen zumeist umgestürzt quer über den Schienen, oder waren über die Böschung gekollert. Endlich fanden wir ein intaktes Waggonerl.

Rasch sind die schweren Maschinengewehre aufgeladen, die uns bisher so geplagt. Flotter geht's nun vorwärts. Vor dem nächsten Haus steht ein vierrädriger Wagen; gerade recht, denn einigen Leuten will das ungewohnte Marschieren nicht bekommen. Also aufgestiegen und Rucksäcke von andern Marschmaroden dazu geladen. Doch ein Kilometer weiter ist das Geleis aufgerissen. Der Feldbahnwagen muss abgeladen werden. Aber wir finden jenseits dieser Stelle bald wieder Ersatz.

Hochinteressant, dies Wandern im Feindesland! Voll blühender Romantik! Herrlich die Siegesstimmung. Bei jedem Meter Weges neue Anregung. Ständig sind wir von den weggeworfenen Ausrüstungsgegenständen umsäumt. An Rastplätzen, auf denen noch Stroh die Zeltlager bezeichnet, liegen Waffen in Massen. Die Italiener scheinen bei Nacht und Nebel aus den Zelten geflohen zu sein.

Unsere Kolonne hatte einige hundert Schritte Ausdehnung. Ich marschierte zumeist an der Queue. Oft kam Treff gelaufen und begrüßte mich mit lautem Gebell, dann sprang er wieder vor, besuchte die Vorpatrouille und kümmerte sich ab und zu sogar um die Seitenhuten. Unsere Spannung und Erwartung hatte sich anscheinend auch ihm mitgeteilt. Oder passte es ihm nicht, dass wir so weit auseinander gezogen marschierten? Ich konnte seinetwegen nichts daran ändern; die ungeklärte Lage, das unübersichtliche Gelände und die dichten Wälder beiderseits der Straße erforderten diese gesicherte Marschordnung.

Da kommt auf einmal mein Bursche mit einer Scheibtruhe daher. Er hat seinen schweren Rucksack aufgeladen, ich trage meinen selbst. Andere Offiziersdiener schließen sich diesem Beispiel an und ergattern auch irgendwo hinter einem Haus ein ähnliches Beförderungsmittel. Unser improvisierter Train wird immer größer.

Doch mit einem Schlage ist es wieder aus. Eine gesprengte Brücke gebietet uns jähen Halt und zwingt uns zum Zurücklassen unserer Beförderungsmittel. Mühselig schlichtet der Pionierzug Steine auf und legt einige Balkentrümmer darauf. Dann balancieren wir im Gänsemarsch darüber. Jenseits beginnt wieder der systematische Aufbau unseres Trains. Umgestürzte und quergelegte Waggons stören jedoch häufig die Weiterfahrt. Mit großem Hallo wird dann jedes Mal zugegriffen und das Hindernis über die Böschung geworfen.

Öde und verlassen ist die Straße. Selten kommt uns jemand entgegen. Meine erste Frage gilt immer den flüchtenden Italienern. Vergeblich, niemand kann mir genaue Angaben machen. Und ich würde sie so notwendig brauchen! Alle Einheimischen geben aber an, dass der Abmarsch erst vor wenigen Stunden erfolgt sei.

Ab und zu überraschten wir waffenlose Gegner. Alle schauten fröhlich in den sonnigen Abend hinein. Wir sammelten sie nun zu größeren Gruppen. Sie marschierten in bester Laune mit uns, bis sie zurückgesandt wurden.

Die Straße führte nun durch einen felsigen Hang. „Ein prächtiges Marschhindernis", hatten sich die Italiener wohl gedacht und sprengten Straße und Fahrbahn. Unvermittelt brach die glatte Wand zum Cordevole ab. Sie zwang uns zu einer zeitraubenden Umgehung.

Die Bewohner der wenigen Häuser zeigten durchwegs große Liebenswürdigkeit, als wären wir ihre Befreier von Druck und Knechtschaft. Lachend standen sie vor den bescheidenen Wohnstätten und winkten und riefen.

In der Dämmerung erreichten wir Alleghe. Ein Weitermarschieren in der Nacht erschien mir zu gewagt. Ich entschloss mich daher, schon hier zu übernachten. Dunkle Rauchsäulen, von Flammen durchbrochen, stiegen am andern Ende des Ortes in das absterbende Tageslicht.

Alleghe ist ein reizend gelegener Sommerfrischenort. Der dunkelgrüne See umspült seine Villen, die riesigen wilden Felsen der oft besungenen Civetta geben ihm einen faszinierenden Hintergrund. Alle Bewohner schienen sich vor uns verkrochen zu haben. Wir marschierten am Hauptplatz auf. Nun kommen einzelne Leute aus den Häusern heraus. Ängstlich, Schritt für Schritt. Ihre Blicke gefallen mir nicht, Feindseligkeit sieht aus ihren Augen. Ich verlange den Bürgermeister und Gemeinderat. Schnell sind sie da, als hätten sie bereits auf uns gewartet. Dann ließ ich ihnen ein Zimmer zuweisen, Posten an der Tür aufstellen und hielt sie für die Nacht als Geisel zurück. Ich forderte hierauf Quartiere und Nahrungsmittel, versprach dafür Sicherheit. Hernach erzählten wir ihnen, die Vorhut einer Brigade zu sein, wenngleich wir selbst nicht mehr an ihr Nachkommen glaubten. Meine Meldungen von den vielen Marschhindernissen dürften andere Dispositionen veranlasst haben.

In kurzer Zeit war alles erledigt. Gutes Essen und Trinken stand auf allen Tischen. Auch mit den Quartieren konnten wir vollkommen zufrieden sein. Als der Sicherungsdienst eingeteilt und ein Zug wieder vorgeschickt war, kam der Frohsinn zu seinem Rechte. Wir dachten nicht daran, dass Hass und Gefahren uns umgäben. Patrouillen meldeten mir, dass sie an den Hängen ringsum verdächtige Lichtsignale bemerkt hätten. Ich legte aber dieser erklärlichen Nervosität keinen besonderen Wert bei, hatte einige Male Ähnliches erlebt, schon bei Kriegsbeginn in Corvara, und jedes Mal die Haltlosigkeit der Angaben konstatieren können. –

Der frühe Morgen sieht uns wieder vergattert. Das helle Sonnenlicht verscheuchte alle ängstlichen Gefühle, die im Dunkel der Nacht geboren waren. Es grüßt der Tag, es grüßt das Leben. Unsere Blicke streifen Abschied nehmend durchs Cordevoletal aufwärts. Sie haften am Col di Lana, der weit draußen emporstrebt. Nochmals zwingt er uns in seinen Bann.

Wir passierten außerhalb des großen Ortes ein Barackendorf. Seine halbverkohlten Reste qualmten noch und verglimmende Glut leuchtete uns entgegen. Wie drohende Finger zeigten die schwarzen Stümpfe zum Himmel. Riesige Mengen Lebensmittel waren hier wieder dem Verderben anheim gefallen.

Gleich nachher gebot eine zerstörte Brücke Halt. Später wieder eine gesprengte Straßenstelle. Sie nötigte zu einem weiten Umweg in den steilen dichten Wald. Ein Zivilist hatte sich als Führer angeboten und leitete uns den nächs-

Bild 19: Im Vormarsch

Von den Italienern gesprengtes Straßenstück bei Cencenighe am linken Ufer des Cordeveleflusses.

ten Weg. Trotzdem benötigten wir eine volle Stunde zur Umgehung dieser Stelle (Bild 19). Wieder an der Straße angekommen, machten wir uns abermals die Rollwagerl der Feldbahn und Karren zunutze. Kaum waren wir aber richtig im Marsch, kam irgendein anderes Hindernis und zwang uns wiederholt zu zeitraubenden Umgehungen, zu mühseligem Auf- und Abladen.

Immer enger ward indes das Tal. Der Wald reichte beiderseits bis zur Straße hernieder. Da stießen wir häufig, ohne danach zu suchen, auf italienische Deserteure und griffen sie auf. Immerhin sind es allmählich zweihundert geworden. Einen großen Schwarm überraschten wir zwischen den Bäumen gleich oberhalb der Straße. Er hatte sich durch lauten, fröhlichen Gesang verraten.

Unausgesetzt marschierte unser Detachement an weggeworfenen Waffen vorbei. Man müsste damit viele hundert Männer ausrüsten können, nur mit dem allein, was wir bisher gesehen. Doch weit in die Ebene hinaus begleiteten uns diese Wahrzeichen einer zügellosen Flucht, der Auflösung eines Heeres.

Die Nachmittagsstunden fließen dahin. Endlich liegt Cencenighe vor uns, die größte italienische Etappenstation des langen Cordevoletales.

Zahllose Baracken. Flammen züngeln, Funken sprühen. Rauch stiebt aus allen Objekten. Gestank von verbranntem Zeug liegt über der ganzen Gegend. Ganz benommen sehen wir in das flackernde Feuer. Welche Unmengen Vorräte hätten wir bei einigem Zeitaufwand wieder retten können; so werden sie von den Bewohnern gestohlen.

Der Weg führt uns durch die Glut. Am Eingange des großen Dorfes ist seine ganze Bevölkerung aufgestellt. Bürgermeister, Gemeinderat und Pfarrer an der Spitze. Eine mächtige weiße Fahne gibt ihre friedlichen Absichten bekannt. Um uns die lodernden Flammen. Im Hintergrund die wunderbaren Berge der Palagruppe. Es war einer der packendsten Eindrücke unseres Vormarsches.

Die Bewohner von Cencenighe zeigten sich von unserer Friedfertigkeit aufrichtig erfreut. Sie nahmen es auch ganz gelassen auf, als ich den Gemeinderat im Gasthofe sammelte und als Geisel ins Nebenzimmer steckte. Wir wollten ruhig essen können.

Das Abendrot leuchtete zu den Fenstern herein. Wir rüsteten wieder zum Aufbruch. Plötzlich kam die Vorhut unseres Baons heran, das einen Tag nach uns vom Siefsattel abmarschiert war. Meine vielen schriftlichen Meldungen hatten ihm zeitraubendes Herumsuchen erspart und unsere Pioniere manches Hindernis aus dem Weg geräumt. Wir schüttelten uns die Hände und besprachen schnell alle wichtigsten Vorkommnisse. Auch unsere zweite Kompagnie, die solange in Südtirol und dann oberhalb Arabbas eingesetzt war, sah ich nun nach vielen Monaten wieder. Wir übergaben dem Baonskommando unsere Geiseln und marschierten in die Dämmerung hinaus.

Unsere Abteilung näherte sich nun dem gefährlichsten Wegstücke. Zwar verbreiterte sich hier das Tal, das bisher ein einziges großes Defilee gebildet hatte, doch nach meinen ausgezeichneten Karten schienen die umschließenden Höhen von italienischen Forts bespickt. Nicht etwa von unmodernen Werken, wie wir sie in den Dolomiten gesehen, sondern von neuzeitlichen Festungswerken. Das Becken von Agordo lag vor uns.

Am südlichen Ende dieses Kessels liegt das Dörfchen Fucine. Die Straße führt sodann durch eine tiefe Schlucht, durch das Defilee von Fucine. Wie wird es uns dort ergehen? In der Karte ist, halbwegs der Schlucht ein starkes Fort eingezeichnet. Ist es besetzt?

Gleich außerhalb Cencenighes war der Cordevole zu übersetzen. Ein breites Schuttbett sperrte den Weg. Die gesprengten Teile der Brücke lagen im Wasser. Rasch wurde ein schmaler Notsteg errichtet und dann in endloser Schlange überschritten.

Immer dunkler werden die Schatten, immer gefährlicher der Weitermarsch. Es ist ein Vabanquespiel. Nach zwei Stunden vorsichtigen Marschierens kommen wir in eine kleine Ortschaft. Liftolade nennt sie meine Karte. Wir wollen hier übernachten.

Diensteinteilung, Sicherungen aufstellen, Quartiere besorgen. Die nächsten Minuten sind damit ausgefüllt. An der Straße steht ein einfaches Gasthaus. Seinen kahlen Gastraum ziert der ortsübliche offene Herd, mit einem niedrigen Gitter umgeben. Ein Ring erhöhter Bänke umschließt dies Heiligtum. Die Herbstnacht ist kalt. Wohlig strecken wir unsere Beine auf das Gitter und lassen sie vom knisternden Herdfeuer erwärmen. Ruhe haben wir redlich verdient, wir waren den ganzen Tag in steter Spannung und immer auf den Füßen. Mein Treff ist auch todmüde. Er liegt der Länge nach im Lichtschein des Feuers.

Eine große Sorge fiel von mir ab, als um Mitternacht die zwei Offizierspatrouillen einrückten. Sie waren aufklärend in die beiderseitigen Berglehnen vorgedrungen und brachten nun die erfreuliche Nachricht, dass die über uns liegenden Forts unbesetzt seien.

Der gesprächige Wirt saß neben mir. Meine Gefechtsordonnanz, ein tschechischer Patrouillenführer, machte den Dolmetsch. Mit meinen bescheidenen italienischen Sprachkenntnissen konnte ich kein fließendes Gespräch führen. Der Wirt war hocherfreut und geehrt über unsern Besuch. Und erstaunt, als wir den Wein mit echten, klingenden Kronen bezahlten. Er hatte als Maurer viele Sommer in Österreich gearbeitet, unter anderm auch in meiner Heimatstadt Salzburg. Aus seinen Ersparnissen war dies Haus gebaut. Alle Achtung vor diesen bescheidenen, anspruchslosen Leuten!

Schlaflos wälzte ich mich in meinem Bette. Die Verantwortung ließ mich nicht zur Ruhe kommen. Nicht nur für mein Detachement, nein, auch für die nachkommende Truppe drückte mich diese Last. Verflucht, dass man so gehetzt wurde und nicht ausreichend aufklären konnte!

Nebenan schnarchte mein Treff mit einer imponierenden Rücksichtslosigkeit. Ich jagte ihn schließlich hinaus, da spielte er den Beleidigten. Es war mir gleichgültig. Er hatte mich seinerzeit beim Gitarrespielen oft viel tiefer gekränkt. –

Ein trüber Tag stand vor den Fenstern. Langsam marschierten wir weiter. Fuhrwerk und Rollwagen dienten wieder als Train. Sechshundert Schritte vor uns schob sich die Vorpatrouille ins Ungewisse hinein.

Die Besiedlung wird dichter. Überall werden wir angestaunt. Doch niemand winkt uns heiter Willkommen. Ich finde es begreiflich und kann mich in die Gefühle der Bevölkerung hineindenken. Einige Kilometer vor uns krachen Sprengschüsse. Doch vorwärts! Mittags ziehen wir in Agordo ein. Schmutzig und ungepflegt zeigen sich die Straßen, armselig und verwahrlost alle Häuser. Die Stadt scheint leer zu sein, nur einige Kinder und Frauen stehen am Hauptplatz herum. Durch die geschlossenen Fenster guckt manches Auge verstohlen auf uns nieder. Endlich kommt ein Mann des Weges. „Niente capisco", gibt er auf meine Frage barsch zur Antwort. Ein zweiter und dritter ebenso. Ich denke schon daran, aufs Munizipio zu marschieren und vom Bürgermeister eine Auskunft zu erzwingen. Da tritt ein Mann bereitwilligst auf mich zu und gibt in deutscher Sprache Antwort: Die letzten italienischen Truppen wären vor zirka drei Stunden durchs südliche Ende der Stadt abgezogen. Sie seien bereits von unserem Anmarsche unterrichtet gewesen. Ob sie an den Straßen Minen ausgelegt hätten, wisse er nicht, ebenso auch nicht, ob der Festungsgürtel um Fucine besetzt sei.

Ich ließ frisches Brot requirieren. Schnell war es verzehrt. Dann drangen wir behutsam dem Gegner nach, in den feuchten Dunstschleier hinein. Jeder von uns hatte das Gefühl, es liege irgendein Ereignis in der Luft.

Hügeliges Gelände umgab den weiten Kessel, im Westen und Süden standen hohe Berge. Jeden Augenblick konnten wir aus einem der Forts beschossen werden. Es begann zu regnen.

Wir kommen zu einer demolierten Brücke. Der Übergang über den tief eingeschneiten Fluss hält uns lange auf. Jenseits steht eine größere Häusergruppe. In ihrem Schutze sammeln wir uns. Dann rückt wieder ein Zug vor. Stille ringsum. Das weite offene Gelände ist mit grauem Dunst gefüllt. Düstere Nebelfetzen hängen tief hernieder. Das feine, monotone Rieseln klingt wie leises Blättersäuseln.

Wie Blättersäuseln! Da gellt es auf! Italienisches Gewehrfeuer! Bei unserer Vorpatrouille. Ist sie in einen Hinterhalt geraten? Da mischt sich eigenes Feuer in das Zwitschern der italienischen Kugeln, Handgranaten bellen drein. Rasch ist mein Detachement hinter den Häusern verteilt und gesichert. Ich eile nach vorne. Einige Kameraden schließen sich an. Unsere Aufregung ist groß.

Kaum sind wir zweihundert Schritte gelaufen, springt uns ein Landstürmer entgegen und übergibt eine Meldung des Vorhutzuges. Schönauer befehligt ihn: „Die Spitze unserer Vorpatrouille war gerade am Ortseingange von Fucine angelangt, als sie plötzlich aus den Dächern der nächsten Häuser mit Gewehrfeuer überschüttet wurde. Kurz entschlossen sprang sie aufs erste Haus zu, ihrem einzigen Schutz im weiten Umkreis. Die Verbindungsmannschaft und der ganze Zug drangen nach, während die Italiener aus den Fenstern und Dächern der umliegenden Häuser Schnellfeuer abgaben."

Da musste schnellstens geholfen werden. Ich sandte auf die Höhe in der rechten Flanke des Zuges einen Schwarm unter Kommando des Oberjägers, in die linke Flanke drang der Zug des Leutnant Trenkler. Weit auseinander gezogen rückte er in Schwarmlinie über die ebenen Wiesen vor. Bald war er im Nebel verschwunden, indes aus Fucine ständiger Gefechtslärm scholl.

Dann kam wieder eine Meldung Schönauers: „Wir sind in die Häuser, aus denen wir beschossen wurden, stürmend eingedrungen. Mit Kolben und Bayonett, Handgranaten und Messer haben sich unsere Leute den Weg erkämpft. Die Gegner halten nur mehr den äußeren Rand des Ortes in ihren Händen. Zwei Leute meines Zuges wurden durch Bauchschüsse schwer verletzt, mehrere andere leichter".

Der Zug muss ausharren, er kann bei Tag nicht zurückgenommen werden. Da und dort blitzen in nebelfreien Augenblicken Gewehrschüsse auf, italienische Schützen halten nicht nur Teile des Ortes, sondern auch die Höhen links und rechts vom Defileeeingang besetzt. Sie beschießen die vorgehende Schwarmlinie Trenklers. Manchmal durchdringt mein Feldstecher das diffuse Licht und zeigt mir die Schützen. Es sind ihrer zu viele, Meldungen sprechen von einigen Kompagnien. Es wäre Wahnsinn, sie in ihrer ausgezeichneten Stellung anzugreifen.

Rrrrrack! Rrrrrack! Granaten zischen nieder, Schrapnells zerstäuben in der Luft. Sie sind auf Zug Trenkler gerichtet und auf uns bei der Häusergruppe. Die Sperre San Martino in der Fucineschlucht sendet sie. Dies bestärkt mich noch in meiner Absicht, den Weitermarsch durch die Schlucht aufzugeben. In diesem Sinne stelle ich dem Baonskommando zu Agordo meine Anträge.

Immer dunkler wird es. Das Artilleriefeuer verstummt. Nur einzelne Gewehrschüsse sind noch zu hören. Im Schutze der Dunkelheit kann ich nun die zwei Züge zurücknehmen. Ein niederer Hügelrücken zieht zwischen dem Gefechtsfeld und Agordo quer durchs Tal. Diesen will ich besetzen. Das Baonskommando ist damit einverstanden. Zug Schönauer trifft ein, mit ihm die Verwundeten. Sie werden nach Agordo zu unserem Baonsarzt Dr. Förster transportiert.

Zug Trenkler kommt noch immer nicht, obwohl ich schon vor einer Stunde eine Ordonnanz hinaus sandte. Endlich erscheint ein anderer Mann Trenklers mit der schriftlichen Anfrage, ob er einrücken dürfe, und tritt dann mit meiner zustimmenden Antwort den Rückweg an. Doch nach zwei Stunden ist der Bote schon wieder da, er fand in der nebligen, stockfinsteren Nacht seinen Zug nicht mehr. Nun sende ich einen dritten Mann und gebe ihm eine Leuchtpistole mit. Da klappt es endlich.

Während der Nacht blieb das Detachement im gesicherten Halt. Posten standen über den Höhenzug verteilt. Kein Schuss unterbrach die nächtliche Stille. Doch schon am frühen Morgen ging's wieder los, die Sperre San Martino sandte ihre Grüße. Wir hatten schon im Stillen gehofft, dass sie über Nacht geräumt worden wäre und wir nun weitermarschieren könnten.

In den Vormittagsstunden löste uns die zweite Kompagnie ab. Unser Dienst als Nachrichtendetachement war damit beendet, eines der interessantesten Kapitel meiner Kriegsdienstzeit geschlossen.

Nun folgten für die Kompagnie einige wunderbare Rasttage. Denn der weitere Vormarsch war zunächst eingestellt. Wunderbar, weil die milde Herbstsonne allen Glanz und Zauber nieder sandte und weil Ruhe und Überfluss uns umgaben.

Argordo ist ein ansehnliches Städtchen. Überall herrscht Friedensbetrieb. Überall sind noch Weizenbrot, köstliche Fleischkonserven, Schokolade, Kaffee und Tee zu haben. Dann die verschiedenen Arten der Flaschenweine. Und erst die exquisiten Rauchsorten! In Österreich waren nur mehr Nuss- und Brombeerblätter zur Verfügung gestanden. Alle Verkaufsläden Agordos sind mit Waren gefüllt. Oft gehen wir hinein, um diese Dinge anzugaffen und den satten Geruch einzuatmen. Speck und Salami ist da, Cornedbeef und Kompott; Reis und viele andere gute Sachen stehen in den Auslagen, sie verlocken zum Schauen, zum Kaufen.

Am zweiten Tag ließ mich mein Baonschef rufen und meint: „Ein Zugsführer deiner Kompagnie bummelt total betrunken durch die Straßen. Ich wollte ihn zurechtweisen. Daraufhin wurde er barsch". – Ich begab mich nun auf die Suche nach dem Zugsführer M. Ohne Alkohol ein unbedingt verlässlicher Unteroffizier, hatte er sich beim Gefecht von Fucine wieder ganz hervorragend bewährt. Ich fand ihn bereits nach einigen Minuten und bemerkte schon von weitem seinen kurvenreichen Gang. Ein paar Worte genügten, willig ging er dann hinter mir ins Quartier und begann wie ein kleines Kind zu weinen. Hernach legte er sich ins Stroh und schlief ein.

Die Bevölkerung zeigte uns Trotz, Tücke und Widerstand. Sie gehorchte nur dem Zwange. Reichsdeutsche Truppen hätten bestimmt gleich schärfer zugegriffen. Da änderten auch wir unser entgegenkommendes Verhalten und gaben statt vollwertiger Kronen nur Requisitionsscheine aus.

Die vermögenden Einwohner waren geflüchtet. Lichtscheues Gesindel durchzog die engen Straßen; ihnen hatten sich viele italienische Deserteure angeschlossen, die hier Unterschlupf gefunden. Im Dunkel der Nacht strolchten sie durch die Gassen. Vorsicht war am Platze. Unsere Patrouillen wanderten daher unausgesetzt durch die Stadt und es blieb strengstens verboten, allein auszugehen.

Der Hilfsplatz des Baons war in einem verlassenen Bürgerhause eingerichtet. Dort lagen auch die Verwundeten meiner Kompagnie, darunter die zwei mit Bauchschüssen. Leider starben beide. Als es bei einem so weit war, befand ich mich zufällig mit Feldkurat Dr. Schranz und unserem Baonsarzt an seinem Sterbebett. Er konnte kein Wort deutsch. Blieb einsam im Sterben, trotz unserer Anwesenheit, und litt ohne Wehklagen. Seine Augen folgten uns durchs Zimmer, stumm schritt er ins Jenseits. Wer trauert in Polen um ihn? Wir begruben die zwei im Ortsfriedhofe, unsere ersten Opfer im Feindesland.

Auf unserem Hilfsplatz war auch Zivilbevölkerung untergebracht, vor allem ein Dutzend kleiner Kinder. Die zu hunderten am Wege liegenden italienischen Handgranaten hatten ihnen grässliche Verletzungen zugefügt. Wie nett und rund ist doch die Handgranate, just als Spielzeug geeignet Aber ein Riss am Abzug, und der Tod geht um. Schon während der ersten Vormarschtage waren Eltern mit ihren verletzten Kindern zu uns gelaufen, in Agordo aber kamen sie scharenweise daher. Unser ausgezeichneter Arzt Dr. Förster arbeitete den ganzen Tag, linderte Kummer und Schmerz. Die Mienen der Agordaner blieben trotzdem abweisend. Nur der Pfarrer machte eine rühmliche Ausnahme, er brachte uns Verständnis entgegen und bildete den Mittler zwischen der Bevölkerung und uns.

Noch immer hielten die Italiener den Durchgang bei Fucine besetzt. Wir mussten also gewaltsam freie Bahn schaffen. Es wurde eine Kompagnie bestimmt, über die Höhe rechts von Fucine vorzustoßen, um den Gegner aus Flanke und Rücken zu packen, während wir andern frontal angreifen sollten. Schon stand die Kompagnie marschbereit, da kam im letzten Augenblick die erfreuliche Meldung, dass die Italiener das Defilee geräumt hätten.

Alarm! Unser Baon sammelte sich am Hauptplatz zum Weitermarsch. Plötzlich rückte das Landsturmbaon Nr. 159 ganz unvermutet in Agordo ein. Es war aus dem Marmoladagebiet gekommen und brachte den Befehl mit, nun an der Tete der Cordevolekolonne zu marschieren.

Wir waren aller Sorgen ledig. Ungebunden und übermütig wie auf Friedensmanöver. Bei Fucine sahen wir noch die Spuren des Kampfes: Vergilbte Blutspritzer an den Wänden, von Kugeln zerrissene Mauern, zersplitterte Fenster und Türrahmen. Dann umschloss uns die romantische Schlucht. Nichts als Fluss, Straße und himmelstürmende Felsen! In ihrem engsten Teile stand das Fort San Martino: Senkrechte Felswände mit kavernierten Geschützständen, Galerien und Kavernen. Unangreifbar. Die Rohre der schweren Geschütze lagen zersprengt zwischen den Felsen. Helme, Gewehre und Handgranaten bedeckten den Boden. Wir standen und staunten und dankten Gott, dass er uns nicht bis hierher vordringen hat lassen, sondern schon eine Wegstunde früher Halt geboten hat.

Dann traten die Berge langsam zurück, sie wurden niedriger. In Nähe der

Bild 20: Im Vormarsch

Von den Italienern gesprengte Brücke bei Muda im Cordevoletale.

kleinen Ortschaft Muda hinderte uns wieder eine zerstörte Brücke am Weitermarsch (Bild 20). Noch länger aber hielt das nächste Marschhindernis auf. Das siebzehnte. Eine lange Straßengalerie war glatt abgesprengt. Wir mussten hoch hinauf, oben lange über waldiges, kupiertes Terrain steigen, jenseits wieder steil herab. Doch jetzt drängte uns niemand mehr, und hetzte und jagte nicht.

Einige kleinere Ortschaften tauchten auf. Wiesen statt Felsen begleiteten uns, und das Kirchlein von Agrè wurde sichtbar. Hier lösten wir die schweren Stielhandgranaten vom Gürtel und versenkten sie im Cordevole.

Wieder rückten die Felsen näher zusammen, engten sich aber nicht mehr zur Schlucht. Breit strömte der Cordevole zwischen durch, an dessen Ursprung wir so lange gelebt. Mächtige Geröllbänke durchzogen sein Bett, es waren Steine darunter vom Col die Lana und Monte Sief, von Cherz und Sella, vom Settsaß und Sasso di Stria.

Aus dem Süden kommt milde Luft. Aufgeräumt und stolz marschieren wir durch Feindesland. Gesang durchzieht die lange Kolonne. Auch Treff ist in fröhlicher Laune und läuft unermüdlich vor und zurück.

Wir denken nicht an die Qualen, an das bittere Leid, das die gewaltige Offensive dem Gegner gebracht. Nur mehr das Recht des Siegers hat Geltung: Schleppt Lebensmittel herbei! Bringt Wein! Gebt uns eure Wagen, eure Pferde, euren ganzen Besitz! Seid zufrieden, wenn wir euch das nackte Leben lassen!

Das nackte Leben? Nein! Grausam waren wir nicht, wir beanspruchten nur das Notwendigste und quälten niemanden.

Immer breiter wird das Tal. Die Piaveebene tut sich auf. An der Straße liegt ein größeres Einkehrgasthaus, umgeben von armseligen Häusern und Scheunen. Peron heißt das Nest. Hier wollen wir die Nacht des 12. November verbringen, denn ein langer, beschwerlicher Marsch liegt hinter uns.

Doch aus der einen Nacht wurden deren zwei. Trotzdem die Quartiere schlecht und kalt waren. Und die Menage? Aus der armen Bevölkerung wollten und konnten wir nichts herauspressen. Wir mussten vorläufig zu unsern mitgenommenen Konserven greifen, die uns nun nach den vielen guten Mahlzeiten gar nicht bekommen wollten.

Am Abend erweiterten wir unsere Requirierungskreise. Ein Kilometer von Peron entfernt lag ein großes Kartäuserkloster. Ein Dorf für sich, mit drei Kirchen, einem riesigen Hauptgebäude, mehreren landwirtschaftlichen Nebengebäuden und vielen kleinen Häuschen. Für jeden Pater eins. Ich besuchte mit einigen Kameraden den interessanten Ort. Der Prior und zwei Patres empfingen uns. Würdige, weißhaarige Herren. Der Prior ein Holländer, seine Begleiter aus Frankreich und Italien. Durchgeistigte Abgeklärtheit und Milde leuchteten aus ihren gütigen Zügen. Schon längst waren sie über Hader und Streit hinweg und über kriegerische Auseinandersetzungen. Sie sprachen nicht deutsch, wir radebrechten daher unser bescheidenes Italienisch, auch Latein musste manchmal aushelfen. Hierrauf führte man uns im Kloster herum, zeigte die Kirchen und kleinen Häuschen mit den Einzelzellen und Gärtchen und die riesige Bibliothek. Überall peinliche Sauberkeit, wohltuende Ruhe, Licht und reine Luft. Nach dem Rundgang erzählten unsere Wirte von ihrem einfachen Leben, von ihrer Tageseinteilung und fleischlosen, alkoholfreien Kost. Dabei strahlten Gesundheit und Glück aus ihren Augen. Es kam mir vor, als säßen wir auf einer stillen Insel, von wilder Brandung umbraust.

Das Kloster stellte dem Baon Brot, Feldfrüchte aller Art und Rinder zum Schlachten zur Verfügung. Wir hatten nun wieder frische Lebensmittel.

Nach unserer Rückkunft kam ganz unerwartet Proviantoffizier Tecini mit der ersten Tragtierstaffel unseres Trains an. Er machte nicht viele Worte über die kolossalen Schwierigkeiten, die er beim Überwinden der siebzehn Marschhindernisse gehabt hatte, sondern ging schnell daran, in den umliegenden Bauerngehöften Pferde und Tragtiere zu requirieren.

Bei Sonnenuntergang marschierte ein reichsdeutsches Infanteriebaon aus Belluno in Peron ein. Es war als Flankendeckung bestimmt und sollte das Cordevoletal abriegeln. Wir saßen mit den reichsdeutschen Kameraden in der einfachen Gaststube einträchtig beisammen und erhielten zum ersten Mal erschöpfende Berichte über die grandiose Durchbruchsschlacht bei Flitsch und Tolmein. Das deutsche Baon marschierte am nächsten Morgen wieder zurück, da seine Aufgabe bereits von uns gelöst war.

Fortwährend rückten Truppen an, hauptsächlich Requirierungsabteilungen. Wir kamen dadurch mit vielen Offizieren ins Gespräch, die in ihrer Mehrheit den unvergleichlichen Vormarsch miterlebt hatten. Sie erzählten auch von Belluno, das kurz vorher von österreichischen Truppen eingenommen worden und nun alle Schrecknisse und Leiden einer eroberten Feindesstadt über sich ergehen lassen musste. Unglaubliche Massen Militär sollen dort zusammengeströmt sein. Es reizte mich außerordentlich, dies mit eigenen Augen zu sehen.

Höpperger und Zanker waren rasch für meinen Plan gewonnen und so fuhren wir auf einem requirierten Bauernwäglein, mit einem requirierten Tragtier bespannt, unserem interessanten Ziele zu, ungefähr zehn Kilometer entfernt. Treff bellte aufgeregt nebenbei her. Schon bei der kleinen Ortschaft Maas unterbrachen wir die Fahrt und betrachteten das weite Feld, das mit Waffen und Helmen buchstäblich übersät war. Mindestens ein ganzes italienisches Regiment musste hier entwaffnet worden sein.

Infanterie marschiert an uns vorüber, Trainkolonnen rücken an. Artillerie kommt uns entgegen. Immer dichter schließen sich die Kolonnen. Aus der einen Marschschlange werden zwei und drei. Endlich bilden sie ein zusammenhängendes Ganzes. Ein wüstes, scheinbar zielloses Durcheinander! Mich wundert, dass sie aneinander vorbeikommen. Doch alle Truppen, und scheinen sie noch so verklemmt, verstehen sich zu lösen und ihrem Ziele zuzustreben. Immer schwerer wird das Fortkommen auf der restlos gefüllten breiten Straße. Und auf einmal geht's nicht mehr.

Wir steigen ab, schreiten vor dem Pferde her und schaffen Platz. Erkämpfen Schritt für Schritt den Einzug in Belluno. Erobern es zum zweiten Mal. Eingekeilt stehen wir in den Massen, teilen nach links und rechts unzählige Püffe aus, und kommen endlich in eine stillere Seitengasse. Wir können hier unser Fuhrwerk beruhigt stehen lassen. Unser Landsturmmann bleibt bei ihm. Wir andern stürzen uns in den Wirbel.

Unbeschreiblich dieser Eindruck. Ausgelöscht jedes Rechtsgefühl. Alle Geschäfte mit Soldaten voll gepfropft. Österreicher und Deutsche, Offiziere und Mannschaften durcheinander. Viele in voller Rüstung. Eine unwiderstehliche Psychose hat alle ergriffen, gleichgültig welcher Nation sie angehören.

Wir schieben uns in ein Manufaktur- und Konfektionsgeschäft. Soldaten reißen mit großer Gier die Kartons von den Stellagen, heben die Deckel ab. Was verwendbar ist, wird in die Manteltaschen gesteckt und in den Brotsack. Alles Übrige wird zu Boden geworfen oder geht von Hand zu Hand. Die Auslagen sind zertrümmert. Durch die scheibenlosen Fensterrahmen fliegen Hemden, Hosen, Wäschestücke und Leinwandreste auf die Straße. Entweder finden sie dort einen Abnehmer oder werden in den Kot getreten.

Die Waren bilden auf den Straßen eine dicke Schichte, drinnen in den Verkaufslokalen liegen sie knietief. Wir besuchen ein Juweliergeschäft. Kein Holzstück ist ganz. Alle Kasten und Kästchen sind aufgerissen, zertrümmert. Der Inhalt verschwunden. Geschäftsbücher und Korrespondenzen liegen zerfetzt am Boden. Gewehrschüsse stecken rund um die Schlösser der offenen, leeren Kassen. Wir zwängen uns hernach in ein Schuhgeschäft. Da stehen nur mehr einige Schachteln auf den Ständern, Unmengen von Kinderschuhen sind am Boden zertreten, die Straße vor dem Laden ist damit überdeckt.

Und so sieht es überall aus. Stoffe, Kleider, Schuhe, zerbrochene Flaschen und sonstige Dinge vernichtet am Boden. Nur ein kleiner Teil der geplünderten Waren findet wirkliche Verwendung, der größere ist zertrampelt. Uralte Instinkte regen sich zur Kriegszeit im Menschen. Vernichtungstriebe kommen zum Vorschein, die jahrtausendlang im Innern geschlummert. Aus der grauen Vorzeit stammen sie, da Aufblühen und Gedeihen des einen Vernichtung und Untergang des andern bedeutet hatte.

Wir sahen auch geplünderte Geschäftsläden, Buchhandlungen zum Beispiel, Spielwaren, Damenkonfektionsgeschäfte und dergleichen, deren Inhalt keinen Soldaten interessieren konnte. Doch auch sie waren verwüstet, verschont geblieben nur solche, die von ihren Besitzern nicht verlassen wurden. Nur vereinzelte also, da sich die große Mehrheit der Bürger geflüchtet hatte.

Lange Zeit brauchten wir, um das andere Ende der Stadt zu erreichen. Überall aufgeregtes Geschrei und Schimpfworte der Kolonnenkommandanten, die mit ihren Peitschen in die Massen schlugen und rücksichtslos in die Menge hinein fuhren.

Ich bereute es, meinen Treff mitgenommen zu haben. Hundertmal traten ihm die Leute auf die Pfoten, alle Augenblicke hörte ich sein Winseln. Nur mit größter Mühe gelang es mir, ihn durch das Gewimmel zu bringen.

Endlich waren wir zum Bahnhof vorgedrungen und damit aus dem Geschäftsviertel gekommen. Das Gedränge ließ nach. Wir konnten ungehindert ausschreiten und uns die Gegend ansehen.

Belluno ist eine große Stadt in reizender Umgebung, es liegt erhöht auf einer Landzunge, die vom Piave und einem Nebenflüsschen gebildet wird. Über den Fluss führt eine Eisenbahnbrücke. Sie ist kunstgerecht abgesprengt, nur mehr die steinernen Pfeiler stehen, das Eisengerüst liegt im Flussbett.

Bald war es Zeit zur Rückkehr. Wir arbeiteten uns wieder mühselig und langsam durch die Hauptstraße zurück. Unsere Füße traten abermals auf unermessliche Werte. Unangenehme, deprimierende Gefühle wurden wach. Es kamen uns erst dann versöhnliche Gedanken, als wir Kunde erhielten, dass die Plünderung von den Italienern selbst in Gang gebracht worden war, von abziehenden italienischen Truppen, die später von der Zivilbevölkerung abgelöst wurden.

Endlich, endlich kamen wir bei unserm Fuhrwerk an. Voll Wut erzählte der Kutscher, dass reichsdeutsche Soldaten auf ihn losgestürmt wären, um sein Pferd zu requirieren. Nur mit größtem Stimmenaufwand und einigen gut sitzenden Ohrfeigen hätte er den Ansturm abgewehrt.

Da huschen einzelne Soldaten vorbei. Der erste hat einen neuen Zivilanzug unter dem Arm, der zweite trägt eine große Pendeluhr. Was machen sie damit? Da begreife ich die zwei nächsten viel besser. Sie tragen eine Kiste, mit Käse und Konserven gefüllt, und der andere schleppt eine große Korbflasche.

Auch wir könnten in der Offiziersmesse zu Peron guten Wein brauchen. Gesagt, getan! Schnell ist ein verlassenes Weingeschäft ausfindig gemacht. Wir suchen uns drei Kisten exquisiter Flaschenweine aus, für mehr haben wir auf unserem kleinen Wagen nicht Platz.

Dann wurde der Rückweg angetreten. Wieder hinein in die schreiende Menschenmasse. Wir hatten schon gelernt, drein zu stoßen, dreinzuschlagen und mörderisch zu schimpfen. So kamen wir langsam aus der Stadt hinaus und konnten nun daran denken, das Fuhrwerk zu besteigen.

Ich rief meinen Treff – und fand ihn nicht. Pfiff. Er kam nicht. Da lief ich zurück, wartete, pfiff und rief wieder – Er war verschwunden. Ich sah ihn niemals wieder.

Einen Monat nachher erfuhr ich ganz zufällig, dass er in Pola bei einem Landsturmbaon, das sich zu gleicher Zeit mit uns in Belluno befunden hatte, sein Hundedasein weiterführe.

Einige Kilometer fuhren wir noch im Schritt, dann endlich wurde Platz zum Traben. Schon dunkelt es. Die Straße führte ein Stück steil abwärts und mahnte zur Vorsicht. Doch wir waren ungeduldig und wollten schnell nach Hause kommen. Also flott weiter. Plötzlich ein heftiger Krach! – Radbruch! Das Pferd ging durch und wir und die Kisten lagen auf der Straße. Keine Flasche blieb ganz. Auch keine Uniform. Mit aufgeschürften Armen, blutigen Knien und zerrissenem Gesicht schlichen wir betrübt durch die Dämmerung. Einige hundert Schritte abwärts fanden wir den zertrümmerten Wagen, die Stränge waren abgeschnitten. Das Pferd blieb verschwunden. Nun waren wir ganz abgebrannt.

In Venetien

Abmarsch von Peron. Eine Stunde vorher kam noch ein Pater aus dem Kartäuserkloster gelaufen und klagte, dass während der Nacht Truppen das Kloster heimgesucht und riesige Vorräte weggeschleppt hätten. Hernach führte er Beschwerde über unsere Mannschaften, die ihm einen vierrädrigen Karren und einen großen Kupferkessel entwendet hätten. Unser Baonskommandant ließ die Kompanieführer rufen und befahl, die Sache zu untersuchen. Ich wieder befragte meinen Dienstführenden und Rechnungsunteroffizier. Sie hatten nichts bemerkt. Da war ich vom Herzen froh.

Vergatterung! Visitierung. Alles in bester Ordnung. Als sich aber meine Kompagnie in Marsch setzte, erschien plötzlich an ihrer Queue der abgängige Karren und darin gebettet der große Kupferkessel. Flankiert vom Rechnungsunteroffizier und Dienstführenden. Schnell sah ich weg. –

Dumpfes Dröhnen aus Südwesten, aus der Richtung des Grappamassivs. Dort oben kämpften unsere Truppen mit den Italienern, die sich zu neuerlichem Widerstand aufgerafft hatten, von fremden Truppen moralisch gehoben. Nicht lange aber kann die Verzögerung dauern, der Elan unserer Soldaten bleibt unwiderstehlich. Vielleicht ist auch unser Baon bestimmt, beim Brechen des Widerstandes ein wenig mitzuhelfen? Dann ging es wieder weiter! Unaufhaltsam in die italienische Ebene hinein! Dem Kriegsende zu! Und alle Glocken würden läuten.

Nach zwei Stunden ist der große Ort Sediko erreicht, damit die Haupt- und Heeresstraße. Mitten im Gewimmel und Getümmel des großen Bewegungskrieges. Die Straße ist voll mit marschierenden Soldaten und Kolonnen aller Art. Wüstes Geschrei, wilder Lärm und darüber das Donnern der schweren Geschütze. Rückwärts und vorwärts fluten die Massen. Dazwischen Unmengen von italienischen Gefangenen. Tausende. Lächelnd ziehen sie in endlosen Massen dem Hinterlande zu. Bald in Viererreihen, bald einzeln abgefallen, wie's eben der Platz zulässt. Sie sind nur notdürftig bewacht. Ein einziger österreichischer Soldat eskortiert zuweilen hundert und noch mehr. Ich sehe auch Abteilungen, die ohne Bewachung dahintrotten. Sie sind ja so glücklich, der Vernichtung entronnen zu sein.

Dann wieder Verwundete zu Fuß. Und Sanitätskolonnen mit Schwerverletzten. Ein beispielloses Gewoge! Viele Gespannsführer und Chauffeure haben neben sich irgendeinen italienischen Soldaten als Gehilfen sitzen und vertragen sich glänzend mit ihm, wie wenn sie schon zehn Jahre beisammen säßen.

Dort liegt ein verendetes Pferd am Wegrande, rechts ein umgeworfener Trainwagen, links eine italienische Batterie mit zersprengten Geschützen. Waffen in Massen! Und tote Italiener. Ein ganzes großes Heer ist auf der Flucht.

Wir überschreiten den langsam fließenden Cordevole und seine breiten Schotterbänke. Eine Notbrücke leitet uns darüber. Maisfelder liegen links und rechts, und überall herrscht große Fruchtbarkeit. Die Besiedlung wird dichter. Wir kommen bei kleinen Ortschaften und vielen einzelnen Gebäuden vorbei und nähern uns dann dem Piave. Sein Bett ist mit ungeheuren Schuttströmen gefüllt und erreicht an manchen Stellen beinahe zwei Kilometer Breite.

Mir rinnt der Schweiß von der Stirn. Den Kameraden auch. Doch niemand spürt Müdigkeit oder Abspannung, denn jeden Augenblick gibt es wieder Neues zu sehen. Eindrücke, die nur der Krieg in dieser Furchtbarkeit und Großartigkeit zeigen kann. In den frühen Abendstunden marschieren wir in Feltre ein. Die dreißig Kilometer lange Strecke war mühelos bezwungen worden.

Dicht gedrängt, wie in Belluno, sind auch hier die Menschenmassen. Sie schieben sich durch die lang gestreckte große Stadt, bei dem einen Tor hinein, bei dem andern hinaus. In den engen Gassen herrscht unheimliche Bedrängnis. Ich sehe nur Militär, ganz selten einen Zivilisten. Die Zivilbevölkerung hat sich auch hier zum größten Teile geflüchtet.

Prachtvolle alte Palazzi entzückten unsere Augen. In einem hatte das Armeegruppenkommando Alfred Kraus seinen Sitz aufgeschlagen. Ein eifriges Kommen und Gehen durch das reiche Marmorportal. Unser Baonskommandant meldete sich bei Exzellenz Kraus und bat um weitere Befehle; indes hatten wir in einer Seitengasse Gewehr bei Fuß genommen.

Diese Unterredung war für uns von entscheidender Bedeutung. Leben und Tod hingen davon ab. Wir warteten daher voll Spannung und sahen nervös dem Ausbreiten der Abendschatten zu. Da erschien Hauptmann Czerny wieder und brachte Bescheid: Der Aufenthaltsort unserer Division ist derzeit nicht bekannt. Das Baon bleibt deshalb vorläufig dem Kommando Kraus zugeteilt. Seine Aufgaben sind: Abstellung der Plünderungen, Sammlung aller Lebensmittel und sonstiger Werte, Konzentrierung der versprengten Truppen und Gefangenen, ihre Verköstigung und Abschiebung. Endlich die Einrichtung eines Stationskommandos. Dann hatte Kraus noch gemeint: „Im Übrigen wird diese Tätigkeit voraussichtlich nur etliche Tage dauern. Der Vormarsch geht weiter und das Baon übersiedelt mit mir nach Bassano".

Mit größtem Interesse vernahmen wir diese Anordnungen. Sie konnten zwar keine kriegerischen Ehren bringen, wiesen jedoch wichtige Arbeiten zu. Und auf Bassano freuten wir uns ganz besonders.

Das Baon fand im bischöflichen Palais Unterkunft. Unsere Vorgänger hatten die Quartiere in einem gräulichen Zustande hinterlassen, alle Möbel waren zerstört, der Inhalt der Kasten auf den Boden geworfen, durchwühlt. Erst am nächsten Tage war die Säuberung beendet. Indes wurden aus den umliegenden Geschäften Lebensmittel requiriert und in dem großen Kessel aus dem Kloster Peron gekocht.

Wir Offiziere quartierten uns im Hause eines geflüchteten Buchdruckers ein. Zu ebener Erde lagen die Druckräume, Maschinen und Kanzleien. Vollständig eingerichtet und intakt. Auch die Wohnungen der oberen Stockwerke zeigten sich in bester Ordnung. Oberleutnant Zanker und ich bezogen ein großes zweibettiges Zimmer und wühlten in den vollen Kästen herum. Die Plünderungspsychose hatte auch uns bereits ergriffen. Wir fanden zwar umfangreiche Bestände an guten Kleidern, Schuhen und Wäsche. Doch alles war zu groß und für uns nicht verwendbar.

Diesen ersten Abend kamen wir sehr spät zu unserer Mahlzeit, wir nahmen sie in einer Delikatessenhandlung ein. Ihre Besitzer waren geflüchtet. Der eine

Kamerad schnitt sich ein Stück Salami ab, ich bevorzugte Schinken, ein dritter suchte Konserven oder wählte sich irgendeinen Fisch. Dazu tranken wir vorzüglichen Flaschenwein. Mannschaftspersonen der verschiedenen Truppengattungen zechten neben uns. Man hörte all die vielen Sprachen des alten Vaterlandes. Als unsere Schar sich breit gemacht hatte, wurde es allmählich still um uns. Und leer.

Wir saßen in alter Fröhlichkeit im Scheine der brennenden Kerzen, gingen dann zu dienstlichen Gesprächen über und stellten einen Arbeitsplan auf: Jeder Kompagnie sollte ein selbstständiger Rayon zugewiesen werden. Ich erhielt jenes Stadtviertel zur Betreuung, das unsere Quartiere umschloss.

Stockfinster waren alle Straßen, als wir nach Hause strebten. Die Italiener hatten vor ihrer Flucht alle Maschinen der Elektrizitätswerke zerstört und die Zuleitungen abgeschnitten. Zu Hause brannten schon die Kerzen, von unseren Burschen vorbereitet.

Zanker und ich lagen in zwei Ehebetten. Durch die geöffneten Fenster drang das Toben und Brausen des riesigen Verkehrs. Wie gut hatten wir's! Und diese armen Teufel da unten mussten die ganze Nacht marschieren, vielleicht dem Monte Grappa zu, vielleicht in den Tod. Wir löschten das Licht, schlossen die Fenster. Die Eindrücke verwischten sich und gingen mit uns in den Schlummer.

Auf einmal weckte mich lautes Lachen und Kerzenlicht. Ich kniete im Bette und wühlte in den Decken und Leintüchern herum. Zanker erzählte lachend, er wäre durch mein Herumwühlen wach geworden und hätte mich gefragt, was ich denn wolle. „Requirieren", wäre meine Antwort gewesen. Ich wusste aber von nichts.

Der Morgen brachte uns die neue Beschäftigung. Unablässig streiften meine Patrouillen durch den Kompagnierayon, stellten jeden Plünderer und wiesen die Soldaten aus den Geschäften. An allen Straßenecken standen Doppelposten. Ich selbst rannte den ganzen lieben Tag umher, ebenso meine Subalternen. Wir drangen in alle Häuser, kamen in alle Stockwerke, in Keller und Dachböden, fanden überall Truppen, die auf eigene Faust oder im Auftrage ihrer Kommandanten Schätze suchten und in Kasten, Truhen und Kisten herumwühlten.

Aus einem großen Cafe schauen die Pferde einer reichsdeutschen Batterie und kauen stillvergnügt an dem requirierten Futter. In einem vielräumigen Bankgeschäft ist Stroh aufgeschüttet, Infanterie lagert dort. Daran schließt sich eine große Möbelhandlung mit riesigen Auslagen. Die Scheiben sind zertrümmert, einige Militärautos stehen im Lokal, zwischen den Autos die zerschlagenen, kostbaren Möbel. In vornehmen Wohnungen brennen Feuer am Boden. Soldaten sitzen herum, heizen mit den Trümmern der Möbel nach, wärmen sich die Hände. Es ist ihnen ganz gleichgültig, dass schon große Löcher im Parkettboden heraus gebrannt sind und das ganze Haus gefährdet wird.

Die Häuser zeigen an den Außenfassaden keinerlei Schäden, doch innen sind sie zumeist verwüstet und verdreckt, am allermeisten das Spital. Der erste Stock eines Palazzos ist als Stall eingerichtet. Pferde eines höheren Kommandos stehen darinnen. Die große Freitreppe bildet einen günstigen Zugang.

Alle Weinkeller enthielten ungeheure Vorräte. Einen davon reservierte ich für den Eigenbedarf meiner Kompagnie. In einem zweiten standen zahllose große Weinflaschen, jede mindestens fünfundzwanzig Liter fassend. Ich hatte noch nie so riesige Mengen Wein beisammen gesehen. An der Wand lag ein großes Fass neben dem andern. Der Großteil noch unversehrt. Nur die der Kellertür zunächst stehenden Gebinde waren zerbrochen. Der Boden mit Scherben bedeckt und mit Wein übergossen.

Manche Flaschen schienen mit dem Gewehrkolben eingeschlagen worden zu sein, andere zeigten Einschussöffnungen. Hei! Wie da der rote Strahl herausgesprungen war und in die Menageschale hinein!

Aus einem andern Keller klang fröhlicher Gesang, von einer Gruppe österreichischer Soldaten angestimmt. Sie saßen am Kostprobentisch und tranken den Wein aus ihren Menageschalen. Salutierten, griffen verwirrt an den unbedeckten Köpfen herum, ihre Mützen lagen ja in den Weinpfützen am Boden. Die Zecher bemerkten erst beim Weggehen, wie schwer sie besoffen waren, und fielen über die Kellerstufen. Einige aber machten es gescheiter, die begannen schon von der ersten Stufe an auf allen vieren zu kriechen.

In vielen Geschäften sahen wir große Verwüstung. Die Auslagen waren eingeschlagen, die Waren durcheinander geworfen. Überall aber noch Überfluss vorhanden. Gleich am ersten Tage konnten wir daher schon große Vorräte an Lebensmitteln und anderen Gebrauchsgegenständen bergen.

Der zweite Tag brachte weitere Erfolge. Nur mehr vereinzelt wurde geplündert. Auch in anderer Weise war schon Ordnung in der Stadt eingekehrt: Die selbstständigen Einquartierungen durchziehender Truppen hatten ein Ende gefunden. Das Stationskommando, von unserm Baon gestellt, wies uns nunmehr die Quartiere zu. Wir wurden langsam die Herren der Stadt. Unsere Vollmachten waren unbeschränkt.

Leutnant Dr. Ruhrberg unseres Baons ward als Kommandant der Sammelstelle bestimmt. In nächster Nähe des Bahnhofes fand er passende Magazinsräume. Wir trugen schon in einigen Tagen Millionenwerte zusammen. Die Bergestelle nahm einen ungeahnten Umfang an.

Am dritten Abend ertappten wir noch einen Plünderer, es war der letzte. Ich stand gerade mit meiner Patrouille in der Tür eines Hauses, durch das Dunkel der Nacht geschützt. Vor den Auslagen des nebenbei liegenden Geschäftes ging ein Soldat auf und ab. Plötzlich ein Schlag mit dem Bajonett. Das Auslagefenster splitterte. Schon hatte er den Arm durch die Öffnung gesteckt. Da fassten wir ihn. Langsam zog er nun seine leere Hand durch das splittrige Loch, während kräftige Schimpfworte auf ihn niederprasselten.

In meinem Rayon, etwas außerhalb der Stadt, standen zwei mächtige Seidenspinnereien. Enorme Vorräte an Seidenwaren und Zwirn hatten wir schon daraus geborgen. Ich wollte mir einige Andenken mitnehmen. Eine Frau wäre unglücklich gewesen, aus dieser Menge köstlicher Dinge nur wenige Proben auswählen zu dürfen. Unschlüssig kramte ich also im Magazin herum. Was am meisten glänzte, nahm ich mit, so wie etwa die Elster am liebsten Silberlöffel stiehlt. Auch Besätze für Damenblusen, Spitzenvorhänge und so weiter kamen in die Schachteln. Zum Schlusse noch mehrere Meter Etaminstoffe. Ich füllte damit zwei große Kartons von ungefähr einem Meter Länge. Bei meinem nächsten Urlaub in die Heimat wollte ich damit andern eine Freude machen. Doch wisse; auch bei diesem zweiten Plünderungsversuch hatte ich kein Glück. –

Unser Dienst war vollkommen selbstständig. Unmengen von Dingen hätten wir in diesen Feltretagen auf die Seite räumen können. Bei andern Abteilungen soll's so geschehen sein, erzählten die Gerüchte. Aus den Palazzi verschwanden wertvolle Gobelins und Teppiche. Statuetten und Bilder gingen den gleichen Weg. Zu verlockend waren die Lage und der Drang, von seinen Siegerrechten Gebrauch zu machen.

Tag um Tag verging. Was ist's mit dem Vormarsch? Was ist's mit Bassano? Die feindlichen Geschütze am Grappa tobten immer stärker, immer schneller. Täglich kamen Verwundete durch Feltre, wir fanden Gelegenheit, mit ihnen zu sprechen. Sie erzählten von den beispiellosen Strapazen der Grappakämpfer und von den schweren Verlusten. Sie schilderten das Anschwellen und Erstarken des Gegners, die Heranführung von französischen und englischen Divisionen, denen sie die Organisierung und Erneuerung des italienischen Widerstandes zuschrieben.

Sollte es abermals ein Schlag ins Wasser gewesen sein? Auch diese unvergleichliche Durchbruchsschlacht nicht ihre letzte Krönung finden? Der Gegner wieder sein Haupt erheben können?

Wir lebten indes im Überfluss dahin. Offiziere wie Mannschaften. Letztere in warmen Quartieren, die mit Maisstroh reichlich ausgepolstert waren. Auch an Lebensmitteln war kein Mangel. Venetien hatte noch genug abzugeben. In meiner Kompagnie bekam überdies jeder Mann einen halben Liter Wein, mittags und abends, sodass viele ein besseres Leben führten als im Zivil.

Die meiste Arbeit hatte jene Kompagnie zu leisten, die als Sammelstelle und Verköstigungsstation für Versprengte und Gefangene bestimmt war. Gleich am ersten Tag musste sie dreitausend Mann verpflegen und abschieben. Einmal wurde sogar die Zahl viertausend überschritten. Doch schon nach einigen Tagen verringerten sich die Massen italienischer Gefangener.

Die mit so wunderbarem Erfolge begonnene Offensive war endgültig zum Stehen gekommen und der Stellungskampf mit seinen eingefahrenen Geleisen machte sich bemerkbar. Am letzten Bollwerk, am letzten südlichen Ausläufer der Alpen waren wir stecken geblieben. Eine Tragik von unermesslicher Auswirkung, gleich jener der deutschen Marneschlacht! Wie unfassbar nahe lag das Ziel, Italien vollständig niederzuwerfen und unabsehbare Folgen herbeizuführen! Und nun schlug uns das Schicksal das Schwert aus der Hand.

Der Grappastock war beim Anmarsch unseres siegreichen Heeres nur von einigen Alpinibataillonen besetzt gewesen, die noch dazu moralisch nicht mehr auf ihrer einstigen stolzen Höhe standen und unter dem deprimierenden Eindruck des Rückzuges gelitten hatten. Es wäre nicht schwer gefallen, sie mit frischen Truppen zu überrennen. Woher sie nehmen? Kraus hatte überdies seine

Hauptkraft nicht auf der Höhe, sondern in der Niederung, am Piave, zum Hauptstoß angesetzt, und stieß hier auf übermächtige, unverbrauchte Gegner. Es war die gleiche Taktik, mit der er bei Flitsch seinen glänzenden Sieg errungen.

Und unser Schicksal wollte es, dass auch Conrad an der Brenta nicht weiterkam. Trotz heroischen Mutes und herrlicher Heldentaten seiner Truppen. Sie waren jedoch an Zahl zu schwach, um durch das schwere Gelände und die italienische Übermacht den Ausgang in die Ebene zu erzwingen. –

Wir lebten in Feltre wie auf einem friedlichen Eiland. Gleich vor den Toren der Stadt ging aber der Tod um. Da draußen kampierten die Trainstaffeln der hier dislozierten und durchziehenden Truppen und schlugen auf dem hart gefrorenen, schneelosen Maisfeldern ihre Lager auf. Die Nächte waren bitterkalt. Ungezählte Lagerfeuer sandten daher ihre roten Flammen zum Himmel. Da rückten dann die schweren Caproni-Bombenflugzeuge heran und stürzten sich auf ihre Opfer. Die Erde zitterte im weiten Umkreis. Fliegerabwehrgeschütze böllerten wie verrückt. Lichtkegel kreisten am dunklen Himmel. Wir fuhren erschreckt aus dem Schlafe, sprangen entsetzt zum Fenster. Denn es hatte geklungen, als wären die Bomben neben uns geborsten. Allmählich gewöhnten wir uns daran, sahen auch zu unserer Beruhigung, dass die Stadt von den Italienern mit vollster Absicht verschont wurde.

Wir hatten mehrmals Gelegenheit, Bombenabwürfe aus der Nähe anzusehen. Der eindruckvollste Anblick spielte sich kaum fünf Minuten außerhalb des Südwesttores der Stadt ab. Ich kam gerade von einem kurzen Abendspaziergang zurück. Links und rechts der Straße lagerten Trainkolonnen. Die einen kochten ihren Kaffee, die andern rüsteten zur Abfahrt. Da kam es vom Himmel hernieder gestürmt. Ich warf mich in den Straßengraben und das Entsetzen drückte mir den Kopf in die seichte Senkung. Dann das grässliche Krachen! Das Schwirren der Splitter. Hundert Schritte vor mir qualmte die mächtige Rauchwolke. Ein tiefer Trichter gähnte entgegen.

Gähnte entgegen an jener Stelle, auf der ich noch vor zwei Sekunden ein marschbereites Fuhrwerk stehen gesehen habe. Es ist mit Mann und Ross und Wagen verschwunden. In Atome zerfetzt Ein zweites Gespann raste in wilder Flucht durch die Nachbarkolonne. Der dritte Wagen war arg beschädigt. Ein Pferd seiner Bespannung zeigte auf der Brust furchtbare Wunden, mehrere Handteller groß. In dicken Strähnen quoll das Blut heraus.

Einige hundert Schritte weiter, und kein Mensch kümmerte sich um diese Verluste. Jeder hatte so viel mit sich selbst zu tun und war unsäglich froh, nicht zu Schaden gekommen zu sein.

Auch Beobachtung- und Kampfflugzeuge kamen in Menge heran. Manchmal sahen wir gleich ein Dutzend und mehr. Sie waren unseren eigenen an Zahl und Material weit überlegen. Doch nicht an heldischem Geist. Wir beobachteten aufregende Luftkämpfe. Schaurig war der Anblick, wenn ein Apparat zu brennen begann und von einer Rauchfahne begleitet zur Erde sauste. War es ein Österreicher oder Deutscher, was wir am schwarzen Kreuz der Tragfläche erkannten, empfanden wir tiefstes Mitleid, wurde aber ein Italiener zur Strecke gebracht, so gab's ein lautes Hallo! So war der Krieg.

Von Feltre aus führte die Heerstraße gegen Westen. Primolano zu. Nach fünf Kilometer zweigte der Weg ins Strizzonetal ab. Es war dies der Hauptzugang ins Grappagebiet. Ein Leidensweg. In Strömen trank er österreichisches Blut. Diese Abzweigstelle und weite Strecken der Umgebung lagen in Sicht der Italiener, die den Gipfel des Monte Grappa besetzt hielten. Ihre weittragenden Geschütze bedrohten Tag und Nacht dies Gelände. Es ward daher die Maskierung der ganzen Hauptstraße in Angriff genommen. Maste wurden gesetzt, mit Drähten verbunden und diese mit Ästen und Maisstroh behängt. Hinter diesen Wänden konnten sich nun unsere Truppen ungesehen verschieben.

Das wilde Getriebe auf dieser Straße war abgeflaut und hatte ruhigerer, geordneterer Bewegung Platz gemacht, doch blieb es immer noch arg genug. Ich ließ mich mehrmals von diesem Strom mitreißen, auch zu Pferde, war jedoch jedes Mal herzlich froh, wieder absteigen zu können. In jenen Feltretagen wurde mir ein neues Reitpferd zugewiesen. Eine würdige Matrone: brünett, schlankmollig; sie hieß Elsa. „Vollständig autofromm", sagte mir Trainkommandant Kleinbrod bei der Übergabe. Ich wollte sie nun auf der Hauptstraße ausprobieren. Mir kam vor, es ginge ein Zittern durch ihren Körper, als wir uns in das Gedränge wagten. Doch konnte ich mich getäuscht haben, sie war ja autofromm. Da kam eine Autokolonne daher. An der Spitze ein Personenwagen. Als er bei mir vorbeifuhr, sprang Elsa plötzlich seitwärts und warf mich knapp vor das dicht aufgeschlossene Lastauto. Ich entging nur mit knapper Not dem Überfahrenwerden. „Recht war mir geschehen", dachte ich beim Aufstehen, „Warum hatte ich auch, statt Achtzugeben, mit dem Kolonnenkommandanten ein Gespräch anknüpfen müssen!" Elsa schwitzte am ganzen Körper, zitterte, konnte jedoch nirgends ausbrechen, da wir rundum von Truppen umstellt waren.

Der Rückweg ging leichter vonstatten, als ich mir vorgestellt. Wir vertrugen uns von nun an glänzend. Bis zum Kriegsende. Elsa kam da mit dem Baon in italienische Gefangenschaft und dürfte als Salami ihren Lebensabend beendet haben.

Diese Aneinandergewöhnung zeigte für mich schon am 25. November ihre guten Folgen. Ich hatte für diesen Tag einen höchst undankbaren Auftrag erhalten. Kaiser Karl war zur Inspizierung angesagt und meine Kompagnie sollte die eine Zufahrtsstraße von acht Uhr früh bis nach Abfahrt des Kaisers auf zwei Kilometer Länge freihalten. Es war noch tiefes Dunkel, als ich mich hoch zu Ross auf den Weg begab und meine Leute aufteilte. Viele, viele hundert Trainwagen, Geschütze, Autos jeder Art, Munitionswagen, Tragtierkolonnen und dergleichen musste ich von der Straße weisen und in die umliegenden tieferen Wiesen dirigieren. Begreiflich, dass sich alle Kolonnenkommandanten zuerst weigerten. Bei jeder anrückenden Kolonne wiederholte sich dies aufs Neue, die Weigerung und das Geschimpfe. Die Stabsoffiziere machten uns am meisten Scherereien. Ununterbrochen ritt ich die Strecke ab, um meinem Auftrag nachzukommen, und Elsa half getreulich mit.

Endlich war die große Inspizierung zu Ende. Der Kaiser kam nun mit seinem Stabe zum Südwesttor Feltres gefahren, stieg einige Schritte vor mir aus seinem

Auto und dankte leutselig für meine Ehrenbezeigung. Sein schlechtes, gedrücktes Aussehen fiel uns allen auf. Der Kaiser sprach einige Minuten mit seiner Begleitung, sah dann in seine Karte, bestieg wieder den Wagen und fuhr gegen Westen weiter.

Einige Tage später marschierte auch unser Baon nach Westen, da es in Feltre nun überflüssig geworden, alle Arbeit getan war. Wir wurden der Edelweißdivision zur Dienstleistung zugeteilt.

Zwischen verstaubten Weingärten und Maisfeldern, an schmucklosen Häusern vorbei, führte uns der Marsch nach Arten. Hier gabelte sich die Straße. Rechts kam man nach Fonzaso. Wir zogen aber nach links, Primolano zu, und überschritten bald nachher auf einer Notbrücke den breiten Eismon.

Nach vierstündigem Marsche war das Dorf Arsie erreicht, der Sitz des Kommandos unserer neuen Division. Ihr Kampfraum lag zwischen Monte Grappa und Brenta.

Baonskommandant Czerny begab sich sogleich zum Divisionskommando. Wir lagerten indes am Straßenrande und sahen zu den Höhen empor, aus denen ständig Geschützdonner vernehmbar war. Dort hinauf mussten auch wir.

Da kam Czerny zurück. Aus seinem Mienenspiel erkannten wir gleich, dass er unerwartet günstige Nachrichten brächte: „Dem Baon ist eine kurze Frist gegeben, seine militärische Ausbildung aufzufrischen, die es im langen Stellungskrieg verloren hat. Es bleibt vorläufig Divisionsreserve und wird im Dorfe Agana untergebracht." Augenblicks stieg unsere Stimmung, und in dieser aufgeräumten Stimmung marschierten wir wieder zur Eismonbrücke zurück und diesseits des Eismons flussaufwärts.

Agana ist ein kleines Dörfchen, ohne Kirche sogar. Malerisch liegt es an der von Weingärten besetzten Berglehne. Zahllose Terrassen durchziehen den Hang. Die Häuser sind recht einfach, viele sogar ärmlich, doch umso freundlicher und zuvorkommender ihre Bewohner. Sie behandeln uns, wie wenn wir ihrer Art und ihres Stammes seien.

Ruhe lag über dem Orte ausgebreitet, gleich jenseits des Eismon, kaum einen Kilometer Luftlinie von uns entfernt, die Heerestrasse vorbeiführte. Wir empfanden diese Stille unsäglich wohlig, umso mehr, als keine andere Truppe uns störte und wir die einzigen Gäste waren.

Die Mannschaften wurden in den vielen Bauernhäusern untergebracht. Ich bezog mit meinen Subalternen das eine Klassenzimmer des Schulhauses, das zweite sollte als Offiziersmesse dienen. Der italienische König und seine Gattin schauten aus ihren Bilderrahmen erstaunt auf uns nieder. In der Ecke des kahlen Raumes stand ein großer eiserner Ofen. Kostbar, dies seltene italienische Einrichtungsstück, da die Nächte empfindlich kalt waren und jeden Morgen dicker Reif auf den Gefilden lag.

Unsere Diener bemühten sich inzwischen um den Aufbau der Schlafstätten: Mein findiger Bursche hatte in der Nachbarschaft einen ortsüblichen, dickleibigen Strohsack ausfindig gemacht und trug ihn auf dem Kopfe daher. Die Strohsackbesitzerin ging laut weinend hinten nach. Und die drei Kinder an ihren Rockfalten heulten wie die Mutter. Als letzter kam der alte Großvater, auch er wischte sich die Augen. Der Aufzug sah sich wie ein Begräbnis fünfter Klasse an.

Sie schimpften nicht, es war innerlich, schweres Leid. Konnte dies nur dem Strohsack gelten? Oder hatten sie vielleicht ihre armseligen Ersparnisse drin verborgen? Ich gab ihnen gleich wieder den Strohsack zurück. Da verwandelte sich augenblicklich ihr Weinen in freudiges Lachen.

Am nächsten Tag wurde mit dem Exerzieren begonnen. Geschlossenes Exerzieren ist eine notwendige, doch geisttötende Beschäftigung. Es sind trostlose Stunden der Dienstzeit. Trotzdem! Wo immer man nun hinhorcht, wird von der fröhlichen jugenderfüllten Soldatenzeit der Friedensjahre gesprochen. Vielen Menschen war sie zugleich eine Schule fürs Leben. Und wir andern, die als Einjährig-Freiwillige gedient, hatten damit ein Ziel gesteckt erhalten und eine Fülle köstlicher Erinnerungen.

Wir lebten nun zwei Wochen in Agana. Zufrieden und vergnügt und machten uns keine Sorgen, obwohl dumpfes Dröhnen aus Süden uns stündlich die blutige Zukunft in Erinnerung brachte. Jeden Tag erwarteten wir den Abmarschbefehl auf den Monte Pertika, den Asolone oder einen anderen Brennpunkt südlich Arsies. Da griff wieder Exzellenz Kraus nach uns und disponierte das Baon als Korpsreserve nach Arten.

In zwei Stunden war dies Ziel erreicht. Wir hatten vor kurzem erst dort gerastet. Solide, trockene Quartiere warteten auf uns. Mir wurde ein großes Zimmer zugewiesen, das leider keinen Ofen enthielt. Mein Bursche suchte vergeblich im Orte nach einem solchen. Die wenigen transportablen Öfen befanden sich bereits in festen Händen. Und in den meisten Zimmern stand überhaupt keiner. Wie anspruchslos ist doch die italienische Landbevölkerung!

Also den großen Schulofen aus Agana herbei! Mein Diener fuhr mit einem zweispännigen Kompagniewagen ab, um ihn zu holen, und kam nach mehreren Stunden zurück. Doch welch Groteske! Ein winziges kleines Öfelchen, nicht viel größer als zwei starke Bauernfäuste, lag auf dem langen Wagen. Von zwei mächtigen Gäulen gezogen! Es hätte im Rucksack bequem Platz gehabt. – Die Aganer hatten meinem Burschen so lange zugesetzt, bis er nachgab und ihnen den Schulofen ließ. Nun, es ging auch so!

Das Heizmaterial war sehr spärlich. Um dem Mangel abzuhelfen, sandte ich wieder wie am Siefsattel Holzschlägerungsabteilungen auf die Suche. Hoch oben am Berge schlägerten sie Bäume. Im Tale dagegen patrouillierten unsere Abteilungen und hielten in den vielen Weingärten Umschau, um sie vor weiteren Schädigungen zu bewahren und dem Abschneiden der Rebenstöcke Einhalt zu tun.

Nach unserer Ankunft wurde vom Armeegruppenkommando mit dem Bau einer Feldbahn begonnen. Sie sollte Primolano mit Feltre verbinden. Unser Baon musste mithelfen und täglich einige hundert Leute zur Verfügung stellen. Ein anderer Teil der Kompagnie ward zu Geschütztransporten herangezogen, besonders dann, wenn schwere Geschütze ins Grappagebiet zu bringen waren. Der verbleibende Mannschaftsrest stand am Exerzierplatz oder übte im Gelände.

Hatten schon die Zugskommandanten an manchen Tagen wenig zu tun, so war das bei den Kompagniekommandanten noch krasser. Menage und Quartiere inspizieren, in der Kanzlei nachschauen, hin und wieder eine Gefechtsübung leiten, blieb meine ganze Arbeit. Da wurde mir die Uniform zu eng. Ich begann daher wieder zu turnen und viel zu reiten. Elsa war nun zahm und gelehrt wie mein Treff. Manchmal machte ich mir den Spaß, mich irgendwo zu verstecken und „Elsa" zu rufen. Schnell kam sie dahergetrabt, spitzte an jeder Hausecke die Ohren und wieherte freudig, wenn sie mich gefunden hatte und ihren Zucker bekam.

Die reichen Vorräte Venetiens begannen zu schrumpfen. Als Menagemeister der Offiziersmesse spürte ich dies im besonderen Maße und hatte bei Aufstellung des Menagezettels täglich meine liebe Not. Ich konnte nicht Wunder wirken. Mit verblüffender Regelmäßigkeit kam daher ein kleines Stück Rindfleisch auf den Tisch. Dazu gab's Geröstete mit Paradeisern, oder Paradeiser mit Gerösteten.In diesen Tagen wurde mir ein Maschinengewehrzug zugewiesen, bestehend aus zwei Maschinen und dreißig Mann Bedienung. Sie bildeten nun den vierten Zug der Kompagnie. Sämtliche dreißig Leute, ihr Kommandant Leutnant Jamiol inbegriffen, waren Polen. Junge starke Burschen. Die Heeresleitung plante, jeder Feldkompagnie eine solche Abteilung beizugeben, um die Schlagkraft einesteils zu heben, andernteils das immer knapper werdende Menschenmaterial durch Maschinen zu ersetzen.

Kurz vor Weihnachten ergab sich eine Urlaubsmöglichkeit. Zwei Kameraden schlossen sich noch an. Wir wollten ein Baonsfuhrwerk benützen und in einem Tag durchs Suganertal nach Trient fahren. Hundert Kilometer Wagenfahrt. Große Kälte herrschte, als wir um fünf Uhr früh auf der leicht beschneiten Straße starteten. Der eine Begleiter hatte eine große, mit Öl gefüllte Korbflasche mitgebracht; sie fasste mindestens fünfzehn Liter. Er wollte damit seiner Familie eine Freude bereiten, denn Öl war schon selten geworden. Ich dagegen rückte mit meinen zwei Kartons Seidenwaren an. Wie ein Musterreisender. In der Morgendämmerung rollten wir durch die zerschossenen Festungsmauern von Primolano. Ohne Aufenthalt trabten dann unsere starken Gäule durchs Val Sugana. Die Kälte drang bis in die Knochen.

Zu Mittag trafen wir in Borgo ein. Wir waren froh, aussteigen zu können und suchten unsern alten Kameraden Rasim auf, der hier als Bahnhofkommandant wirkte. Danach schlenderten wir durch die zerstörte Stadt zur Etappenmesse und bekamen – Rindfleisch mit Gerösteten und Paradeistunke als Mittagessen vorgesetzt. Triumphierend sah ich auf meine Begleiter. –

Die prachtvolle, besonnte Landschaft ließ uns auf die langwierige Beförderungsart vergessen. Levico tauchte auf. Die zu ihren Füßen liegenden Seen glänzten in blauer Herrlichkeit. Als wir durch Pergine fuhren, setzte bereits die Dämmerung ein, damit wieder große Kälte. In Trient war es schon dunkle Nacht. Unsere Pferde hatten sich vorzüglich gehalten, kein Zeichen von Erschöpfung gezeigt, doch wir Passagiere waren steif geworden.

Die Pferde litten in jener Notzeit am allermeisten, sie fraßen jedes Stücklein Holz im Stalle, jeden verlorenen Strohhalm auf der Straße und waren bis zum Skelett abgemagert. Unser Trainkommandant, Oberleutnant Kleinbrod, hatte es bisher aber immer noch zuwege gebracht, im Tauschwege Futter zu bekommen und die Baonspferde im guten Zustand zu erhalten.

Wir erholten uns in der wohlig geheizten Bahnhofrestauration sehr rasch von den Fahrstrapazen. In einer Ecke saß ein ungarischer Artillerieoberst mit seinem Stabe. Um ihn eine Gruppe Artilleristen seines Regiments, Zigeuner dem Aussehen nach. Sie fiedelten mit südländischem Feuer in den Oberst hinein. Schnell verging uns dabei die Zeit. Wir mussten einsteigen. Nur ein Kamerad fuhr mit mir noch weiter. Zwischen uns stand die volle Korbflasche. Zu unsern Häuptern lagen meine zwei Kartons. Einige Offiziere des gleichen Coupès wollten unbedingt aus der Korbflasche trinken, konnten gar nicht glauben, dass Öl drin sei.

Der Korbflaschenmann stieg in Innsbruck aus. Ich fuhr nach Salzburg weiter und kam dort mittags halbgerädert an. War mehr als dreißig Stunden mit nur kurzen Pausen gesessen.

Salzburg im Winterkleide. Kennst du diese liebe Stadt mit ihren stillen, verträumten Gassen? Ach! Wie tief hab ich sie in mein Herz geschlossen! Mit einer Liebe, die nicht auf den Lippen lebt, sondern tief drinnen schlummert.

Dicker, zuckriger Rauhreif klebte an den großen Bäumen, die das Salzachufer begleiten, und in den rauchenden Wassern des Flusses schwammen große Eisplatten. Auf den Hausdächern lag tiefer Schnee und senkrecht stieg der Rauch zum blauen Himmel empor.

Auf und ab wogt der Lärm. Überall Militär. Frauen rennen aufgeregt durch die Straßen, tragen Pakete in der Hand; denn heute ist Heiliger Abend. Ich will auch mein Scherflein beitragen, öffne weit die zwei Seidenkartons. – Doch statt Freude sehe ich nur Enttäuschung über die Gesichter huschen: Meine schönen, glänzenden Blusenbesätze und Spitzenmuster sind nicht modern, sie werden bloß von der italienischen Landbevölkerung getragen! Die von mir am wenigsten beachteten Etaminstoffe finden dagegen reißenden Absatz.

Die Not des Hinterlandes war groß geworden, sie drückte meine Urlaubsstimmung und machte mich mutlos. Noch mehr die Wut über manche Kriegsgewinner, die in skrupelloser Ausnützung des unsäglichen Elends sich bereichert hatten, die in Saus und Braus dahinlebten, während nebenher unzählige Familien trauerten und darbten. Doch das Schicksal hat in späteren Jahren Ordnung gemacht und diesem Gesindel das erraffte Vermögen wieder genommen.

Urlaubsende! Einrücken zur Front. Es fiel nicht so schwer, denn der Kriegsdienst war mir bereits zum zweiten Berufe geworden, zur Selbstverständlichkeit.

In Bozen stieg Höpperger zu. Wir verließen in der Station Tezze, einige Kilometer vor Primolano, unsern Zug. Höpperger hatte beim dortigen Etappenkommando einen Freund, bei dem wir über Nacht bleiben wollten.

Alle Fenster des Ortes waren dicht verhängt, kein Lichtstrahl durfte aus den beleuchteten Häusern in die Nacht dringen, um den feindlichen Fliegern jede Orientierung zu erschweren, denn riesige Munitionsmengen lagerten am Bahnhof.

Ich fühlte mich sehr müde von der langen Fahrt; auf der mir zugewiesenen Federmatratze zu schlafen, war jedoch ein Ding der Unmöglichkeit. Mehrere Federn waren lose geworden. Ich legte meinen Körper in phantastische Windungen, versuchte die gewagtesten Stellungen! Vergebliche Mühe, den bohrenden

Federn zu entgehen. Ich drehte mich nach links, nach rechts, wechselte Kopf- und Fußende, es nützte nichts. Und eigens von Salzburg hatte ich kommen müssen, um diese heimtückische Lagerstätte kennen zu lernen.

Sie ist nun seit Kriegsende in Händen der Italiener. Ich gönne sie ihnen.

Am Bahnhof Primolano stand ein offenes Auto, einem Kurier gehörig, der dringende Nachrichten nach Feltre zu bringen hatte. Er nahm uns mit. Das wahnsinnige Tempo wäre mir nicht auf die Nerven gegangen, umso mehr aber die beißende Kälte. Ich glaubte beim Aussteigen in Arten, trotz Mantel, Leibchen, Schal und Handschuhen, alle Gliedmaßen abgefroren zu haben.

Einige Tage nachher wurde die Feldbahnstrecke Primolano – Arten dem Betriebe übergeben. Täglich rollten nun viele hundert Geschosse aller Kaliber nach Arten. Unsere Mannschaften luden sie von den Rollwagen ab und halfen den Munitionskolonnen beim Aufladen. Zuerst griffen sie recht zaghaft zu, arbeiteten aber dann, wie wenn sie nur große Zuckerhüte in den Händen hätten.

Gleich wie in Agana trachteten wir auch in Arten mit der Bevölkerung in gutem Einvernehmen zu leben. Dies Bestreben umfasste jedoch nicht bloß dienstliche Angelegenheiten: Gegenüber der Offiziersmesse trafen sich täglich um die Abendstunden mehrere hübsche Arteneserinnen. Dunkle Augen, rassiges Gesicht, Temperament. Einige Kameraden hatten die Zusammenkünfte ausgekundschaftet, bald waren wir dort ständige Gäste. Die Abende endeten zumeist mit einem Pfänderspiel. Die hübscheste Teilnehmerin, Maria hieß sie, war eines Tages fuchsteufelswild auf mich. Ich konnte nicht den Grund finden und trug verstimmt deren Ungnade. Am nächsten Tag erst wurde mir von ihrer Freundin die Ursache mitgeteilt. Ich hatte am Vortage, als Maria zum Küssen eines Kameraden verdonnert worden war, sie alt (vecchia) genannt, hatte povera (arm) mit vecchia verwechselt.

In diese Tage fiel der Friedensschluss mit Russland und der Ukraine. Die Nachricht erfüllte uns mit heißer Freude und weckte wieder alle Hoffnungen. Gewaltige Truppenmassen wurden frei. Ein Schritt näher dem Frieden zu.

Indes bauten wir die Feldbahnstrecke Arten - Feltre fertig. Die schöne, sorglose Etappenzeit ging damit ihrem Ende zu und harter Kriegsdienst trat an ihre Stelle.

Das Baon wurde der 57. Gebirgsbrigade zugeteilt und erhielt Marschbefehl auf den Monte Grappa. General Fernenge, der Kommandant der 94. Infanterie-Truppendivision, hatte auch in Arten seinen Sitz. Es war uns in den letzten Tagen mehrmals aufgefallen, dass er sich in besonderem Maße um uns gekümmert. Als wir nun von der Zuteilung in seine Division Nachricht erhielten, verstanden wir Freundlichkeit und Interesse. Fernengel inspizierte noch zum Schlusse das Baon, ließ Gottesdienst abhalten und defilieren. Dann trat er zum Offizierskorps und übermittelte uns seine Wünsche und Befehle. Nebst vielen anderen Dingen verlangte er, dass jeder Kompagnieführer seine Mannschaften mit Namen kennen und auch in ihre Familienverhältnisse Einblick haben müsse. Graue Theorie! Wie könnte ich mir die vielen slawischen Namen merken!

Ganz Arten war auf den Beinen, als wir zum Abmarsch rüsteten. Herzliche Abschiedsworte wurden noch gesprochen und aufrichtige Glückwünsche uns mitgegeben.

Monte Grappa

Am Morgen des 24. Februar 1918 machten wir uns auf den Weg. Unsere kleine Gruppe bestand nur aus Baonskommandant und Kompagnieführern, sie mussten sich in den Grappastellungen orientieren. Das Baon sollte erst am nächsten Tag nachgeführt werden.

Wir kamen an die Abzweigung des Grappaweges und schritten dem Stizzonetal zu. Große Trichter umgaben uns. Begeisterungslos stapften wir auf dem schmalen Sträßlein dahin. Nebenbei plätscherte der Bach. Er hatte es eilig, aus dieser unruhigen Gegend fort zu kommen.

Die Gasmaske hängt griffbereit an unserer Brust. Vielleicht brauchen wir sie schon beim Anstieg? Oft und oft wird diese Talenge mit Gasbomben beschossen.

Beim Taleingang hatte ein Führer gewartet. Er erklärte die Situation: Links oben, am Col dell `Orso, stand der Gegner und bedrohte die Vorbeikommenden aus der Flanke. Nur ein Kilometer Luftlinie trennte uns im Innern des Tales von seinen Geschützen und Maschinengewehren. Wir hielten daher große Abstände und waren darauf gefasst, unter Feuer genommen zu werden. Im unteren Teile des Stizzonetales gewährten noch vereinzelte Racheln notdürftige Deckung, im oberen Tale aber führte der Weg deckungslos durch den Hang.

Immer größer wurden unsere Abstände. Und siehe da, trotz des schönsten, sichtigen Wetters fiel kein Schuss. Nachmittags kamen wir beim Kommando der 57. Gebirgsbrigade an. Es war in einer einfachen Baracke untergebracht. Kurzer Aufenthalt, mit Vorstellungen und Erklärungen ausgefüllt, dann Weitermarsch. Der Weg führte nun steil aufwärts, in den schützenden Wald hinein. Beim Abschnittskommando erhielten wir neue Weisungen und Einteilungen.

Ein weiter, grüner Kessel, etwa 1400 Meter hoch gelegen, öffnet sich unseren Blicken. Eine bewaldete Schlucht, von der Besatzung Küchenschlucht genannt, führt zu ihm. Der Kessel wird begrenzt und überragt von den Hängen des 1779 Meter hohen Monte Grappa, an dem unsere Offensive zerschellt war. Links von ihm drohen die Schrofen des Col dell Òrso, rechts der sanfte Rücken des Monte Pertika (Bild 21).

Die Stellungen verliefen unter den Steilhängen des Col dell`Orso und Monte Grappa und zogen über den großen Höhenzug des Pertika dem Monte Asolone zu. Oben saßen zumeist die Italiener, unten wir. Auch die Geschütze des Gegners standen in vorzüglicher Position, sie waren am abseitigen Südhang des Monte Grappa eingebaut. Mindestens zweihundert Stück, erzählten die Kameraden.

Offiziere führen uns. Die Deckungen liegen durchwegs im Walde. Dort und da sind Bohrmaschinen an der Arbeit, die seichten Gräben mühsam zu vertiefen. Wir steigen zum rechten Flügel des Abschnittes. Kaiserjäger liegen hier, unmittelbar unter den Felsen des Grappas. Ihre Stände sind arg gelichtet. Eine Kompagnie unseres Baons wird ihnen zugeteilt, daran reihen sich dann nach links die Klagenfurter Schützen. Wir müssen zwei Kompagnien ihres Regimentes ablösen. In diesem Abschnitt, Bocchettestellung genannt, weil gleich unterhalb im grü-

Bild 21: Monte Grappa
Aufgenommen vom Kampfgraben des Monte Pertica aus. Bild gegen Südosten. In der Mitte des Hintergrundes Monte Grappa, 1779 Meter. Im Vordergrunde Monte Pertica-Rücken mit Drahtverbau. Die Senke zwischen Grappa und Pertica zieht sich nach links über die Malga Bocchette zur Rückenschlucht und ins Stizzonetal.

nen Kessel die Malga Bocchette liegt, stoßen die beiderseitigen Kampfgräben verflucht nahe zusammen. Sind an einer Stelle nur zehn Schritte voneinander entfernt.

Es war schon dämmerig, als ich an diesem Punkte (wegen der kopfartigen Sappe Kopfstellung geheißen) angekommen, durch den Schutzschild zum Feindposten hinüberblinzelte und wieder das Weiße des Auges sah, wie am Monte Sief. Ich blieb beim Kommandanten der Kopfstellung zu Gaste. Sein Unterstand war nicht übel, trotz der Feindesnähe. Nebenan stand ein kleines Häuschen, fünfzig Schritte vom feindlichen Posten entfernt. An einen Felsblock angelehnt. Hier sollte ich zur Nacht bleiben.

Ich konnte aber kein Auge schließen. Um Pertika donnerten die feindlichen Geschütze. Vom Col dell'Orso fielen in furchtbarer Regelmäßigkeit schwere Minen auf die tiefer liegenden Kärntner und vor mir knatterten Gewehre, barsten die Handgranaten, doch keine Granaten. Bei solcher Feindesnähe schweigt das Geschützfeuer. Da ging ich zum Kompagniehäuptling. Als die Morgendämmerung beim kleinen Fensterchen hereinsah, visitierten wir den Kampfgraben, passierten auch den „Kopf". Kaum waren wir vorbei, krepierte dort eine feindliche Handgranate. Zehn Sekunden nur hatten uns von Verwundung oder Tod getrennt.

Alle Zugänge zu den Bocchettestellungen führten durch dichten, hochstämmigen Nadelwald, sie hatten in der früher genannten Küchenschlucht ihren Ausgangspunkt und waren auch bei Tag gangbar. Vorläufig noch, solange der Wald stand und Schutz vor Sicht bot. Man konnte sich's aber an den Fingern abzählen, wann die Italiener den Wald wegrasiert hätten, denn Tag und Nacht warfen sie systematisch ihre schweren Bomben hinein. Starke Bäume splitterten dann wie Zündhölzchen. Manche Stellen sahen aus, als hätte der Sturmwind sie gefasst.

Ich stieg in den Morgenstunden durch diesen sterbenden Wald und suchte den Unterstand auf, in dem Kamerad Höpperger übernachtet hatte. Eine Granatenlage nach der andern zog inzwischen über unsere Köpfe hinweg. Sie kamen vom Grappa und waren dem Prassolanlager zugedacht. Dorthin sollte meine Kompagnie als Reserve ziehen. Diese Funktion war keinesfalls nach meinem Geschmack und mir bis in die Seele hinein zuwider: Tatenlos liegen und warten, bis man dort eingesetzt wird, wo es schief geht. Da war ich viel lieber gleich in vorderster Linie.

Alle Küchen der vielen Unterabteilungen waren in der engen Küchenschlucht zusammengedrängt. Ein kleines Bächlein plätscherte leise murmelnd dahin und versorgte die Kochstellen. Es kam vom Grappa und Pertika. Die oberste Küche hatte das reinste Wasser. Die Herde bestanden aus übereinander gelegten Steinen, darauf ruhte der Kessel. Zigeuner kochen so ihr Essen. Die nebenan liegenden Unterkünfte waren gleich primitiv, man hatte nur starke Äste in den Boden gerammt, mehrere schwächere darüber gelegt und mit Fichtenzweigen behängt. Balken, Bretter und Dachpappe schienen hier kostbare, seltene Dinge zu sein, da der gesamte Nachschub sich auf Lebensmittel- und Munitionsbringung beschränken musste. Und in diesen Reisighütten hatten die Armen den Winter verbracht.

Ich suchte in der Schlucht einen passenden Platz für meine Kompagnieküche und stieg dem oberen Ende zu, dem reineren Wasser. So kam ich allmählich in das freie Plateau hinaus und stand in der Nähe der Malga Bocchette. Unmöglich wäre es, hier einen Herd aufzustellen, von allen Seiten würden die Gegner in den Kessel blicken.

Ich wagte es nur kurze Augenblicke, von meinem ungeschützten Standpunkt aus das wilde Toben ringsum zu beobachten. Dann schlenderte ich wieder abwärts und fand endlich einen günstigen Platz. Überall wurde an neuen Küchen gebaut, an Verlegung der alten von der Sohle weg in den Hang hinein. Man befürchtete für den Frühling größere Regenmengen und ein Anschwellen des Baches, der alle Küchen zerstören würde.

An der anderen Seite der Schlucht, den Bocchettestellungen und dem Grappa gegenüber, erhebt sich der bewaldete Monte Prassolan. Er erreicht nur eine Höhe von 1484 Meter. An seinem, dem Grappa abgewandten Nordhange liegt das Reservelager, mein Ziel. Zugang und Lager sind jedoch vom Col dell`Orso aus eingesehen.

Ich benötitge zum Anstieg eine Viertelstunde, stand dann vor den elenden Reisighütten. Klagenfurter Schützen wohnten darin. Meine Kompagnie sollte sie ablösen. Ein schmales Serpentinensteiglein führte mich in einigen Minuten zum Kommando am unteren Ende des steilen Lagerhauses. Dort fand ich sogar einen geräumigen Unterstand, auch eine tiefe Kaverne und den Hilfsplatz.

Inmitten der Reisighütten stand ein kleines Unterständchen, tief im Boden versenkt. Das Heim des Kompagniekommandanten. Sonntag oder Montag war sein Name. Sehnsüchtig wartete seine Abteilung auf Ablösung, sie hatte am Col dell'Orso unter dem schweren Minenfeuer entsetzlich gelitten.

Der Raum im Unterstand war recht beengt. Ich werde kommende Nacht auf dem Sessel sitzen müssen, denn in der einzigen schmalen Pritsche ist für zwei nicht Platz. Oberleutnant Dienstag (oder hieß er Mittwoch?) gab sich recht gesprächig und aufgeräumt. Ich wusste bald seine ganze Lebensgeschichte. Während er erzählte, brachte mir der Bote des Abschnittskommandos einen Befehl: Ich habe sofort durch das Stizzonetal abzusteigen, mein Baon am Taleingang zu erwarten und in der Dunkelheit heraufzuführen. Damit war auch die kommende Nacht verloren!

Der Lagerkommandant gab mir zwei ortskundige Bergführer mit, denn die Nacht versprach stockfinster zu werden. Wir eilten zur Küchenschlucht hinab und durch den Wald und die offenen Hänge der Niederung zu. Nach drei Wegstunden war das Ziel erreicht. Es wurde dunkel. Da kam das Baon anmarschiert. An der Tete meine Erste, an der Queue der Pionierzug.

Ich sammelte schnell alle Offiziere und gab ihnen die nötigen Weisungen, darauf marschierten wir Einzel abgefallen taleinwärts. Die Kette zog sich einige Kilometer weit auseinander. Still schritten wir dahin. Kein Mann durfte rauchen, lautes Sprechen war verboten.

Da begann es zu regnen. Meine neue Pelerine sollte nun ihre Wasserprobe ablegen. Ich hatte sie in Feltre aus einem italienischen Zeltblatt anfertigen lassen. Weit und lang, um auch beim Reiten geschützt zu sein. Doch schon nach einer Viertelstunde war ich tropfnass. Da schwor ich wieder aufs österreichische Zeltblatt.

Plötzlich blitzt es vielfältig vor uns auf. Am Monte Grappa. Wie gewaltige Donnerwagen rollen die Granaten über unsere Köpfe. Ich marschiere an der Tete, weit hinter mir krepieren die schweren Geschosse, am Taleingang, dort, wo das Baon noch vor kurzem gestanden ist.

Dösend tappe ich dahin, schlafe ab und zu gehend ein, reiße wieder krampfhaft die Augen auf. Allmählich verwandelt sich der Regen in Schnee. Doch ohne Rast geht's weiter. Immer weiter. Die Abstände von Mann zu Mann vergrößern sich. Es schadet nicht, dadurch werden bei etwaigen Beschießungen die Verluste kleiner. Wenn wir endlich aus dieser Mausefalle heraus kämen!

Da läuft von der Queue die Meldung ein, dass eine schwere Granate in den noch nicht aufgelösten Pionierzug geschlagen und zweiundzwanzig Mann buchstäblich zerfetzt hätte.

Wir stiegen langsam den steilen Weg hinan und stapften immer tiefer im Neuschnee. Als ich um halb zwei Uhr früh mit der Spitze in der Küchenschlucht angelangt war, reichte der Schnee schon bis zu den Knöcheln. Lange währte es nun, bis meine Kompagnie gesammelt zum Prassolan weitermarschieren konnte.

Wir kamen durchnässt, durchschwitzt, erschöpft oben an. Die Leute warfen ihre Rucksäcke auf den Boden, hüllten sich in die nassen Zeltblätter und legten sich in den Schnee. Der heftige Wind durchdrang alle Hüllen und machte die Nacht zur Qual. Doch kein Lagerfeuer durfte angezündet werden, weil auf Col dell'Orso der Gegner lauerte.

Als ich morgens auf meinem harten Holzsessel munter wurde, prasselte im kleinen Schwarmofen ein Feuerlein. Draußen herrschte tiefer Winter und der besonnte Schnee glänzte durch das kleine Fensterlein herein. Meine Leute waren schon lange wach, die Kälte hatte sie aufgejagt. Soeben war heißer Kaffee aus der Küchenschlucht gebracht worden. Die schwarze, geschmacklose Brühe schmeckte heute wie der beste Bohnenkaffee, das sandige zerbröselte Maisbrot wie der teuerste Kuchen.

Die Reisighütten konnten für die Dauer unseres Aufenthaltes nicht genügen. Sie waren eigentlich nur ganz miserable Windschirme, wie der Jäger sie baut, wenn er im Hochgebirge auf den balzenden Schildhahn wartet. Regen und Schnee hatten überall ungehinderten Durchzug. Da mussten wir energisch zugreifen und neue Unterstände schaffen. Zu Mittag schon begann die Arbeit. Tag und Nacht sollte gebaut werden, nach je sechs Stunden Ablösung sein. Zuerst mussten wir zwischen den Bäumen Maskierungen anbringen, dann Grund ausheben und Bäume schlagen.

In den späten Nachmittagsstunden überrascht uns der Gegner mit schwerem Geschützfeuer. Wohin sollen wir uns flüchten? Die nächste Kaverne liegt tief unten beim Hilfsplatz. Wir suchen hinter den Baumstämmen Deckung. Als wir bemerken, dass ein Drittel der Geschosse am Rücken des Prassolans hängen bleibt und ein anderes Drittel das Lager überschießt, nehmen wir wieder die Arbeit auf.

Am Abend packte Oberleutnant Donnerstag seine sieben Zwetschken. Wonnetrunken grinste er mich an, schüttelte mir die Hände und verschwand dann mit seiner Kompagnie nach Feltre. Ich war Alleinherrscher in meinem Unterstand geworden.

Das schöne Wetter blieb leider nur von kurzer Dauer. Bald wirbelte schon wieder der Schnee um die Bäume. Die armen Mannschaften waren schutzlos dem winterlichen Wüten ausgesetzt! Was nützten die nun freigewordenen Reisighütten! Der Wind jagte den Schnee auf die Insassen und vom Zweigdach tropfte es ununterbrochen auf sie hinab.

Am zweiten Tage hatten wir gleich drei Feuerüberfälle standzuhalten, vormittags dem ersten, gleich darauf dem zweiten und in der Abenddämmerung dem dritten. Sie brachten uns die ersten Verluste. Als ich am Nachmittag in der Küchenschlucht visitierte, erfuhr ich, dass auch die andern Kompagnien bereits Tote und Verwundete hätten.

Am dritten Tag konnte schon der erste, neue Unterstand bezogen werden. In Ermangelung der Bretter ein richtiges Blockhaus. Holzstämme als Wände, als

Dach, Boden und Pritschen. Fichtenzweige statt Stroh. Zeltblätter statt Dachpappe.

Jeder Zug benötigte mindestens zwei Unterkünfte. Ich freute mich aufrichtig, ein Achtel der Mannschaft nun gesichert zu haben. Die Witterung wurde stündlich schlechter. Unsere Leute hatten keinen trockenen Faden mehr am Körper und kein Dach, keinen Ort, in dem sie sich wärmen konnten. Der eine erfror sich die Zehen, der andere Hände und Arme. Jeden Tag gingen einige Leute mit Erfrierungserscheinungen an den Hilfsplatz ab. Doch dies stille Leiden kam in diesen schweren Kampftagen nicht zur Geltung.

Am fünften Tag wurden gleich drei neue Unterstände fertig. Nun war schon die Hälfte der Mannschaft geborgen. Und weiter ging die Arbeit, und weiter fiel der Schnee. Er lag bereits einen Meter tief.

Endlich konnte auch der achte und letzte Unterstand bezogen werden. Eine große Sorge war damit von uns genommen, eine andere aber trat an ihre Stelle. Der Nachschub versagte. Alle Zugänge waren unpassierbar geworden, sie führten durch Lawinenhänge und blieben verschüttet. Da mussten die Höhen-Magazine geöffnet, die eisernen Vorräte angegriffen werden. Doch welche Enttäuschung, nirgends war der vorgeschriebene Inhalt vorhanden!

Die Konserven reichten nur für einige Tage. Also strecken! Pro Tag eine halbe Fleischkonserve, dazu Wassersuppe mit Maisgrieß vermengt. Abends Kaffee mit bröseligem Maisbrot. Zum Sterben zu viel, zum Leben zu wenig.

Meine Leute schlichen gedrückt und vergrämt umher. Alle zeigten eingefallene, blasse Gesichter. Kälte und Nässe, Gefahren und Hunger gruben sich tief in ihre Mienen. Ich hatte ursprünglich im Sinne, gleich nach Fertigstellung der Unterkünfte an die Aushebung von Kavernen zu schreiten. Doch gab ich's auf, wollte die Leute nicht noch hungriger machen.

Jeder Tag kostete dem Baon mindestens zehn Mann an Toten und Schwerverletzten. Auch der Kommandant unserer dritten Kompagnie wurde schwer verwundet. –

Ein Pfiff des Lagerpostens galt als Signal: Flieger über uns! Die Leute sollten sich dann verkriechen. Doch Flieger zum Frühstück, zum Mittagessen und Abendkaffee stumpft ab. Niemand nahm mehr davon Notiz.

Es schneit weiter. Ändert sich nicht bald die Witterung, stehen wir vor einer furchtbaren Katastrophe. Ohne Essen lässt sich nicht kämpfen, nicht arbeiten. Es stirbt auch der Geist. Die Italiener dagegen sind in bester Verfassung. Sie haben frische Truppen, sind gut genährt und besitzen eine vortreffliche Artillerie mit ausgezeichneter Munition. Bei uns aber herrscht überall Mangel. Jede Granate ist kostbar geworden, es muss zehnmal überlegt werden, bevor sie in den Laderaum gesteckt wird.

Und immer mehr verstärkt sich die artilleristische Überlegenheit der Italiener und ihrer Verbündeten. –

Unsere Lage beginnt trostlos zu werden. Nur mehr für einen Tag ist notdürftiges Essen vorhanden. Was dann?

Die Italiener kümmern sich nicht um unsere Not. Splitternd sinkt ein Baum um den andern in den Schnee. Eine schwere Fichte, glatt abgeschlagen, fällt über den nächstgelegenen besetzten Unterstand, schlägt das Dach ein – bleibt an einem andern Baum hängen. Dieser Glücksfall bringt die Mannschaft auf einige Stunden aus ihrem Sinnieren. Morgen werde ich trotz allem mit dem Bau der Kaverne beginnen, die Leute kommen dabei auf andere Gedanken.

Gegen Abend wird es merklich kälter. Nur vereinzelte Flocken fallen zu Boden. Wieder einige Stunden später glitzern schon die Sterne am Himmel. Das ist die Rettung! Rasch werden aus allen Kampftruppen Abteilungen gezogen, mit Schaufeln und Krampen ausgerüstet. Sie wühlen sich durch die ungeheuren Schneemassen talwärts. Unsere Trainkolonnen arbeiten entgegen. In den Frühstunden, knapp vor Tagesgrauen, kommen sie zusammen. Damit ist die Katastrophe glücklich gebannt und der Nachschubweg wieder offen.

Die lang entbehrte Sonne steigt über den Horizont. Vom Col dell`Orso kommt sie herauf. Aller Augen wenden sich ihr zu und mit heiliger Inbrunst wird sie empfangen. Über jedes harte, ausgemergelte Gesicht breitet sich ein kindlich weiches Lächeln. Zu Mittag wird die letzte Konserve verzehrt.

Am folgenden Tage wieder warmer Sonnenschein. Auch gab es frisches Fleisch, doppelte Portionen! Alle Mühsal war vergessen und eitel Freude am Dasein eingekehrt.

Freude eingekehrt! Da schnallte ich meine Schneereifen an und stieg durch den tiefen Winter aufwärts zum Rücken des Prassolans. Ich war ihm eine ganze Woche lang fern geblieben. Zehn Minuten dauerte für gewöhnlich der Anstieg, heute brauchte ich die doppelte Zeit, denn der Schnee lag mehr als zwei Meter hoch. Junge Fichtenbäumchen waren bis über die Wipfel mit Schnee bedeckt.

Der Rundblick vom baumlosen Kamm ist wunderbar. All die vielen, heiß umkämpften Gipfel, bis über den Monte Asolone hinaus, stehen in meinem Gesichtsfeld. Scharf heben sich die dunklen Linien der Stellungen aus der weißen Umgebung. Um sie herum unzählige schwarze Flecken. Granattrichter. Es lodert und qualmt. Große Wolken aus Erde, Schnee und Rauch wallen überall empor. Doch das furchtbare Toben wird übertönt von den schweren Minen am Col-dell'Orso-Hange. Bei jedem Einschlage erzittert der Boden unter meinen Füßen, obwohl mich ein Kilometer Luftlinie davon trennt.

Von der Wucht des Bildes ergriffen, hatte ich vollständig auf meine exponierte Lage vergessen. Schon rollten Granaten vom Monte Grappa auf mich los. Es war einer der vielen Feuerüberfälle, dem Lager geltend. Wie brüllende, fauchende Raubtiere stürzten die Geschosse heran. Ich sprang zurück. Mit Schneereifen an den Füßen, – schwerfällig. Noch einen Sprung. Dann warf mich der Luftdruck zu Boden. Und alle Teufel der Hölle heulten über mich hinweg. Fürchterlich knapp. Im Lager unten eine mächtige Detonation. Drei Mann der Kompagnie wurden zerrissen. So ward mir später mitgeteilt.

Schon kommt die zweite Lage heran. Ich springe mit meiner ganzen Kraft, um von der Höhe wegzukommen. Da verhänge ich mich plötzlich mit den

Schneereifen an einem Baumwipfel. Ich falle nach vorwärts durch die um das Bäumchen liegende Schneedecke und hänge kopfüber im engen Hohlraum. Da beginne ich zu stampfen, zu stoßen und zu arbeiten. Es gelingt mir aber nicht, die Schneereifen aus den Ästen los zu bekommen. Schneekristalle rieseln durch die Ärmel, um den Kopf. Ich schnappe nach Luft, schlucke Schnee. Zerre und ziehe. Vergeblich; ich kann mich auch nicht nach oben biegen, um mit den Händen in die Höhe zu kommen. Da gurgelt abermals eine Anzahl Granaten über mir vorbei. Ich versuche nun seitwärts den Schnee wegzuwühlen.

Plötzlich wurden die Reifen von dem Astgewirr frei. Ich lag am Boden. Doch bedurfte es noch mehrerer Minuten, um aus der Schneehöhlung herauszukommen. In den Fingern war mir schon jedes Gefühl verloren gegangen.

Schnellstens eilte ich nun den Hang hinunter. Das Krachen der zersplitterten Bäume, der Lärm der Detonationen begleitete mich. –

Das Brausen des Südwindes wetteiferte mit dem Donner der Geschütze. Es tropfte von den Bäumen, wie wenn starker Regen niederginge, und blieb auch so während des folgenden Tages. Tiefe Löcher fraß das Tauwetter in die Schneedecke. Nachmittags drang Sickerwasser in meinen Unterstand ein. Es konnte nirgends abfließen, das Häuschen war zu tief in den Boden gegraben. Bald stieg das Wasser bis an die Pritsche herauf. Ich musste ausziehen, zu meinem Subalternen. Am Abend legte ich von der Tür bis zur Pritsche ein Bodenbrett, so kam ich trockenen Fußes zu meiner Lagerstätte. In der Früh aber war das Wasser wieder versickert. –

Unser jetziger Dienst sagte uns gar nicht zu. Er brachte uns jeden Tag viel Arbeit, Beschießungen und Verluste. Wie ganz anders war doch das befreiende Vorwärtsdrängen der Offensivtage gewesen! Auch Mangel an Menschen, an Kriegsmaterial und Lebensmitteln bedrückte uns immer mehr, und die grausame Blockade wurde täglich wirkungsvoller.

Wie heute wieder der Gegner trommelt! Zum Verrücktwerden! Vor einer Stunde überschüttete er unser Lager mit vielen hundert Granaten. Jetzt beschießt er die Küchenschlucht. Flieger kreisen über uns und leiten das Feuer. Dann kommen die anderen Stellungen daran. Unser Baon leidet außerordentlich. Unsere Batterien aber schweigen, sie müssen sich die wenigen Geschosse für das Sperrfeuer aufsparen und müssen ihre ausgeleierten und ausgebrannten Rohre schonen, die schon längst die vorgesehene Schusszahl überschritten haben und kein zielsicheres Schießen mehr zulassen. Auch ihre Munition ist miserabel geworden.

Ich erhielt den Auftrag, eine neue Stellung als zweite Linie auszukundschaften. Sie sollte sich in Höhe unseres Lagers um den isolierten Prassolan ziehen. Ich sah mir die Situation bei Tag an, vorsichtig von Baum zu Baum springend. Die neue Deckung würde viele hundert Schritte lang werden. Mir bangte vor dieser enormen Arbeit.

Bei meiner Rückkehr ins Lager wartete ein Bote und rief mich zum Baonskommando. Was gibt's denn schon wieder? Ist die neue Arbeit so dringend? – Ich trottete zur Küchenschlucht hinunter und jenseits derselben wieder hinauf.

Da oben war das Kommando in einer einfachen Bretterbude untergebracht. Ich traute kaum meinen Ohren: „Unser Baon wird abgelöst. Über Primolano hinaus geht die Instradierung."

Meine Kompagnie sollte den nächsten Weg über Monte Fredina, Monte Eismon und Monte Roncone nehmen. Jene Höhe, auf der vor einigen Monaten unsere siegreichen, übermüdeten Truppen vorgestürmt waren, das letzte Kapitel der Tragödie „Karfreit" mit eisernem Stifte schreibend.

Eine Kompagnie des Jägerbaons Nr. 19 löst mich ab, sie kommt den gleichen Weg gezogen. Das Gelände zwischen Lager und Höhenweg ist jedoch weglos. Wir müssen daher erst die beste Trasse auskundschaften und sie hierauf mühsam freilegen, denn die ablösende Kompagnie kommt mit ihrer ganzen Tragtierstaffel an.

Voll Eifer wurde zugegriffen, jeder Mann freute sich, aus diesem Abschnitt wegzukommen. Der obere Teil der auszuschaufelnden Strecke lag in Feindessicht. Bis Mitternacht arbeiteten wir. Ich stand dabei und schaute in die flammenden Berge, in das Nachtbild des schweren Kampfes. Ringsum sprühende Feuerregen. Blitz und Donner.

Dann kam der letzte Tag im Prassolanwalde. Wir besserten die Trasse aus, die wir tags zuvor geschaufelt hatten und arbeiteten von der Dämmerung an wieder am eingesehenen Wegstück. Es lag eine halbe Stunde vom Lager entfernt.

Neun Uhr abends. Meine Leute haben schon ihre Rucksäcke gepackt und liegen wartend in den Unterständen. Fünf reine Gehstunden benötigen wir nach Arten. Um vier Uhr früh könnten wir dort eintreffen, wenn die Ablösung schon da wäre. Es wird zehn Uhr, elf Uhr. Wie die Zeit langsam vergeht! Aus Nervosität verpaffe ich eine Zigarette nach der anderen. Um zwölf Uhr rührt sich noch immer nichts. Da suche ich meine Subalternen auf.

Erst um halb drei Uhr früh hörten wir hoch oben die anrückende Kompagnie. Mit Geschrei und Geschimpfe kam sie heran. Leichtsinnig ließ sie ihre Laternen blitzen. Ich erwartete jeden Augenblick, dass sie von feindlichen Scheinwerfern gefasst und von italienischen Batterien beschossen werden.

Ich ging ihnen ein Stück entgegen und hörte schon von weitem, dass es Ungarn waren. Ein Tragtier kollerte mir vor die Füße. Es kam aus der über uns liegenden Serpentine. Dann begrüßte mich der ungarische Hauptmann. Und um vier Uhr war die Übergabe des Lagers beendet.

Keine Minute ist nun zu verlieren. Unser Marsch führt drei Stunden in feindlicher Sicht. Wir ziehen einzeln abgefallen den neuen Weg empor, der durch die vielen Tragtiere in einen schandbaren Zustand versetzt worden war. Nach dreiwöchigem Aufenthalte nehmen wir Abschied vom Monte Grappa. Es ist der 14. März, mein Geburtstag, ich fühle mich auch wie neugeboren.

Um fünf Uhr früh stehen wir oben auf der Höhe. Ich lasse sammeln und rasten, während sich langsam die Morgendämmerung ausbreitet. Ohne Rast müssen wir nun den Höhenweg bis zum Roncone bezwingen. Erst dort treten wir aus der feindlichen Sicht. Manche Teile der Straße sind maskiert, doch die

Maskierungen jämmerlich durch Granaten zerfetzt und durchlöchert.

Wir haben es eilig. Vorwärts! Schon ist es lichter Tag geworden. Kein Mensch begegnet uns. Doch wie belebt ist dieser Weg bei Nacht! Ein Sanitäter sitzt mit zwei Verwundeten am Wegrande, sieht uns neidig zu, wie verhältnismäßig rasch wir weiterkommen.

Tief unten zur Rechten liegt das Stizzonetal. Zu unserer Linken glitzert der Eismon. Agana grüßt herüber. Weiter! Schneller! Wir sind in Sicht der italienischen Batterien. Das zeigen die vielen Granattrichter um uns. Da draußen liegt Feltre. Vor uns im Norden, von der Morgensonne wundersam bestrahlt, der zackige Kranz der Dolomiten. Tempo! Hurtig! Diese blödsinnige Verspätung der Ungarn. Schon längst könnten wir in Arten sein, wenn ... Die Leute marschieren einzeln abgefallen, so schnell sie können. Sie wissen, um was es geht. Doch drei Stunden Schnellmarsch mit voller Bepackung sind keine leichte Aufgabe.

Die Marschordnung hat sich vollständig aufgelöst. Ist auch ganz gleichgültig, Hauptsache ist, dass wir glücklich durchkommen. Große Lücken klaffen. Die Kompagnie zieht sich auseinander wie ein Strudelteig. Junge, gesunde Leute überflügeln die andern. Die jungen Polen des Handmaschinengewehrzuges haben sich schon ganz an die Spitze geschoben.

Das Glück blieb uns hold. Wir erreichten ohne Beschießung den Roncone. An seinem feindabgewandten Hange waren wir gegen Sicht geschützt und gerettet! Lange wurde nun gerastet. Dann stiegen wir langsam zu Tal. Allmählich ging der Schnee zu Ende. Dort und da guckte schon ein keckes Blümlein in den beginnenden Frühling hinein. Und als wir vormittags in Arten eintrafen, sahen wir seine ganze Pracht.

Quartiere waren bereits vorbereitet. Ich suchte sofort mein altes Zimmer auf und versank augenblicklich in tiefen Schlaf.

Mein Diener weckte mich abends. Das Baon war inzwischen angekommen. Es hatte nachmittags einfallende Nebel benützt, den Abstieg durch das Stizzonetal gewagt und ihn trotz Beschießung auch verlustlos bezwungen.

Am nächsten Tag wurden die Mannschaften entlaust und Vorbereitungen für den kommenden Abmarsch getroffen. Abends saßen wir noch bei unseren Arteneserinnen. Man kann ja nicht leben ohne ein wenig Glück! Wir küssten sie zum letzten Mal mit aller Inbrunst und Dankbarkeit. Und Maria war wieder lieb wie zuvor.

Frühlings Erwachen

Alle Bewohner Artens standen bei unserem Abschied vor ihren Häusern und winkten und riefen wie bei uns in der Heimat. Manches Mädel weinte.

Freudig wiehernd trug mich meine Elsa über die staubige Straße. Befreit vom Drucke der „Grappastimmung“ atmeten wir auf und genossen den wärmenden Sonnenschein.

Wir kannten nicht unser Ziel und wussten nur, dass es nach Norden ginge. Doch was kümmerte uns Frontleute der morgige Tag! Wir genossen den Augenblick und nahmen die bitteren Stunden, die uns das Schicksal bescherte, und auch die fröhlichen.

Bald kamen wir wieder bei Arsie vorbei, zogen von Fliegern unbehindert in den sonnigen Tag hinein. In Primolano wurde gerastet, zwischen den ausgebrannten Häusern. Wir saßen fröhlich in der Labestation und scherten uns den blauen Teufel darum, dass jeden Augenblick Granaten einschlagen könnten. Dann ward der Baonstrain einwaggoniert. Das Baon selbst musste nach Tezze weitermarschieren, um Beschießungen auszuweichen. Wir rückten in der Dämmerung im Bahnhof Tezze ein. In aller Eile bestaunten wir noch die ungeheuren Geschoßvorräte, im Besonderen die mannshohen „Zweiundvierziger“-Granaten.

Es war indes ganz dunkel geworden. Nun kam der unbeleuchtete Zug in den unbeleuchteten Bahnhof hereingefahren. Die Offiziere erhielten einen Personenwagen zugewiesen. Die einstens verglasten Fensteröffnungen waren mit Brettern verschlagen. Ungemütlich, kalt.

Ich war Transportkommandant und ging vor der Abfahrt nochmals den Zug ab. Plötzlich lag ich in eiskaltem Wasser. In einem mächtigen Trichter, den eine Fliegerbombe geschlagen. Meine Kameraden zeigten offen und aufrichtig ihre große Freude. Wo ich stand, wo ich saß, bildete sich eine Wasserlache. Ich konnte mich auch nicht umziehen, denn Montur und Wäsche befanden sich beim Train, im anderen Zug.

Die Kameraden wurden stiller und stiller, schliefen endlich ein. Mich ließ jedoch die Kälte nicht zur Ruhe kommen. Als wir um sechs Uhr früh in Trient eintrafen, war ich trotz der zehnstündigen Fahrt noch immer nicht ganz trocken geworden. Wie angenehm lag sich's nun im warmen Bad!

Baonskommandant Czerny brachte in den Vormittagsstunden wichtige Befehle: Das Baon kommt wieder zur zehnten Armee und zu seinem angestammten XX. Korps, das schon lange auf der Suche nach uns ist.

Seit unserer Trienter Retablierung waren drei Jahre vergangen. Welche Veränderung! Überall Militär und Kommandos. Goldkrägen in Menge. Die meisten Etappenoffiziere zeigten blühendes Aussehen. Mindestens die Hälfte dieser Herren wäre felddiensttauglich und viele davon in der Etappe entbehrlich. General Teisinger, herbei! Nimm deinen eisernen Besen und schaffe Ordnung! –

Am nächsten Tag zogen wir wieder aus der unfreundlichen Stadt hinaus. Nach Westen, nach Judikarien. Abermals sollte ich ein Stück Neuland kennen lernen. Die Vegetation stand überall in herrlicher Blüte. Betäubend stieg der Duft der Blumen empor. Südlicher Frühling, mit seiner ganzen bezaubernden Pracht.

Vor wenigen Tagen noch steckten wir im tiefen Schnee. Nun diese Wärme! Der Schweiß perlte in großen Tropfen über unsere Wangen und mühselig zogen wir über die staubige, ansteigende Straße. Nach einer längeren Rast ging's wieder rascher vorwärts, endlich langten wir mittags in Vezzana an. Das Kommando des XX. Korps hatte hier seinen Sitz. Militärmusik empfing uns schon außerhalb des Ortes. Alle Müdigkeit war vergessen und flott ging's hinterdrein, dem vorzüglichen Mittagessen zu. Nachher begleitete uns wieder die Musik ein Stück Weges und spielte ihre besten alten Märsche. In Padergnone warteten schon die vorbereiteten Quartiere. Linde Frühlingslüfte umgaben uns.

Am nächsten Morgen marschierten wir wieder weiter, in den sonnigen Frühlingstag hinein. Beiderseits der Straße standen üppige Weingärten, lockte südländische Vegetation. Immer gab es Neues zu sehen. Abwechslung, Farbenpracht in wunderbarer Schönheit. Dann trat der Toblinosee mit seinem romantischen Inselkastell in den Gesichtskreis, hierauf die wilde, eisige Sarcaschlucht. Sie verschaffte uns prächtige Kühle. Nach kurzer Zeit war die Etappenstation Arche erreicht. Dreihundert Meter höher lag der große Ort Stenico, unsere Retablierungsstation. Mühsam kämpfte sich der Train den steilen Weg hinauf.

Unliebsame Erinnerungen verbinden uns mit diesem Ort. Obwohl es österreichisches Gebiet war, musste alle Energie aufgewandt werden, um für die Mannschaften leidliche Quartiere zu erhalten. Welcher Kontrast gegen das reichsitalienische, freundliche Arten. Bei jeder Gelegenheit verspürte man die italienische Irredenta. Wir mieden daher die Bevölkerung und forderten rücksichtslos unser Recht.

Mein Maschinengewehrzug lag in einem Hause, in dessen Erdgeschoß sich eine Gemischtwarenhandlung befand. Eines Morgens kam die Krämerin zu mir gelaufen. Man hatte während der Nacht ihren Laden von innen erbrochen und mehr als siebzig Kilogramm Speck und Salami entwendet. Nach der ganzen Sachlage konnten nur die Leute des Maschinengewehrzuges als Täter in Betracht kommen. Ich ließ sie antreten und begann das Verhör. Es verlief ohne Resultat. Dann wurde die Ausrüstung untersucht, das Quartier und das ganze Haus. – Nichts war zu finden. Es blieb kein anderer Schluss: Die Leute hatten noch während der Nacht Speck und Salami aufgegessen, zweieinhalb Kilogramm jeder Mann! –

Nach einer Woche inspizierte uns der Korpskommandant und nahm zum Schlusse die Defilierung ab. Mein Hornist blies drein, dass ihm schier die Adern sprangen. Auf einem so kleinen Raum, von Bäumen und Büschen umgrenzt, dürfte wohl noch nie ein Kriegsbaon defiliert haben. Eng zusammengedrängt, Mann an Mann, Glied an Glied, musste es Aufstellung nehmen. Kompagnien in entwickelter Linie. Kaum war man einige Schritte beim Inspizierenden vorbei, hieß es schon im schärfsten Laufschritt seitwärts auszubrechen, um die nachfolgende Kompagnie nicht zu behindern.

Große Belobung. Auffallende Liebenswürdigkeit. Uns schwante wieder etwas von ehester Abkommandierung. So wurde es auch. Am 27. März kehrten wir dem unfreundlichen Ort den Rücken.

Vor uns baut sich die mächtige Adamellogruppe auf. Sind ihre vergletscherten Höhen unser Ziel? Oder führt uns der Befehl nordwärts ins Tonalegebiet?

Nach zweistündigem Marsche war Tione erreicht, der Hauptort des irredentischen Judikariens. Das Divisionskommando hatte hier seinen Sitz.

Am nächsten Tag marschierten wir bei strömendem Regen den Rio Adana entlang nach Süden. Düsterer Nebel hing tief ins Tal und verwehrte uns jeden Ausblick. Immer schweigsamer wurde die lange Kolonne und nur mehr das monotone Stapfen blieb hörbar und das Klatschen der Regenböen.

Breguzzo. Am Hauptplatz stand ein riesiger Waschbrunnen. Dort sammeln sich an den Vormittagen die Frauen und Mädchen des großen Dorfes zum Waschen und Tratschen. Der Platz war jetzt leer. Feldkurat Dr. Schranz, Proviantoffizier Kleinbrod und Trainkommandant Pernecker richteten sich in Breguzzo häuslich ein. Das Baon aber marschierte weiter, erreichte bald den Ort Bondo und stand damit im Artilleriebereich des Gegners. Unser neuer Brigadier, Oberst Riedl, sah sich das Baon im Vorbeimarsch an. Apathisch eilten wir vorüber. Wie eine Maschine.

Die Granattrichter mehrten sich. Auch die Straßendecke war dort und da zerrissen und neu aufgefüllt. Endlich kamen wir nach Roncone. Kaum zehn Häuser des großen Ortes waren erhalten, alle übrigen zerstört. In den intakt gebliebenen Kellern hatten sich Trainkolonnen einquartiert und Unterkunftsstellen für die Nacht eingerichtet. Auch eine Labestation konnten wir entdecken.

Dann ging's wieder weiter durch den dichten Nebel und Regen. Maskierungen erschienen am Straßengraben, Trichter, mit Wasser gefüllt. Trostlos! Im Dörfchen Fontanedo zeigte sich schon die Dämmerung. Häuser waren zu Ruinen ausgebrannt, hohe, alleinstehende Kamine ragten in den Nebel. Kein Haus war unversehrt, alles öde und verlassen, zertrümmert, verbrannt.

Am Hang rechts der Straße öffneten sich einige Kavernen; sie dienten durchziehenden Trainkolonnen als letzte Zufluchtsstätten. Ein Kilometer noch, und wir standen im zerschossenen Ort Lardaro, waren am Ziele.

Die Talsohle, etwa fünfhundert Meter hoch gelegen, war ungefähr dreihundert Schritte breit. Ein altes Festungswerk im Stile der Dolomitenforts, Danzolino hieß es, sperrte das Tal ab und diente nur mehr als Infanteriestützpunkt. Querdurch führte ein mächtiges Hindernissystem, aus zehn Stacheldrahtreihen bestehend und elektrisch geladen.

Unsere Stellungen schoben sich beiderseits über die Höhen hinauf. Sie hatten eine unheimliche Länge; von einem Ende bis zum andern war es eine starke Tagestour.

Drei Kompagnien des Baons besetzten die Stellungen links aufwärts, also die östliche Talseite. Ihr höchster Punkt erreichte eine Meereshöhe von zweitausend Meter. Dort oben lag noch tiefer Winter. Inmitten dieses Hanges stand ein modernes Festungswerk, erst 1915 fertig geworden, Cariola benannt.

Meine Kompagnie dagegen musste die westliche Seite übernehmen. Dieser Abschnitt endete in einer ungefähren Höhe von tausendzweihundert Meter und hatte beinahe drei Wegstunden Ausdehnung.

Die Führer warteten bereits. Sie führten uns aber nicht durch die Deckungen, sondern über die rückwärtigen Verbindungswege. Mancher Fluch wurde laut, denn die Nacht war stockfinster und schwerer Regen fiel ununterbrochen auf uns nieder. Von Orientierung konnte heute keine Rede sein.

In meinem Abschnitt lag das große, alte Werk Corno. Wir tappten auf seiner breiten Armierungsstraße aufwärts. Bei jeder Wegabzweigung warteten neue Führer und wiesen die jeweiligen Gruppen in ihre Stützpunkte. Die Übernahme der Stellungen sollte erst morgen nachts stattfinden.

Endlich war ich beim Kompagniekommando im Lager Peschiera angelangt. Ein Zug blieb hier zurück, der letzte hatte noch eine starke halbe Stunde aufwärts zu steigen.

Ein Uhr nachts. Ich war müde, durstig, abgespannt. Der Hauptmann, den ich ablösen sollte, führte mich in einen geräumigen Unterstand. Es war die Offiziersmesse. Ein Artilleriehauptmann und seine Offiziere saßen um den großen Tisch. Gleich oberhalb des Lagers war ihre Panzerhaubitzbatterie eingebaut. Hin und her ging nun das muntere Gespräch, fröhlich knisterte im Ofen das Feuer.

Der Infanteriehauptmann zeigte mir dann seine „Appartements", Vorraum, Vorzimmer und Schlafzimmer. Alle Wände tapeziert! Dazu noch Vorhänge! Erker! Ich war sprachlos. Solche Unterstandspracht hatte ich noch nie gesehen. Ein Dutzend Unterkünfte standen nebenan. Auch diese, zum Großteil für die Mannschaft bestimmt, waren geräumig, trocken und mit reinen Strohsäcken versehen. Kaum fünfzig Schritte vom Kommandounterstand entfernt lag der Eingang zu einem großen Kavernensystem, in dem nicht nur die ganze Batterie untergebracht werden konnte, sondern auch der eine Zug meiner Kompagnie und alle Offiziere. Die Kaverne hatte viele betonierte Räume, war mit allen Bequemlichkeiten ausgestattet und mit elektrischem Licht versehen.

Der Hauptmann saß schon seit Kriegsbeginn in dieser Stellung, gehörte einem Landsturmbaon an. „Tagelang fällt hier kein Schuss, nur die Talstraße wird hie und da beschossen", meinte er, „Verluste kommen überhaupt nur ganz selten vor". Diese Worte überraschten mich, denn der Zustand der Talorte hatte auf lebhaftere Gefechtstätigkeit schließen lassen.

Wir wussten, manche Truppenkörper hatten noch Schwereres erlebt als unser Baon 165. Gegenüber dieser Abteilung, die während der bisherigen Kriegszeit hier gelegen war, konnten wir uns jedoch stolz in die Brust werfen. Die Verluste unseres Baons, mehr als tausend Mann, redeten eine eindringliche Sprache.

Mir wurde in einem Offiziersunterstand Platz gemacht. Als ich schlafen ging, kündigte sich bereits der Tag an. Bald darauf rüttelte mich der Hauptmann wieder auf. Er fieberte, möglichst rasch fort zu kommen. Drei Jahre war er hier gewesen, nun auf einmal diese Eile!

Fröhlich plaudernd bummelten wir durch den tiefen Laufgraben in die Verteidigungslinie. Mensch! Das waren ja stabile Festungswerke. Betonierte Gräben durchzogen den Hang. Ausgedehnte Galerien, viele bombensichere Kavernen,

Maschinengewehrstände und dergleichen dienten der Verteidigung.

Ich stieg auf das Bankett und stand bis zur Brust frei. Unbehelligt schauten wir in die Karten und Skizzen, die ausgebreitet auf der Brustwehr lagen.

Das Vorfeld zog steil zu Tal, zur Chiese hinuter, die parallel zu meiner Stellung von Westen nach Osten floss. Aus den Gletschergebieten der Adamellogruppe nahm sie ihr Wasser und mündete vor meinem linken Flügel rechtwinkelig in den nach Süden fließenden Rio Adana. Jenseits der Chiese stieg der Hang zum tausendvierhundert Meter hohen Monte Melino hinan. Über ihn führten die italienischen Hauptstellungen. Die meisten gegnerischen Unterstände standen ungedeckt, so wie auch unser Lager Peschiera weithin sichtbar war. Komische Verhältnisse! Hinter dem Melino lauerten die schweren Geschütze und unten im Tal bei der Ortschaft Condino die großen Dreißig-Zentimeter-Mörser.

Am diesseitigen Ufer der Chiese liegen mehrere kleine Ortschaften. Friedlich und anheimelnd, von Edelkastanien umgeben. Nur einige Häuser dieser lieblichen Dörfchen sind vernichtet. In ihren Kellern leben unsere Feldwachen, denn gleich am Ufer verläuft die Vorpostenlinie. Sie wird erst bei Dunkelheit besetzt. Und jenseits des Baches hausen die Italiener. Hinüberspucken könnte man. Doch kein Schuss fällt.

Aus dem Graben führte ein deckungsloser Abkürzungsweg direkt ins Lager Peschiera zurück. Vollständig ungedeckt schritten wir gemächlich an den Panzerkuppeln vorbei und in Feindessicht über das Kavernensystem hinweg. Mein Begleiter fand es für selbstverständlich, doch mir war dabei recht sonderbar zumute.

Eine kurze Stiege brachte uns dann ins Lager hinunter. Das mächtige eiserne Tor, gassicher schließend, tat sich auf. Wir standen im Kaverneneingang. Betonierte gewölbte Gänge zogen kreuz und quer durchs Labyrinth. Sie waren mindestens zweihundert Schritte lang und führten zu den vielen Unterkünften, Kanzleien, Beobachtungsständen, Magazinen, Munitionsräumen u. dgl. Günstige Nivellierung und Ventilatoren sorgten für verhältnismäßig gute Luft.

Am meisten interessierten mich die Haubitzen. Schön geputzt, glänzend, harmlos, ruhten sie in ihrer zylinderförmigen gepanzerten Kaverne unter den Kuppeln. Wie böse klang ihr Kläffen, wenn sie gereizt waren.

Der zweite Ausgang der Kaverne leitete zum Schützengraben und lag einige Meter tiefer als der Eingang. Dadurch wurde zum ersten bei Gasbeschießungen der Abfluss des Gases ermöglicht, zum zweiten die normale Entlüftung sichergestellt. Trotz allem war ich froh, wieder draußen an der Sonne zu stehen und atmete wie befreit auf.

Am Nachmittag stiegen wir zum rechten Flügel des Abschnittes hinan. Wieder auf einem offenen ungeschützten Weg. Nach einer halben Wegstunde war die große, einstöckige Zugsbaracke erreicht. Auch sie lag vollkommen in feindlicher Sicht. Hundert Schritte feindwärts zog sich der verhürdete, tiefe Schützengraben zur Nachbarkompagnie empor, zum Doß dei Morti und zu den Gletschern des Adamellostockes.

Alles rundum atmet Ruhe und Frieden. Wir sind mit unserer Einteilung zweifellos auf die Butterseite gefallen und in ein richtiges Erholungsheim in entzückender Lage gekommen. Der Rundblick hier oben ist noch umfassender. Kontrastreich das schneebedeckte Gebirge, das uns vom Ledro- und Gardasee trennt, und der blühende Frühling des Tales. Weit draußen im Nordosten leuchtet die Brentagruppe und lenkt meine Gedanken in die Dolomiten zurück.

Am Abend verabschiedete sich der Hauptmann. Ich nahm nun seinen Unterstand in Beschlag. Am folgenden Morgen bummelte ich dem Werk Corno zu. Abermals über offene Wege.

Es steht mitten in der Verteidigungslinie, ist mehrstöckig, hat viele Zimmer, Gänge und Kasematten, und dient auch nur mehr als Infanteriestützpunkt. Ein Schwarm meiner Kompagnie ist hier einquartiert, neben Artillerie und Scheinwerfern. Die Corno-Geschütze selbst sind schon seit langem in der nebenan aufsteigenden Felswand eingebaut. Mehrere Räume des Werkes stehen leer. In einem derselben wird für geringes Entgelt Wein ausgeschenkt. Eine regelrechte Kantine, noch dazu mit einer Bibliothek versehen.

Doch schon nach einigen Tagen ließ ich die Gastwirtschaft wegen Mangels an Kunden sperren. Meine Leute blieben lieber in ihren gemütlichen Unterständen, statt den weiten Weg zur Kantine zu gehen.

Das Fort ist aus großen Quadern aufgebaut. Sein unterer Ausgang führt in den Schützengraben hinein. Lange Zeit benötigte ich bis zur Talsohle. Dort sind meine zwei Maschinengewehre in kavernierten Ständen versteckt und flankieren die Talstraße. Maskierende Fetzen, grau wie die Felsen ringsum, decken ihre Ausschussöffnungen.

Mehrere Stunden waren vergangen. Ich schlenderte sorglos über freie Wiesen zur Straße zurück, auf der wir bei dunkler, nasser Nacht gekommen. Neben einem ärmlichen Bauernhause arbeiten ein alter Mann, eine Frau und mehrere Kinder.

Die Bäume und Sträucher des Hausgartens blühen und prangen. Mächtig sprießt das Gras. Es ist auch hier Frühling geworden.

Gleich nachher stieß ich auf ein zweites Bauernhaus. Es war ebenfalls bewohnt. Erst am Abend erfuhr ich, dass alle Bauerngehöfte der Umgebung bewirtschaftet wären und die Bauern ihre Erzeugnisse bei den Besatzungstruppen gegen Salz, Zucker oder andere Lebensmittel umtauschten und mit ihren Produkten sogar in die Unterstände kämen.

Die Armierungsstraße führte mich dann in eine Schlucht. Ein Bächlein, vom Doß dei Morti kommend, durchrieselte sie. An dem einen Ufer, durch den Berg geschützt, stand der Hilfsplatz. Unser neuer Baonsarzt Dr. Goldberger hatte hier sein Heim. Ein großes Bad mit vielen Brausen war daran gebaut. Am anderen Ufer des Baches, über eine breite Brücke, lockte ein betoniertes Schwimmbassin zu köstlichem Aufenthalte.

„Hier werde ich Stammgast, soweit mir's die Italiener gestatten", versicherte ich unserm Doktor.

Gleich oberhalb lag das wiesenbedeckte Plateau, an dessen vorderem Rande Werk Corno stand. Mitten drin ein Bauernhaus. Wie im tiefsten Frieden weidete eine starke Kuh und ergötzte sich an den frischen, jungen Gräsern. Die Kuh war Eigentum der Kompagnie und sollte ihre Milch dem Hilfsplatz liefern. Da es aber keine Verwundeten gab, kaum einen Kranken, wurde die Milch unseren Menagen in Corno und Peschiera zugewiesen.

Stramm salutierte der militärische Kuhhirt, ein Landstürmer meiner Kompagnie, die Kuh dagegen ignorierte mich vollständig. Sie nahm auch vom Gegner, vor dessen Augen sich alles abspielte, keinerlei Notiz.

Als ich die letzten Stufen vor Peschiera hinaufstieg, leuchteten mir schon aus allen Unterständen die elektrischen Lichter entgegen. Sie leuchteten auch zum Gegner hinüber, der jeden Augenblick in der Lage war, unsere Ansiedlung in Grund und Boden zu schießen. Doch hier lebte Freund und Feind im besten Frieden, in den sonnigen Frühling hinein. Die kriegerische Note schien endgültig aus unserem Dasein gestrichen.

Notzeit

Am nächsten Tag schießen plötzlich die Italiener! Sind sie denn verrückt geworden? An der Chiese krepieren ihre Granaten. Schon ist ein schmuckes Häuschen getroffen, sinkt in sich zusammen, Flammen schlagen empor.

Ich eilte ins Innere der Kaverne, in den Beobachtungsstand der Artillerie. Die feuernde italienische Batterie stand hinter dem Melino. Nach dem Mittagessen begannen andere schwere Geschütze zu schießen und nahmen Werk Cariola am jenseitigen Hang unter Feuer. Bald war das Fort in Rauch und Staub gehüllt.

Eine dritte Batterie mittleren Kalibers eröffnete indes auf den unteren Flügel meiner Kompagnie ein lebhaftes Feuer. Nach einer Stunde verlegte sie es auf Corno und erzielte gleich im ersten Anhieb einen Volltreffer. Wieder nach einer Stunde beschoss sie Peschiera, richtete jedoch bei uns keinen Schaden an.

Wir besprachen am Abend zwischen Maisgrießsuppe und Gulasch das unerhörte Ereignis. So was war hier noch nie da gewesen. Leutnant Trenkler, dessen Zug in Peschiera stand, und ich zeigten keinerlei Beunruhigung, wir hatten oftmals viel Ärgeres erlebt. Und ohne Kavernen! Doch die Artilleristen taten sehr aufgeregt, weil unter den schießenden Batterien zwei neue festgestellt wurden, die in unseren Skizzen noch gar nicht eingezeichnet waren.

Am nächsten Morgen weckte mich eine heftige Detonation. Fünfzig Meter unterhalb meines Unterstandes war eine Granate krepiert. Als ich in meine Kleider geschlüpft, sauste die zweite nieder. Bei der dritten stand ich schon in der Kaverne. Wiederum eine neue Batterie, stellten die Artilleristen fest. Zugleich schlugen Geschosse in die Ortschaften des Talgrundes, während die Dreißigermörser aus Condino Cariola bekämpften. Auch Werk Danzolino kam heute daran.

Ich stand gerade am Eingang der Kaverne. Da schraubte sich wieder eine schwere Granate durch die Luft, zerschellte nebenbei. Sprengstücke sausten an mir vorüber, Holzstücke und Steine folgten. Während der Beschießungspause sah ich nach. Der schöne Unterstand, in dem ich die erste Nacht geschlafen hatte, war verschwunden, nur die Rückwand hielt noch, lehnte aber halbzerrissen am Hang.

Mittags stellten die Italiener das Feuer ein. Auch wir hatten großen Hunger, waren doch schon frühzeitig aus den Betten getrieben worden. Die Suppe kam auf den Tisch. Trrrrack! Tschak! Eine Granate neben der Offiziersmesse. Wir sprangen in die dumpfe Kaverne zurück. Nach zwei Stunden erst endete der Feuerüberfall. Da kam der Koch ganz niedergeschlagen zu mir: Er hatte beim Weglaufen vergessen, das Fleisch vom Herde zu nehmen. Nun war es vollständig verbrannt und ungenießbar.

Am folgenden Tag mussten wir unsere Kompagniekuh an die Etappe abgeben. Sie war hier zu viel gefährdet, hieß es, und sollte geschlachtet werden. Doch sie wird noch lange gelebt und irgendeinem Etappenkommando ihre Milch gegeben haben. Abends, als die Geschütze verstummt waren, ging ich in den

Stall hinunter, sagte ihr im Namen der Kompagnie einige innige Abschiedsworte und beglückwünschte sie zu ihrer neuen, gefahrlosen Stellung. Dann melkten wir sie noch gründlich aus und entfernten jedes kleinste Tröpflein Milch aus ihrem Euter.

Tags darauf hat uns von früh morgens an schweres Artilleriefeuer beunruhigt. Abermals hatte eine neue Batterie mitgefeuert. Die Artilleristen konnten nicht verstehen, warum auf einmal diese schwere Gefechtstätigkeit aufflammte.

Dieser Tag brachte uns die ersten Verluste. Unterhalb Cornos fielen zwei Mann meiner Kompagnie. Weit mehr aber hatten die Kompagnien des jenseitigen Hanges zu leiden. Dort gab es zwar noch größeren Komfort als bei uns, schöne Bäder mit Kabinen, Sommerhäuschen und sogar Kegelbahnen, – doch keine Kavernen. Wir sahen von unseren Höhen aus den ganzen Jammer, sahen, wie ein Unterstand nach dem anderen in Trümmer sank.

Ruhe und Harmlosigkeit waren verschwunden. Tagaus, tagein stand der Baonsbereich im schärfsten Feuer. Keine Stellung im großen Korpsbereich wurde annähernd so beschossen.

Da brachten die österreichischen Zeitungen Aufklärung, warum unsere Gegner sich in so überwältigender Weise bemerkbar machten. Wir lasen: „Die nächste österreichische Offensive wird vermutlich in Judikarien ihren Ausgangspunkt nehmen". Ein großer Bluff! Die Italiener waren richtig auf diese Finte hineingefallen und hatten nicht nur Artillerie, sondern auch große Massen Infanterie vor uns konzentriert. Wir verstanden nun auch, weshalb unser kriegstüchtiges Baon 165 das erfahrungslose Baon 163 hatte ablösen müssen.

Doch die Täuschung ging weiter. Täglich marschierten Truppen von Tione nach Lardaro. Bei Nacht wurden sie mit Lastautos zurückbefördert. Dann kam ein 30.5-Mörser nach Danzolino. Am nächsten Tag durchdröhnten seine Bomben das weite Tal. Abends wurde er wieder zurückgezogen. Hierauf meldeten sich unsere anderen Batterien und schossen auf neue Ziele. Auch die Infanterie beteiligte sich an diesen Täuschungsmanövern. Bald hier, bald dort überschritten Sturmpatrouillen die Chiese, drangen in die feindlichen Linien ein, manchmal an mehreren Stellen zugleich, und beunruhigten überall die Gegner.

An allen Ecken und Enden, und die Italiener wurden täglich nervöser, leider aber auch aktiver, ihre Beschießungen immer unerträglicher, ihre Truppenmassierung gewaltiger. Das Baon bekam dies zu fühlen und zählte schon im April allein hundert Mann an Toten und Schwerverletzten.

Am schwersten aber litt unsere Zweite. In ihrem Bereiche stand das alte Castell Romano. Einige hundert Schritte vor der Hauptstellung, von einer Offiziersfeldwache besetzt. Granaten sausten jeden Tag in dies alte Gemäuer und zerrissen das Gefüge der hohen Burgmauern. Bei Nacht schlichen dann italienische Sturmkolonnen heran, manchmal mehrere Kompagnien zugleich. Und das wilde, schreckliche Morden begann. Handgranaten streuten Tod und Verderben, Maschinengewehre hämmerten im grässlichen Rhythmus und italienische Flammenwerfer warfen ihre Feuerschwaden auf die todesmutige kleine Schar. – Jeder

Angriff zerschellte jedoch am todeskühnen Mute unserer Mannschaft.

Ende April, als die Sonne verlockend vom Himmel strahlte, stattete ich dem Schwimmbad in der Schlucht meinen ersten Besuch ab. Aber das Schneewasser war noch zu kalt. Ich legte mich daher auf die Sonnenpritsche nebenan und fühlte mich im Freien pudelwohl, denn ich hatte viele Stunden der letzten Wochen in unserer Kaverne zubringen müssen. Wohlig streckte ich mich und träumte in den blauen Himmel hinein. Plötzlich rumorte eine schwere Granate heran. Sie kam auf mich zu und brummte immer gewaltiger. Da sprang ich instinktiv ins eisige Wasser. Im gleichen Augenblick barst das Geschoß, auf Steinwurfweite. „Verirrter Weitschuss! Zufall!" dachte ich. Einige schnelle Schwimmtempi sollten mich aus dem kalten Element bringen, da brummte schon das zweite Geschoß daher. Als die Splitter über mich hinweggeschwirrt, lief ich über die Brücke zum sicheren Hilfsplatz. Doch die Kanonade ging weiter und war nicht Zufall, sondern galt der nebenbei liegenden hohen Brücke, über die der einzige Nachschubweg führte. Die Beschießung dauerte eine volle Stunde. –

Die ungenügende Verpflegung machte mir täglich schwere Sorgen. Mehr als sieben oder acht Dekagramm Fleisch wurde keinen Tag geliefert. An andern Tagen erhielten zwei Mann zusammen bloß eine Fleischkonserve. Dazu immer Polenta, in die Suppe hinein, oder als trockene Beilage und sandiges Brot. Dörrgemüse zum Überdruss, von der Mannschaft „Drahtverhau" genannt. Nur mit großer Überwindung konnte man das geschmacklose Zeug hinabwürgen. Ich sandte deshalb Patrouillen aus, damit sie in der weiten Umgebung nach Löwenzahnblättern als Salatersatz suchten. Doch was konnte dies ausmachen. Dann wurden auf allen Wiesen hinter der Verteidigungslinie, auf allen Feldern um Peschiera und Corno Kartoffeln, Kraut und anderes Gemüse gepflanzt. Jeden Tag ging ich an diesen Anpflanzungen vorbei und beobachtete mit größter Ungeduld ihr Wachstum. Voll Erbitterung betrachtete ich dann alle neuen Granattrichter, die wieder zehn oder zwanzig Quadratmeter Anbaufläche zerstört hatten. Immer geringer wurde unsere Erntehoffnung.

Schwere Sorgen machte mir auch das Schwinden der Kompagniestände. Trotz aller Vorsicht gab es immer wieder Verluste, in dem riesigen Abschnitt ließ sich's nicht vermeiden. Und die vielen Abkommandierungen zu allen möglichen Formationen! Überall ging das Menschenmaterial zur Neige. Ich wehrte mich verzweifelt gegen jeden derartigen Befehl, mehrmals mit Erfolg, häufig aber ohne solchen.

Eine kleine Entspannung trat wieder ein, als aus der Kaderstation Schwaz Ersatz angerückt kam. Die fünfzehnte Ersatzkompagnie. Gott sei Dank Deutsche aus den Alpenländern und Sudeten. Sie blieben doch die besten, verlässlichsten Leute der Kompagnie. Es würde aber ungerecht sein, wollte ich den Anderssprachigen jedes Einfühlen und Mithelfen, jede Opferwilligkeit absprechen. Die wenigen Tschechen meiner Kompagnie leisteten noch immer vortreffliche Dienste, und die übrigen Slawen zeigten sich willig und diensteifrig. Um die Mannschaft noch besser zusammenzuschweißen, richtete ich für die deutschen Chargen slawische Sprachkurse ein.

Der 1. Mai war ein ruhiger Tag. Ich saß vor meinem Unterstand und genoss die geruhsame Stunde und den Fernblick. Eine Bäuerin aus der Nachbarschaft hatte auch diese Ruhe ausgenützt und war mit Eiern und Butter ins Lager gekommen. Sie verhandelte eben eindringlich mit unserem Koch. Da unterbrach Geschützdonner die friedliche Stille. Eine Sekunde später waren die Granaten schon bedenklich näher gerückt. Wir sprangen blitzschnell in die Kaverne. Die italienische Bäuerin aber hatte sich zu lange besonnen. Als sie endlich zum Laufen ansetzte, fiel sie hin.

Im gleichen Augenblick krepierte in nächster Nähe ein Geschoß. Die Italienerin rührte sich nimmer, sie war anscheinend tot. So meinten wir, im Kaverneneingang stehend. Schnell sprangen einige Leute die zwanzig Schritte zu ihr hin und zerrten sie im Laufschritt zu uns herein. Da schlug die Bäuerin wieder die Augen auf und lächelte. Ein kleiner Schock hatte sie in Ohnmacht versetzt. –

Unsere Vorgänger sollten jetzt die Stellung sehen, sie kämen aus dem Erstaunen nicht heraus (Bild 22). Wohin sie nur blicken würden, Trichter an Trichter, die meisten Unterstände zerschossen, viele Stellen der Kampfgräben verwüstet, Betonblöcke durcheinander geworfen, unreparabel.

In der gleichen Nacht noch war ein Wirbel ohnegleichen. Um Mitternacht lag schwerstes italienisches Geschützfeuer auf Kastell Romano. Jede Granate leuchtete im großen Bogen durch den dunklen Himmel, Scheinwerfer legten ihre Lichtkegel auf die gespenstige Ruine. Nach einer halben Stunde verstummte plötzlich das Feuer um das Kastell und alle Batterien des Gegners stürzten sich auf die Hauptstellung unseres Baons. Es waren mehr als hundert Geschütze.

Da begann die eigene Artillerie zu schießen und legte Sperrfeuer um das Kastell. Dort schien wieder etwas im Gange zu sein. Oft blitzten Handgrananten auf, doch ihre Detonationen konnten wir bei diesem unbeschreiblichen Getöse nicht unterscheiden. Die Ohren betäubt vom Donner, die Augen geblendet von feurigen Garben, standen wir im Kaverneneingang und bestaunten die ungeheure Kraft der modernen Kriegsmittel.

Greift der Gegner auch unsere Hauptstellung an? Die Telefonverbindungen sind schon seit Mitternacht hin. Flicken hat keinen Sinn, an hundert Stellen sind sie unterbrochen. Zwei Freiwillige laufen nach Corno, vielleicht weiß das dortige Artillerie-Abschnittskommando Genaueres? Sie stürzen sich still und gottergeben in den Geschoßhagel.

Nach einer Stunde kommen die zwei Boten zurück. Im letzten Augenblick hätte sie beinahe noch eine Dreißig-Zentimeter-Granate zerrissen, einen Steinwurf vor der Kaverne, drei Sekunden zuvor waren sie über die Einschlagstelle gelaufen. Sie bringen eine schriftliche Meldung: „Zwei schwere italienische Angriffe auf Kastell Romano im blutigen Handgemenge abgewiesen. Schwerstes Artilleriefeuer auf dem ganzen Abschnitt".

Das Trommeln währt bis sechs Uhr früh. Die große blühende Landschaft ist mit Rauch und Staub erfüllt. Matt und gelb leuchtet die Morgensonne. Eine

Bild 22: Lager Peschiera

in Judikarien, 1100 Meter. Nach Beschießungen aufgenommen, Blick nach Süden. Oberhalb des Lagers eine Panzerkuppel sichtbar. Ganz rechts gedeckter Eingang in die Kaverne. Eigene Stellungen vorn an der Kante. Links unten Rio Adana. Am linken Hang oben Fort Cariola, unten Kastell Romano.

Beleuchtung wie bei Sonnenfinsternissen. Ich kann kaum die Hälfte meines Abschnittes übersehen, geschweige denn im Tal irgendetwas ausnehmen.

Und wie sah's im Lager aus? Mein Kanzleiunterstand lag vollständig zertrümmert. Zwei andere Unterkünfte waren verschwunden. Von den ursprünglich dreizehn Unterständen standen nur mehr fünf.

Die Italiener hatten wieder ihre Überlegenheit an Kriegsmaterial gezeigt, mehr als fünfzehntausend Granaten in unserem Abschnitt auf wenige Punkte geschleudert.

Staub und Qualm verzogen sich bis zum Abend. Friedlich und ruhig lag wieder die Landschaft im Glanze der untergehenden Sonne, als ich mit meinem Diener über die verwüsteten Straßen gegen Breguzzo eilte. Wir waren auf dem Wege in die Heimat, in den Urlaub.

Am nächsten Tag fuhr ich von Tione mit meinem Auto gegen Trient. Der Chauffeur hielt einige Male an, sah am Auto nach und schimpfte über den alten Kasten. Irgendetwas stimmte nicht. Ich konnte es nicht beurteilen, schimpfte endlich auch mit, weil ich in Trient den Abendzug erreichen wollte. Auf einmal brannte der untere Teil des Autos. Ich sah den Chauffeur an, er mich. „Lieber noch den Zug versäumen, als in die Luft fliegen", dachte ich. Da jedoch der Chauffeur keine Furcht zeigte, sagte ich auch nichts. Im verschärften Tempo fuhren wir weiter. Soldaten, Trainleute, Urlauber begegneten uns, alle wiesen auf die Flammen. So kamen wir endlich in die Sarcaschlucht, da holte uns ein freies Personenauto ein. Wir hielten es an, stiegen um und überließen den brennenden Wagen seinem Schicksal. –

Wie ungeheuerlich war die Not des Hinterlandes geworden! Hunger schaute aus allen Gesichtern, der Tod war in vielen Familien eingekehrt. Mich packte das Grauen vor dem furchtbaren Jammer der Menschheit.

Dieser beispiellose Jammer der Menschheit! Auf Schritt und Tritt begegnete man ihm. Ich fühlte mich im Hinterlande nicht mehr wohl. Und meine Gedanken wanderten zu meiner Kompagnie. Das Hinterland aber war ausschließlich mit sich selbst beschäftigt.

Oftmals wurde ich von Freunden gefragt: „Wie lange wird der Krieg noch dauern? Was denkt ihr an der Front? Wann wird Frieden?" – „Lieber heute als morgen", antwortete ich, „doch wir müssen durch. Ihr im Hinterland und wir an der Front. Wehe dem, der vorher auf der Strecke bleibt."

Den größten Teil meines Urlaubes verbrachte ich im Kreise von Kameraden. Bei ihnen fand ich gleiche Interessen, obwohl sie allen Berufen und Ständen entstammten. Doch sie gehörten der Front. In dieser Runde flackerte manchmal noch die alte Fröhlichkeit auf, denn Humor gehört ins Leben, wie ein Stück Brot. So war bald das Urlaubsende herangerückt und damit die lange, strapaziöse Fahrt zur Front.

Der Juni kam gezogen. Er brachte Tag für Tag heftige Beschießungen. Mit ehernen Pranken schlugen die Geschosse nach uns. Unser ständiger Aufenthaltsort waren die Kavernen geworden. Oft standen Trenkler und ich am Beobachtungsstand oder an der Seite des feuerleitenden Offiziers der Batterie. Es war alles sehr interessant, doch fehlte mir bei dieser Waffe der persönliche Kontakt mit dem Gegner. Das Schießen erschien mir bloß als Lösung einer mathematischen Aufgabe, die noch dazu bei dem elendigen Zustand der Munition und der Geschützrohre auf Genauigkeit keinen Anspruch mehr erheben konnte.

Danzolino lag im heftigen Geschützfeuer. Unser Baons-, zugleich Abschnittskommando, übersiedelte daher in das festere Werk Corno. Vom nächsten Tag an fiel kein Schuss mehr auf Danzolino. Wohl aber wurde nun Corno schwer bedroht. Staunenswert, diese prompte Konfidentenarbeit! In so hervorragend fixer Weise war unser Gegner noch nie bedient worden.

Ich ging öfters nach Corno und suchte meine Baonskameraden auf. Sie saßen wie wir in Peschiera mit den Artilleristen beisammen. Auch hier jedoch vermisste ich wie in Peschiera den wahren Kameradschaftssinn. An tausenderlei Kleinigkeiten zeigte sich dieser Mangel innerer Verbundenheit. Die Artilleristen unseres Abschnittes hatten eben in ihren sicheren Kavernen noch nie so schwere Zeiten erlebt wie wir, doch nur aus letzter Not erhebt sich strahlend der wunderbare kameradschaftliche Geist.

Mitte Juni beherrschte bloß ein Gesprächsthema unsere Zusammenkünfte: Das Schicksal der österreichischen Offensive vom 15. Juni 1918. Sie war aus den Bergen heraus und am Piave losgebrochen, sollte dort fortsetzen, wo wir im Winter stehen geblieben waren. Unsere alpenländischen Regimenter zeigten wieder ihre unvergleichliche Stoßkraft. Trotz vollständig unzulänglicher Artillerievorbereitung stürzten sie sich in beispielloser Todesverachtung auf den überlegenen Gegner. – Seine ungeheure Übermacht an Material konnten sie nimmer brechen.

In dumpfen Schlägen drang das Dröhnen aus weiter Ferne zu uns. – Und verstummte. – Es war das letzte Aufbäumen unserer alten, ruhmreichen Armee.

Außerhalb Tiones lag der schmucke Ort Saone. Übungsstätte des Divisions-Sturmkurses. Hier wurde für uns Kompagnieführer ein Sturmkurs eingerichtet und Wirkungsweise und Verwendung der Nahkampfmittel vorgeführt. Dreißig Hauptleute und Oberleutnants des weiten Divisionsbereiches fanden sich zusammen. Darunter stand auch ich. Wir sahen manch Neues, am allermeisten interessierte uns die Aufrollung feindlicher Schützengräben. Mit bewundernswerter minutiöser Sicherheit arbeiteten Minenwerfer und Maschinengewehre, Handgrananten und Flammenwerfer zusammen. Auch in dunkler Nacht wurde uns eine derartige Übung gezeigt; da gab es prachtvolle Beleuchtungseffekte.

Am letzten Kurstag wurden wir noch zu einer standrechtlichen Urteilsverkündigung befohlen. Das Sturmbaon stand im Karree aufgestellt. Mittendrin der verurteilte ruthenische Deserteur. Mit seiner rechten Hand an die Linke des Profoss gekettet. In der freien Seite des Karrees standen Gerichtshof, Stabsoffiziere und wir Kursteilnehmer. Der Delinquent schien ganz gebrochen. Zum zweiten oder dritten Male schon ward dies widerliche Schauspiel mit ihm vorgeführt. Immer in großer Aufmachung. Der Auditor verlas mit lauter Stimme Schuld und Urteil:

Der Ruthene war bei meiner Nachbarkompagnie am Doß die Morti eingeteilt gewesen und desertiert. Er hatte aber in der nächtlichen Dunkelheit nicht zum Gegner gefunden und war bei Morgengrauen wieder zurückgekehrt. Da er im Laufe der Untersuchung seine Desertionsabsichten zugab, wurde er zum Tode verurteilt. –

Am Abend feierten wir Kursschluss. Der Alkohol schwemmte den trüben Eindruck des vorhergegangenen Schauspiels hinweg. Kriegslieder hallten in die Nacht. Tags darauf waren wir wieder in alle Winde zerstreut. Ich ahnte nicht, dass es der letzte heitere Abend meiner Kriegszeit war.

Zu Mittag traf ich in Tione ganz unerwartet Dr. Gutwinsky, unsern Arzt während der sorglosen Skikurszeit. Er trug noch immer seinen Umhängebart und stand hier als Regimentsarzt in zahnärztlicher Verwendung. Wir besuchten gemeinsam die vom Divisionskommando arrangierte Kriegsbilder-Ausstellung. Viele prächtige Aquarelle, Ölgemälde und Kohlezeichnungen füllten den großen Raum. Hervorragende Künstler hatten als Frontmaler daran gearbeitet und Schützengräben, Unterstände, Gefechtsepisoden und Soldatentypen in meisterhafter Art dargestellt. Mehrere Bilder waren diskret mit Seidenpapier verhängt. Doch jeder Besucher, jede Besucherin lüftete den zarten Vorhang. Dann kam irgendein obszönes Bild zum Vorschein, mit aller Brutalität auf den Sexualtrieb eingestellt. Man musste sich fragen: Wozu dies alles?

Nachmittags fuhr ich frontwärts. Breguzzo war nun auch in den feindlichen Artilleriebereich gerückt und zeigte schon alle Zeichen der fortschreitenden Verwüstung. Und je weiter ich nach Süden drang, umso augenscheinlicher die Zerstörung.

Unser Feldkurat Dr. Schranz begleitete mich von Breguzzo aus in die Stellungen. Er wollte nächsten Tag bei mir in Peschiera eine Feldmesse lesen. Ich erzählte ihm während des Marsches von meinen Eindrücken in der Ausstellung zu Tione. Nach seiner Rückkehr schrieb Schranz gleich eine Beschwerde. Einige Tage darauf wurde er strafweise transferiert. Wir empfanden diese Maßregelung als argen Missgriff. Ich bereute sehr, ungewollt die Ursache gewesen zu sein.

Bei Lardaro holten wir die Eskorte mit dem ruthenischen Deserteur ein. Leise schlich der dicht geschlossene Haufen durch die Dunkelheit, der Chiese zu, in die Feldwachenlinie. Dort war bereits ein Pfahl als Galgen aufgestellt. Auf Steinwurfweite von den feindlichen Wachen. Lautlos starb der Mann. Um seinen Hals hängte man eine große Holztafel. Darauf stand in italienischer und slawischer Sprache: „So straft Österreich seine Verräter." Lange sah ich noch Leiche und Tafel baumeln. Sie sollten unsern Slawen als Abschreckung dienen, ebenso auch den tschechischen Legionären im feindlichen Schützengraben.

Ein italienischer Granattreffer befreite uns von diesem widerlichen Anblick.

Während meiner Abwesenheit war die sechzehnte Marschkompagnie beim Baon eingetroffen. Durchwegs Deutsche. Sie kamen vom russischen Kriegsschauplatz, hatten dort die Auflösung der Fronten miterlebt und die gegenseitigen Verbrüderungen. Die höheren Kommandos fürchteten daher nicht Unrecht, dass manche dieser „Heimkehrer" mit ihren neuen, umstürzlerischen Ideen Unruhe stiften könnten.

Einer dieser ausgehungerten Heimkehrer hatte sich während meiner Abwesenheit aus seinem Unterstande entfernt und war des Nachts ins Tal hinunter geschlichen, um in einem ärarischen Kartoffelacker Erdäpfel auszugraben. Er aß sie gleich im rohen Zustand an Ort und Stelle und steckte sich die Taschen voll. Feldgendarm! In flagranti! Verhaftung, Abführung! Seither saß der „Schwerverbrecher" in einem Arrestlokal unserer Kaverne. Das Divisionskommando befahl nun strenge Bestrafung und Strafantragstellung. Ich ließ den Mann frei, denn er machte den besten Eindruck, und beantragte: Zwei Stunden Anbinden. Es ward mit der Aufforderung bewilligt: „Vollzug melden."

Nun wurde er an einen Pfosten seines Unterstandes gebunden, nur der Form nach, um dem Befehle zu entsprechen. Ich ließ ihm einen vollen Meter Spielraum. Bequem trippelte er herum und lächelte mir dankbar ins Gesicht. Nachdem die zwei Stunden vorüber waren, dankte er mit nassen Augen für die milde Behandlung und blieb ein treuer Kamerad.

Eine kleine Episode tauchte nun aus dem Meer der Vergessenheit. Aus jener Zeit, da ich in Przemysl als Reserveleutnant zur Waffenübung eingerückt war. Manöverzeit. Ein Mann meines Zuges wurde krank, sah elendig aus, musste sich endlich während einiger Rasttage niederlegen. Ich besuchte ihn in seiner Lehmbude. Er war ein armer orthodoxer Jude, aß schon seit seiner Einrückung keine Menage, da sie nicht koscher. Und hatte kein Geld, um sich koschere Lebensmittel zu kaufen. Der Kranke war schon halb verhungert. Ich schenkte ihm einige Kronen. Rasch kam er nun wieder zu Kräften. Beim nächsten Marsche rasteten wir in einem Sturzacker. Da rutschte er auf den Knien zu mir heran, erflehte in ekstatischer Weise den Segen des Himmels über mich und ging mir bis zum Ende meiner Waffenübung nicht mehr von der Seite. –

Ich lernte die ursprünglich so verachtete Kaverne immer besser schätzen, viele Stunden des Tages hatte sie mir schon Schutz gewährt. Die Nächte dagegen schlief ich in meinem gefährdeten Unterstand. Angezogen natürlich, oft durch Feuerüberfälle gestört und vertrieben. Doch immer wieder kehrte ich reuig in die frische Luft zurück. Am 3. August aber hatte es auch damit ein Ende.

Ich wurde plötzlich aus dem Schlafe gerissen. Ein schauderbares Getöse. Ein Sprung aus dem Bett. Da krachte die Wand und zersplitterte. Einen Meter oberhalb des Bettes surrte ein großer Eisensplitter mit tiefem Gebrumm durch den Unterstand, knapp an meinem Schädel vorbei, und riss im gleichen Augenblick an der gegenüberliegenden Wand ein kopfgroßes Loch. Entsetzt fuhr ich zur Tür hinaus in die Kaverne. Es war erst fünf Uhr morgens. Ununterbrochen trommelte nun der Italiener. Bis ein Uhr nachmittags. Und abermals nur auf wenige Punkte. Einer davon war wieder Peschiera.

Man sah kaum zweihundert Schritt weit. Im Lager Loch neben Loch. Mein schöner, großer Unterstand vernichtet. Gleich zwei Granattrichter stießen an seinem Standplatze zusammen. Gott sei Dank war ich schon längere Zeit darauf vorbereitet und hatte die wichtigsten Habseligkeiten in der Kaverne deponiert, doch auf meine wertvolle Armbanduhr, die an der Wand gehangen, hatte ich beim Flüchten vergessen.

Mein Unterstand war der letzte der Siedlung gewesen. Nachmittags stieg ich durch das Trichterfeld in die Stellungen. Große Betonblöcke waren wie Spielzeug durcheinander geworfen. Unzählige Lücken klafften in den Deckungen. Die Unterkünfte der Wachen lagen in Trümmern. Das ganze Gelände war mit Steinen und Resten der alten Stellungen übersät. Die eine Panzerkuppel lag demoliert schräg über der Höhlung. Wir können diese grauenhaften Schäden nicht mehr gutmachen.

Ein italienischer Flieger surrt heran, ein zweiter, dritter folgt. Sie wollen wahrscheinlich die geschlagenen Wunden besichtigen. Plötzlich hören wir das Motorgeräusch knapp über uns. Die Flieger kommen ganz niedrig von seitwärts heran. Im nächsten Augenblick sind sie schon da. Kaum dreißig Meter über uns. Ihre Kugeln prasseln nieder, zwischen die arbeitenden Leute hinein. Links und rechts staubt es auf. Wir vernehmen nicht den Maschinengewehrlärm im mächtigen Rattern des Motors und Surren des Propellers. In ein Loch gedrückt, in qualvollster Hilflosigkeit, erwarte ich das Ende, und denke nicht daran, dass ein Gewehr neben mir lehnt. Da ist schon der zweite Flieger über uns, und der dritte. Dann ist die wilde Jagd vorbei.

Nun rissen wir die Gewehre an die Backen und feuerten dem letzten Flieger nach. Ein Maschinengewehr schießt mit. „Warum nicht zwei Sekunden früher?" sagst du. Ja, das nächste Mal wollen wir's besser machen.

Um vier Uhr nachmittags donnern wieder alle feindlichen Geschütze und die italienische Infanterie schießt Schnellfeuer auf unsere Linien. Ihre Handgranaten zischen darein. Jetzt geht's ums Ganze! Jetzt kommen sie!

Nur heran! Wir fürchten euch nicht. An Material seid ihr überlegen. Aber unser Geist ist der bessere, ist ungebrochen. Trotz Hunger und Not. Noch stehen wir Deutsche mit unserem Leben für Heimat und Volk! Und die anderssprachigen Kameraden aus Selbsterhaltung und Disziplin bei uns.

Doch nichts geschieht. Stille legte sich wieder auf das Tal. Leise rieselt der Regen nieder und reinigt die Luft. Aber von Norden her brummen die Geschütze.

Die Nacht bricht an. In höchster Kampfbereitschaft stehen wir im Trichterfeld. Stunden kommen und gehen. Und der Morgen zieht wieder herauf. Er nimmt den dunklen Gewalten der Nacht alle Geheimnisse.

Er bringt uns auch Meldungen, dass die Italiener im Tonalegebiet groß angelegte Angriffe unternommen und die schweren Beschießungen unserer Stellungen nur als Ablenkungsversuch gedient hätten. –

Die Urlaubsüberschreitungen wurden immer ärger. Sie verursachten jedem Kompagniekommandanten schwere Sorgen. Unsere Deutschen rückten zwar rechtzeitig ein, oder verspäteten sich höchstens um einige Tage. Doch bei den Galizianern und Südslawen erreichten die Überschreitungen allmählich zwei und drei Wochen. Dagegen half kein Einsperren, kein Schimpfen, kein Vorführen beim Baonskommando. Es half auch nichts, dass ich alle rechtzeitig Einrückenden in jeder Weise bevorzugte. Die Disziplin meiner Kompagnie, sonst musterhaft, versagte in dieser Richtung. Es blieb mir nur der schwache Trost, dass bei benachbarten Truppenkörpern die Misere noch ärger war.

Freilich, unsere Verpflegung konnte selbst den bescheidensten Ansprüchen nicht mehr genügen, jeder Urlauber verließ daher nur ungern die heimatliche Kost. Vier oder fünf Dekagramm Fleisch erhielten wir nur zugewiesen, oftmals gar nur zwei. Ein Quantum, das man praktisch nicht mehr gerecht aufteilen konnte. Ein Bissen war es. Ich ließ es klein schneiden und der Polentasuppe beimengen. Da bat die Mannschaft, ihr doch das Fleisch gesondert zuzuweisen, weil beim Herausschöpfen nicht jeder Schöpflöffel gleich viel Fleischstücke enthielte.

Unsäglich erbarmten mich die Leute, geduldig ertrugen sie die furchtbare Not. Meine Patrouillen durchstreiften die ganze Umgebung, suchten alle Pilze zusammen, und alle Brennessel, die dann als Spinat zubereitet wurden. Die große Not konnte aber damit nicht gesteuert werden.

Und in diese Not hinein dröhnten Tag für Tag die schweren italienischen Geschütze, Kaliber 21, 28, 30 und 30.5. Alle reizenden Häuschen des Tales, die zwischen den Edelkastanien gestanden, waren schon längst zu Ruinen geworden und die Sperre Cariola erhielt täglich viele Volltreffer. Jede Nacht wurde dort mit dreihundert Leuten fieberhaft gearbeitet, um die zimmergroßen Löcher der Decke mit Beton, Schotter und Balken auszufüllen. Dem Werk Corno ging es nicht besser, die schweren Granaten durchschlugen alle oberen Räume des alten Baues und krepierten in den untersten Stockwerken. Nur die Kellergewölbe boten noch notdürftigen Schutz. Schon dachte man daran, das Festungswerk zu räumen und in der Schlucht des Hilfsplatzes neue Unterstände aufzustellen.

In diesen trostlosen Sommertagen machte mir Oberleutnant Schönegger seinen Abschiedsbesuch. Seit Aufstellung des Baons hatte uns treue Freundschaft verbunden. Nun bekam er im Hinterlande eine militärische Verwendung. Ich begleitete ihn ins Tal. Lange winkten wir uns zu. Eine Woche darauf erschien Hauptmann Höpperger. Auch er ging den gleichen Weg. Stumm schüttelten wir uns die Freundeshand. Nun war ich ganz allein. War der letzte Offizier des stolzen Baons 165, der seit Aufstellung in seinen Reihen gedient, war aus dem Jüngsten zum Ältesten geworden.

An diesem Abend feierten wir in Corno die Beförderung Czernys zum Major. Ich überbrachte die aufrichtigsten Wünsche. Das Baon hatte in ihm stets einen gradlinigen, gerecht denkenden Führer besessen, der keinen Mann zwecklos opferte.

Adjutant Kaut saß neben mir und erzählte, Czerny sähe es gerne, wenn ich nun nach Höppergers Abgang die zweite Kompagnie übernehmen würde, da in ihrem Bereiche die Brennpunkte des Abschnittes lägen: Das viel umstrittene Kastell Romano und Fort Cariola. Meine Antwort lautete: „Freiwillig nicht." Ich wäre recht schwer von meiner Ersten weggegangen. Czerny ließ alles beim Alten.

Als nach kurzer Zeit abermals italienische Flieger den Stützpunkt Peschiera angriffen, stand ich zufällig wieder im Schützengraben. Zwei Flugzeuge stießen diesmal auf uns nieder und streuten die Deckungen mit ihren Maschinengewehren ab. Sie flogen weg und kehrten im Bogen wieder zurück. Und abermals drückte ich mich krampfhaft an eine Traverse. Der Eindruck war zu gewaltig, das Gefühl der eigenen Hilflosigkeit lähmend. Wir meinten zwar, das eine Flugzeug beim Abfliegen noch getroffen zu haben, doch hatten wir uns gründlich getäuscht. Von nun an erschienen öfters italienische Kampfflieger über Peschiera. Unsere Leute fieberten danach, endlich einen abzuschießen. Es gelang nicht. –

Es wunderte mich jeden Tag aufs Neue, wie reibungslos und glatt sich noch der Dienstbetrieb abwickelte. Nirgends spürte ich den leisesten Widerstand. Willig kamen alle Leute ihren Verpflichtungen nach. Und sie hatten es bei mir nicht leicht, denn ich verlangte viel. Es war mir auch nicht gegeben, mit süßen Worten herumzubuhlen. Weder nach oben, noch nach unten. Meine Landstürmer aber wussten, dass ich mich zu jeder Zeit für ihr Wohl einsetzen würde. So kam es auch, dass während meiner langen Kompagnieführung nicht ein Mann desertiert war, obwohl dies bei andern Kompagnien keine Seltenheit zu sein schien und im Nachbarabschnitt Doß die Morti gleich eine ganze Feldwache zum Feinde überlief.

September 1918. Bunt färbten sich die Bäume. Die Natur rüstete zum Sterben. Auch mit uns ging`s zu Ende. Jeder neue Tag brachte neues Elend. Oft ging ich von Zug zu Zug und sagte ungefähr Folgendes: „Alle Anzeichen sprechen dafür, dass der Krieg nicht mehr lange dauern kann. Haltet aus, steht in treuer Kameradschaft zu euren Schicksalsgenossen, wie es in der Kompagnie Sitte und Brauch ist. Lasst euch nicht zum Schluss noch zu Dummheiten hinreißen!" –

Das Korpskommando gab Auftrag, alle Beschwerden über Unzulänglichkeiten der Etappe zu sammeln und weiterzuleiten. Beinahe zwanzig Personen der Kompagnie erschienen und gaben ihre Beschwerden zu Protokoll. Zumeist handelte es sich ums Essen. Doch alle Angaben gipfelten darin, dass die Etappe auf Kosten der Fronttruppen besser lebe, als ihr zustände.

„Da kriegst a schöne Nas'n," meinte Major Czerny, als ich ihm das lange Elaborat überreicht hatte. „Lass es liegen, es nützt eh nichts!" Trotzdem lief es weiter. Ich erfuhr jedoch nie, wo der beschwerliche, hindernisreiche Weg dieses Schriftstückes geendet. Nützen konnte es schließlich nichts mehr.

Die Gegner trachteten indes, uns mit allen Mitteln mürbe zu machen. Ihre Flieger warfen Tag für Tag Flugzettel auf unsere Deckungen: „Legt die Waffen nieder. Im Hinterland meutern bereits eure Truppen. Lauft über! Bei uns bekommt ihr genug zu essen."

Die Italiener waren uns nicht bloß an technischem Material, sondern auch in der Propaganda weit überlegen. Ihre Propagandisten riefen aus den Feldwachen, bald da, bald dort: „Kommt, wir geben euch zu essen." Sie riefen es deutsch, sie riefen es slawisch. Sie riefen bei Tag, sie riefen bei Nacht. Aufreizend schallten die lauten Stimmen über unsere geschwächten, verbrauchten Leute. Erst dann ward jeweils Ruhe, wenn wir Schnellfeuer abgaben.

Doch kein Mann folgte den Lockungen. Und jeder feindliche Angriff zerbrach an der Tapferkeit unserer Leute. Auf Kastell Romano allein zählten wir dreizehn groß angelegte Angriffe, mit zwanzigfacher Übermacht vorgetragen, durch unerhörte Artillerievorbereitung eingeleitet, mit Flammenwerfern und andern Nahkampfmitteln unterstützt.

Da kam neue Not über uns. Die Leute erkrankten an schwerer Grippe. Immer häufiger, immer heftiger. Starben. Bei allen Kampftruppen das gleiche. Die Mannschaften sagten: „Das ist die Lungenpest." Die Ärzte aber nannten es Grippeepidemie, die deshalb so furchtbar auftrat, weil alle Truppen unterernährt waren.

Meine Landstürmer lassen die Köpfe hängen, werden still und apathisch. Sie warten, bis auch sie die tödliche Krankheit dahinrafft, eine Kugel sie trifft, oder es langsam zum Verhungern wird. Dieser entsetzliche Jammer! Dies grausame Schicksal! Nach Jahren treuester Pflichterfüllung nun dieser Lohn!

Herrgott im Himmel! Warum strafst du unsere Leute gar so hart? Weshalb gerade sie, die unschuldig am Ausbruch des Krieges sind? Die Anstifter gib an die Front, – und kein Krieg mehr wird mutwillig entfacht werden.

Das Ende

Am 27. September erhielten wir Nachricht, dass die bulgarische Front durchbrochen sei. Das war der Anfang vom bitteren Ende. Dunkle, drohende Wolken zogen sich am Horizont zusammen. Kein Sonnenstrahl durchdrang mehr das düstere Gewölk.

Major Czerny ließ mich rufen und teilte mir unter strengster Vertraulichkeit mit, dass die Höheren mit Massendesertionen der Slawen und Meutereien ganzer Truppenkörper rechnen. Ich wäre von der Brigade ausersehen, in diesem Falle alle treuen Truppen des Abschnittes zu sammeln und gegen die slawischen Meuterer mit Waffengewalt vorzugehen.

Einige Tage verstrichen nun in gleicher Pein, in gleicher Unrast. Der 5. Oktober aber ward wider Erwarten ein Freudentag. Er brachte uns die Meldung von dem tags zuvor überreichten Friedensangebot der Mittelmächte. Wir konnten es kaum fassen. In stiller, innerlicher Freude strahlten alle Augen.

In die Heimat zurück? Frieden? Ende aller Leiden und Qualen? Oh, gibt es denn das noch? Gibt es noch ein Leben ohne Feuer und Schwert? – Still nur, still! Schon steigt die Morgenröte herauf! Bald wird die Sonne auch auf uns todwunde Frontkämpfer nieder strahlen.

Es kommt zweifellos ein Verständigungsfriede. Auf Grund der vierzehn Punkte Wilsons, die allen Völkern ihr Selbstbestimmungsrecht geben und ihre Gleichberechtigung. Und kostbares, deutsches Blut ist nicht umsonst geflossen.

In der ersten Oktoberwoche war wieder meine Urlaubszeit gekommen. Ich wusste bereits, wie traurig es im Hinterlande aussähe, hatte von den Plünderungen in Salzburg vernommen, ging also nicht freudvollen Tagen entgegen. Doch brachte mich der Urlaub aus den nervenzermürbenden Beschießungen heraus und aus der dumpfen Kaverne, in der ich nun seit Monaten wie ein Sträfling geschmachtet.

Mein Diener packt die Rucksäcke. Den Revolver nehme ich nicht mit, lasse ihn neben dem Feldstecher an der Kavernenwand hängen. Die Gitarre bleibt auch zurück sowie die große Kiste mit Uniform, Wäsche und Schuhen. In Breguzzo beim Kompagnietrain steht eine zweite, volle. Dann besitze ich noch im Pustertal ein Depot, ebenso auch im Gasthaus Weiler zu Obertilliach. Sie enthalten verschiedene Habseligkeiten, wertvolle Trophäen und interessante Andenken. Es wird nun bald Zeit, denke ich, dass ich mich darum kümmere.

Statt der zerschossenen Armbanduhr wird leihweise eine von den guten, leuchtenden Doxa-Uhren genommen, die jeder Kompagnie für Patrouillenzwecke zur Verfügung stehen. (Noch jetzt ist sie in meinem Besitze. Meine einzige Beute). Dann schreite ich in den sonnigen Herbstabend hinaus. „Lebt wohl, Kameraden! Bald bin ich wieder in eurer Mitte!"

In Salzburg herrscht größte Aufregung, Ereignisse liegen in der Luft. Auf der Salzachbrücke stauen sich die halbverhungerten Menschen. Aus jedem Gesicht sehen Kummer und Not.

Wahrhaftige Hungersnot! Hungertod! Denn hinein in die Grube, ob Kind oder Greis, ob Frau oder Mann! Hinunter ins Grab! So wollen es eure Feinde. Auf die Knie, deutsches Volk, und winsle um Frieden!

Extraausgabe! Extraausgabe! Manifest des Kaisers! Zu spät, Majestät! Es kann die Atmosphäre nimmer entgiften. Beschleunigt nur das Ende, reißt die Völker der Monarchie auseinander, fördert das Chaos.

Unsere österreichischen Regimenter kämpften indessen an Piave und Brenta ihren Todeskampf. Gegen vielfache Übermacht. Sie standen im unvergleichlichen Heroismus gegen die zum letzten Sturm ansetzenden Italiener. Heldentaten ohne Zahl leuchteten aus diesem blutigen Ringen. Im Gegensatze dazu schwirrten Gerüchte durch die Stadt: Ungarische Truppen, auf des Kaisers Manifest pochend, hätten als Erste die Verteidigungslinie verlassen. Nun brach die Front in Scherben. –

Mein Urlaub ging dem Ende zu. Schon waren die letzten Tage des Oktobers gekommen. Im Stationskommando sagte man mir jedoch: „Zuwarten. Nicht einrücken. Lage ungeklärt", und verlängerte den Urlaub bis 5. November.

Meine Gedanken weilten zumeist draußen in Judikarien. Beim Baon: Unerschüttert stand es. Noch in vorletzter Nacht sprangen die Bersaglieri nach gewaltiger Artillerievorbereitung auf Kastell Romano los, von vier Maschinengewehren und zwei Flammenwerfern unterstützt. Und das kleine, abgehetzte Häuflein unseres Baons, auch Slawen sind wieder darunter gewesen, drangen in beispielloser Bravour auf die Anstürmenden ein, entrissen ihnen die Flammenwerfer, machten Gefangene und verjagten im blutigen Gemetzel den vielfach überlegenen Gegner.

Und die letzte Nacht brach an, die Nacht vom 2. auf den 3. November. Da brüllten noch einmal alle italienischen Batterien des Abschnittes ihren gewaltigen Schlachtgesang. Zum Orkan schwoll er an und die ganze Nacht währte der rasende Taumel.

In der Früh kam der Befehl: „Waffenstillstand. Die Stellungen sind sofort zu verlassen, ohne Mitnahme von Munition. Marschziel Tione." Die italienischen Geschütze donnerten weiter. Sollte das ein Waffenstillstand sein? Was ging vor? Unsere Leute wussten nicht, dass die Italiener den Waffenstillstand erst am nächsten Tag in Kraft treten ließen. Hunderttausende Österreicher wurden dadurch in Gefangenschaft getrieben. Sie gaben dem Gegner die ersehnte, notwendige Grundlage, nun bei den Friedensverhandlungen möglichst viele seiner Forderungen durchsetzen zu können. –

In diesem letzten Wüten der Geschütze sprangen unsere Kompagnien aus den Stellungen, liefen durch sprühende Feuer und flammende Krater dem Tale zu. Vorbei an jubelnden tschechischen Truppen und brennenden Magazinen. Sie marschierten dann geschlossen durch Tione, das in wildem Freudentaumel seine „Erlösung" feierte.

Hierauf rückten sie nach Norden weiter, vollständig intakt, und wollten über Madonna di Campiglio und die Mendel den Brenner erreichen. Doch bald stauten sich die flüchtenden Truppenmassen zum undurchdringlichen Knäuel. Die einzige Rückzugslinie war versperrt.

In Caderzone vor Pinzolo erfüllte sich das Schicksal des heldenmütigen Baons 165. Dort empfing es am Nachmittag des 4. November den Befehl, die Waffen niederzulegen. Dort zerschlugen die Landstürmer ihre Gewehre, aus Wut und Scham und Erbitterung. – Gefangen. – Dann stürzen sich italienische Truppen auf das wehrlose Baon, plünderten unsern Train, plünderten Offiziere und Mannschaften und führten sie in die Schmach der Gefangenschaft. –

Dies alles war mir in Salzburg erspart geblieben. Doch litt ich seelisch umso furchtbarer. Ich konnte keinen klaren Gedanken fassen und wankte wie im Traum durch die Straßen. Viele wichtige Vorkommnisse jener Tage kamen mir nicht zu Bewusstsein. Nach einigen Tagen erst raffte ich mich zum Entschlusse auf, für meine Heimatstadt weiterzuarbeiten. Ich meldete mich beim Stationskommando zur Dienstleistung und wurde der Bürgerwehr als militärischer Referent zugeteilt. Sie war von Bürgern der Stadt, gleich anderen Orten, zum Selbstschutze gegründet worden, hatte sich bewaffnet und trug über den Zivilkleidern Gewehre und Bajonett.

Lärmend ziehen die Massen durch die Stadt. Immer neue strömen aus der Front zu, hemmungslos ihre Freiheit ausnützend. Oft von fragwürdigen Elementen geleitet, die im Trüben fischen wollen. Oder von Leuten geführt, die nur in der Etappe gesessen und jetzt am meisten schreien und toben, Offizieren die Sterne vom Kragen reißen und selbst Verwundete und Krüppel anpöbeln. Umwertung allen Herkommens. Revolution! Und kein Militär mehr zur Niederhaltung, nur eine Handvoll Polizisten.

In jenen gefährlichen Umsturztagen galt die Bürgerwehr als einzige Stütze, als einzige Körperschaft, die Hand in Hand mit der Polizei Ordnung aufrecht erhalten konnte. Ihre bloße Anwesenheit allein hatte manchmal schon genügt, um Ausschreitungen hintan zu halten. Als ich den Dienst antrat, war bereits vorbildliche Arbeit geleistet worden. Franz Mayr, hochangesehener Bürger der Stadt, fungierte als Kommandant. Maler Karl Reisenbichler stand ihm mit seinem großen Organisationstalent zur Seite.

Von Tag zu Tag vermehrte sich die Zahl der Bürgerwehrmänner. Auch viele Heimkehrer traten in ihre Reihen und aus der zivilen Körperschaft wurde allmählich eine straffe militärische Organisation.

Immer neue Massen aufgelöster Fronttruppen drangen in die Stadt. Sie kamen auf Autos dahergerattert oder fuhren in überfüllten Zügen heran und klebten auf den Lokomotiven und Dächern der Waggons wie Fliegen auf dem Leimbande. Viele hundert Frontkämpfer, denen das Glück bisher hold geblieben, verunglückten erst bei ihrer Heimfahrt. In dem heißen Drang, raschest in die Heimat zu kommen.

Das Gedränge war inzwischen noch ärger geworden, die Situation noch bedrohlicher. Würde es möglich sein, die ausgehungerten Soldaten, nun sich selbst zu überlassen, vor Plünderungen und Ausschreitungen aller Art zurückzuhalten?

Das Kommando unserer Volkswehr, wie sie nun seit ihrem militärischen Umbau hieß, hatte im Mirabellschloss seinen Sitz. Einige Frontoffiziere, zwei Rechnungsführer, Proviantoffiziere und mehrere Schreibkräfte bildeten den Stab. Wir waren den ganzen Tag intensiv beschäftigt, abwechselnd auch bei Nacht. Und draußen in der Stadt, über den Gemeindebezirk und die Umgebung aufgeteilt, bestritten unsere dreizehn Volkswehrkompagnien den Sicherungsdienst, patrouillierten Tag und Nacht in ihrem Rayon, bewachten öffentliche Gebäude, Magazine u. dgl. und hatten eigene Wach- und Bereitschaftsräume.

Ein Gerücht nach dem andern zog indessen durch die Stadt. Bald hieß es, die gefangenen Russen im benachbarten Grödiger Lager seien ausgebrochen und marschierten nun gegen Salzburg. Dann hörte man, tschechisches Militär, soeben am Bahnhof eingefahren, bedrohe die Stadt. Ein andermal wieder wurde von geflüchteten Sträflingen erzählt oder über umfangreiche Plünderungen berichtet. Ein Körnchen Wahrheit aber steckte überall darinnen. Da musste dann die Volkswehr in Bewegung gesetzt werden, bald diese, bald jene Gruppe. Oft blieb es nur beim Ausrücken, oft ward es blutiger Ernst. Ohne Schießen ging es nicht ab.

Auch auswärts hatten wir Wehrgruppen, so zum Beispiel in Hallein, Schwazach und Gastein. Alle zwanzig Abteilungen zusammen erreichten einen Stand von eintausendfünfhundert Männern.

12. November. Ausrufung der Republik. Ich hatte noch zu wenig Abstand von den Geschehnissen, war einesteils noch zu heftig erschüttert, andernteils durch den Dienst zu viel abgelenkt, um dies entsprechend würdigen zu können. Ich bemerkte nur, wie es entspannend und beruhigend auf die Massen eingewirkt.

Die Arbeit wurde immer umfangreicher. Als sich später Mayr und Reisenbichler krankheitshalber zurückgezogen und ich das Kommando allein zu führen hatte, ward meine ganze Person in Anspruch genommen. Und ich war froh darum.

Langsam verebbten Unruhe und Aufregung. Die Leute verliefen sich, kehrten in ihre Heimat zurück. Auch die ärgsten Schreier waren allgemach darauf gekommen, dass man vom Schimpfen allein nicht leben könnte.

Unsere Volkswehr hatte inzwischen ihr militärisches Gepräge weiter ausgebaut. Die meisten eingeteilten Zivilisten waren ins bürgerliche Leben zurückgekehrt. Noch gärte es aber unter den Wehrmännern und trotz militärischer Uniformen schien noch immer nicht militärische Disziplin zurückgekommen. Da fingen wir wieder mit dem Exerzieren an, ließen im Gelände Felddienstübungen abhalten und schickten die Leute auch auf den Schießplatz.

Und dann schufen wir aus diesen Volkswehrformationen zwei reguläre Bataillone. Viele Sitzungen mit Soldatenräten, mit dem Stationskommando und der neuen Landesregierung waren zu besuchen. Endlich klappte es. Ich konnte mit der Liquidierung beginnen.

Mitte Jänner 1919 trat ich wieder meinen Zivilberuf an. Unendlich schwer fiel mir der Alltag.

Dann kam die Schmach von St. Germain und Versailles! Beutegierig saßen die Sieger um den Verhandlungstisch und schufen ein Diktat, das alles Grausame, was man erwartet hatte, noch turmhoch übertraf. Ein Diktat, aus Hass geboren und neuen Hass säend. Es zerschmetterte das mächtige, freie Österreich, den großen natürlichen Wirtschaftskörper, und setzte an seine Stelle einen zuckenden Torso.

Wie Peitschenhiebe sausten die Friedensverträge auf unsere ausgebluteten Völker. Alle Menschenrechte des Deutschtums ertranken im abgrundtiefen, uralten Hass der Franzosen, in ihrer Angst vor Deutschlands Wiedererstarkung.

Fluch diesem Schandfrieden! Unendliches Leid hat er über uns gegossen und uns wehrlos gemacht.

August 1934. – Jäh und unvermittelt steigen die lotrechten Wände des Mönchsbergs aus den Straßen Salzburgs. So eigenartig und zauberhaft. Fremde wandeln auf seinen lieblichen Wegen, genießen Sonne und Stille und die unvergleichliche Fernsicht. Festspielgäste sind es aus der weiten Welt. Noch klingen ihnen die unsterblichen Weisen Mozarts in den Ohren.

Eine Bank gewährt mir Rast und köstlichen Umblick. Nach Süden streifen meine Augen, über grüne Matten und steile Felsen, hinauf in die einsame Gletscherwelt. Und weiter, immer weiter!

O wie schön ist meine Heimat! Unversehrt, unverwüstet liegt sie vor mir. Kein Gegner konnte ihre Grenzen überschreiten. Habt Dank, Kameraden!

In eisiger Nacht, von Lawinen umbraust, und auf verkarsteten, sonndurchglühten Höhen hieltet ihr treue Wacht. Beim grässlichen Wüten des Trommelfeuers, im mörderischen Handgemenge, galt der Heimat euer Tun. Für sie gabt ihr euer Blut. Habt Dank, Kameraden!

Auf stillen Wegen schreit ich einsam weiter, tiefste Wehmut fasst mein Herz.

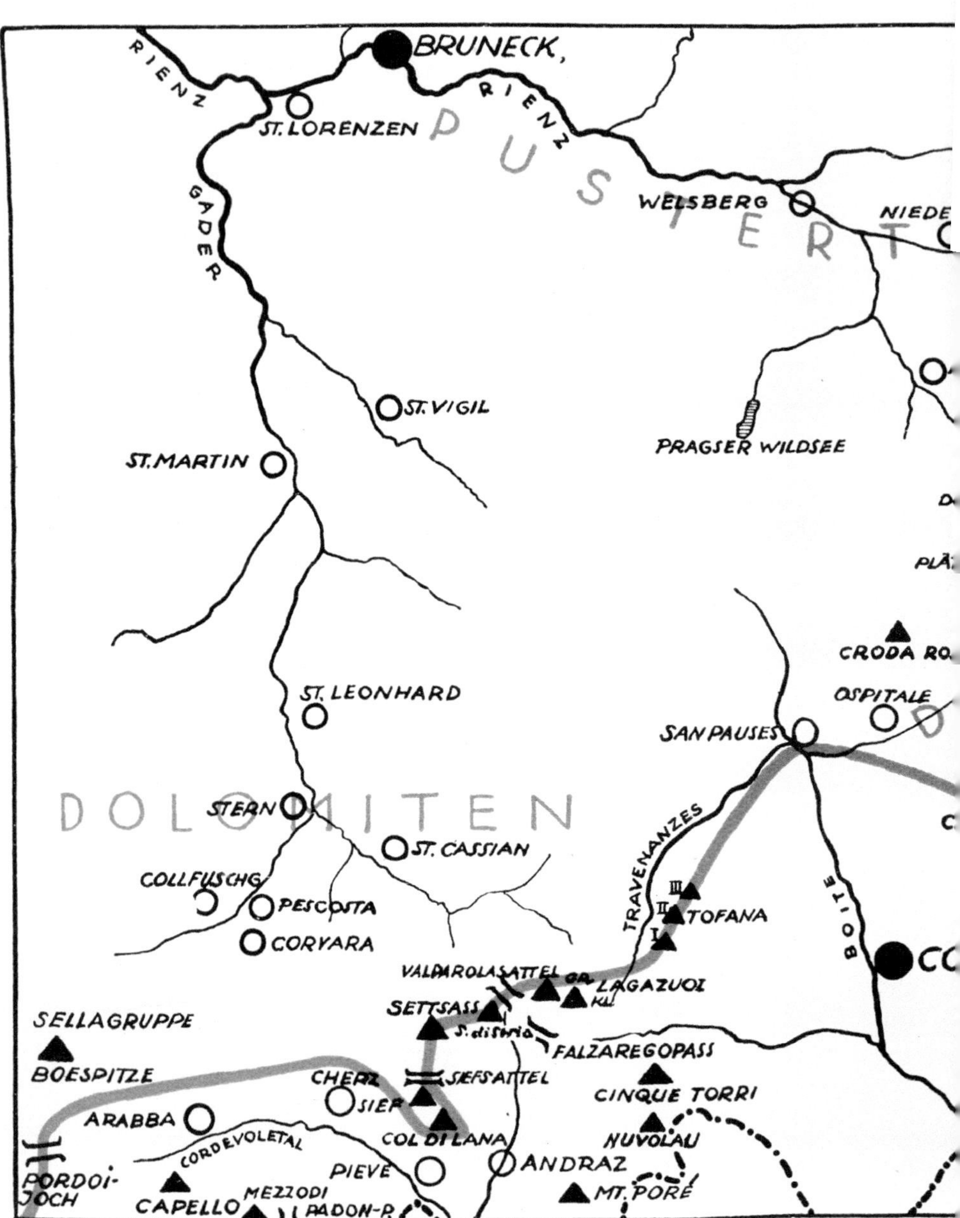
BRUNECK,
RIENZ
RIENZ
ST. LORENZEN
PUSTERT
WELSBERG
NIEDE
GADER
ST. VIGIL
ST. MARTIN
PRAGSER WILDSEE
CRODA RO
ST. LEONHARD
OSPITALE
SAN PAUSES
DOLOMITEN
STERN
ST. CASSIAN
TRAVENANZES
COLLFUSCHG
PESCOSTA
CORVARA
TOFANA
BOITE
VALPAROLASATTEL
GR.
LAGAZUOI
KL.
SETTSASS
SELLAGRUPPE
S. di Stria
FALZAREGOPASS
BOESPITZE
CHERZ
SIEFSATTEL
CINQUE TORRI
SIEF
ARABBA
COL DI LANA
NUVOLAU
CORDEVOLETAL
PIEVE
ANDRAZ
PORDOI-JOCH
CAPELLO
MEZZODI
PADON-P
MT. PORE

DOLOMITENFRONT BEI KRIEGSBEGINN
MASSTAB 1:200.000
SILLIAN
INNICHEN
DRAU
DRAU
KARTITSCH
OBERTILLIACH
HELM
KARNISCHE ALPEN
GAIL
SEXTEN
MOOS
EISENREICH
PFANNSPITZE
COL QUATERNA
TILLIACHERJOCH
KREUZBERGSATTEL
PORZE
WINKLER-JOCH
FISCHLEINBODEN
ELFERKOFL
PATERNKOFEL
DREI ZINNEN
MONTE PIANO
ZWÖLFERKOFL
MISURINA-SEE
AURONZO
ST. STEFANO
PIAVE

Die Bücher von Josef PÖLZLEITNER:

Landsturm im Hochgebirge:
Das österreichische Landsturm-Infanteriebataillon Nr. 165 an der italienischen Front. Selbstverlag des Verfassers, Salzburg 1929, 219 Seiten, Halbleinen, Titelprägung am Deckel, 14 Bilder auf Tafeln.

Berge wurden Burgen:
Erzählung eines Frontkämpfers. Selbstverlag des Verfassers, Salzburg 1934, 307 Seiten, Leinen mit Titelprägung auf Rücken und Deckel, 22 Bilder und eine Karte.

Im Land der Dolomiten:
Für Freunde Südtirols. Mit Beiträgen von Fritz Kasparek, Salzburg, Verlag „Das Bergland-Buch", 1950, 271 Seiten, 84 Abbildungen auf Tafeln, Übersichtskarte auf dem Vorsatz, illustriertes Halbleinen mit färbigem Schutzumschlag.

Tätigkeiten Josef PÖLZLEITNERS im Bereich des Skisports:

1910 im Hotel Bristol auf Initiative des Offiziers und Skipioniers Georg Bilgeri.

Führte während seiner Volksschul-Lehrtätigkeit 1905 -1914 den Skisport in St. Johann im Pongau ein und war 1906 Mitgründer und Obmann des „Verein zur Förderung aller Arten des Wintersports" in St. Johann.

1921-1926: Obmann des noch heute bestehenden Skiclub Salzburg, gegründet am 9. 11. 1910 im Hotel Bristol auf Initiative des Offiziers und Skipioniers Georg Bilgeri (1873-1934), k. u. k Oberleutnant im 4. Regiment der Tiroler Kaiserjäger in Salzburg.

Reprint „Berge wurden Burgen" durch den „Österreichischen Milizverlag" in der Originalfassung von Salzburg 1934.